ROWOHLT
BERLIN

Thomas Kistner / Jens Weinreich

Muskelspiele

Ein Abgesang auf Olympia

Rowohlt · Berlin

1. Auflage März 1996
Copyright © 1996 by
Rowohlt · Berlin Verlag GmbH, Berlin
Alle Rechte vorbehalten
Redaktionsschluß: 1. Februar 1996
Lektorat Thomas Karlauf
Umschlaggestaltung Walter Hellmann
(Plakat: Münchner Stadtmuseum;
Foto: Lutz Bongarts)
Satz Bembo und Futura (Linotronic 500)
Gesamtherstellung Clausen & Bosse, Leck
Printed in Germany
ISBN 3 87134 247 5

Inhalt

Vom Ausverkauf der olympischen Werte   7

Fünf Ringe und ein Sixpack – die Coca-Cola-Spiele   13

Die Geldmaschine IOC   25
Rituale der Olympiabewerbung   25
Der napoleonische Konzern   45
Ein stiller Teilhaber   54
Die heimlichen Herrscher Olympias   63

Die Herren der Ringe   81
Der Wendefürst – Juan Antonio Samaranch   81
Im Geheimdienst Seiner Majestät – Un Yong Kim   91
Der Pate – Primo Nebiolo   101
Der dunkle Don – Mario Vasquez Rana   113
Häuptling Ekwueme – Joao Havelange   119
Im Dämmerschein der Flamme   131

Olympias Schönfärber   141
Ein Polizeigericht poliert die Ringe auf   141
Moneten-Mausoleum der olympischen Idee   153
Samaranch jagt den Friedensnobelpreis   162
Sinnentleerte Jahrhundertfeier   172

Doping   177
Im Rausch des Goldes   177
Olympiazyklen   187
Die Blinddarmarmee   198
Das Beachboy-Syndrom   204

Olympia und die Deutschen   217
    Das Nazi-Trauma   217
    Ruhelos im Ruhestand   232
    Grabenkämpfe   243
    Erichs Olympia   252

Gruß aus Schierke   263

Anmerkungen   269

Vom Ausverkauf der olympischen Werte

Diese Welt, so festlich schön. Mal war es ein rumpelndes Phosphorspektakel, mal ein zart irrlichterndes, von Kammerkonzertklängen umwobenes Prasseln und Zischeln, das den Spätsommernachtshimmel über Paris märchenhaft bunt einfärbte. Mehr als viertausend Menschen gerieten sanft stöhnend in Verzückung und ließen für eine Weile die Champagnerkelche baumeln. Ein einig helles Lachen, selige Seufzer, ein Schimmern und Dämmern, ein Feuerwerk himmlischer Harmonie.

Trefflich gewählt war auch der irdische Rahmen für die Feiergäste. Wohlbeschaffene Models in Rokokogewändern schwebten über die kurzgeschorenen Wiesen des Lustschlößchens Bagatelle. Zwischen weißleinernen Zeltbahnen und lukullisch ausladenden Büffets im Ambiente der fünf Kontinente herrschte gedämpfter Plauderton. Unter Harfenklängen ergingen sich zwischen Beeten und Rabatten mehr oder minder namhafte Repräsentanten aus Hochfinanz und Werbewirtschaft.

Doch geladen hatten hier nicht die Vereinten Nationen oder ein Weltwirtschaftsgipfel, sondern die Spitzen des Weltsports: die Honoratioren des Internationalen Olympischen Komitees (IOC). Mithin war der Rahmen der Veranstaltung durchaus passend gewählt: Das Rokoko, die Ära der Perücken und Parfüms, der Puderquasten und selbstverliebten Accessoires, gilt auch als das Zeitalter höfischer Verlogenheit.

Gefeiert wurde an diesem Septemberabend 1994, zum Ausklang des Olympischen Kongresses, der einhundertste Geburtstag der Weltsportregierung IOC. Unter den Gastgebern fehlte, zum leisen Bedauern der geladenen Tausendschaften, allein Prinzessin Anne. Englands blaublütige IOC-Vertreterin weilte mitleidlos im Urlaub. Die Festtafeln in den Jardins de Bagatelle waren ihr keinen Abstecher wert; aber Prinzessin spielen muß sie sowieso jeden Tag.

Natürlich dienten beim Pariser Jubiläumstreff der olympischen Familie auch ein paar Dutzend Sportler als Staffage. Eissternchen Katarina Witt herzte und scherzte mit dem Weitsprung-Weltrekordler Mike Powell, Olympiasieger Edwin Moses nahm beim Small talk am Sektbüffet weitere Hürden auf dem Weg zur Funktionärskarriere. Manche aus der handverlesenen Athletenschar, wie Kubas Boxer-Stolz Felix Savon, meisterten die Außenseiterrolle freilich nur mit Mühe. Erst auf der Heimfahrt in einem der Hotelbusse trat der dunkelhäutige Olympionike schwankend in den Mittelpunkt. Die Herren starrten betreten zum Fenster hinaus, die Damen rückten verzweifelt ihre Abendroben aus dem Weg, als ihnen der champagnerselige Modellathlet entgegentorkelte. Auf der Suche nach einem freien Sitzplatz.

Felix Savon, Olympiasieger und fünffacher Box-Weltmeister im Schwergewicht, wird im Sommer bei den Spielen in Atlanta erneut einer der Helden sein. Jedenfalls, wenn er die Tafelrunden der olympischen Familie seither gemieden hat. Wir aber werden Savon nun mit den besten Wünschen verlassen müssen. In diesem Buch geht es nicht um Medaillen und staunenswerte Körperleistungen, hier geht es um die eigentlichen Muskelspiele im Zeichen der fünf Ringe – um das Schwitzen, Stoßen, Reißen in den sportpolitischen Kraftkammern des Olymps. Und damit um die Handvoll zumeist hochbetagter Leute, die sich als olympische Strippenzieher eine beängstigende, reichlich unzeitgemäße Machtfülle im Weltsport angeeignet haben. Mit Mitteln, die sich in der Praxis häufig als anrüchig erweisen.

Die olympische Idee unter der Kuratel ihrer modernen Hüter gibt noch immer vor, ein Erziehungsmodell für die Weltjugend zu liefern und einen ehernen Wertekatalog für die gesellschaftliche Gesunderhaltung. Die Hüter dieser Humanpädagogik, die Mitglieder des IOC, verstehen ihre Aufgabe als eine globale Herausforderung. Im November 1995 durfte ihr Präsident, der Spanier Juan Antonio Samaranch, erstmals in der Geschichte vor der Vollversammlung der Vereinten Nationen in New York sprechen. Sein Thema: «Die Rolle des Sports beim Aufbau einer friedlicheren und besseren Welt».

Vor der UN-Vollversammlung trug Samaranch ausführlich die guten Taten des IOC vor. Er listete die Kinder in Angola, Bosnien und Ruanda auf, die man mit Eigenmitteln unterstützt habe. In welch bescheidenem Verhältnis derlei Spenden zu den gigantischen Kommerzeinnahmen stehen, erläuterte er nicht. Er gab der Welt Wichtigeres auf die Ohren: «Die olympische Erziehung zielt darauf ab, den Sport zur harmonischen Entwicklung des Individuums zu nutzen, um eine friedliche Gesellschaft zu etablieren, die

9

sich für die Bewahrung der Menschenwürde einsetzt... Die Kampagnen, die wir gegen Doping und die gewaltsame Umgebung des Sports führen sowie zur vorbeugenden Erziehung gegen Geißeln wie AIDS und Drogenmißbrauch, öffnen den Blick auf unsere Verpflichtungen gegenüber jungen Menschen und der internationalen Gemeinschaft... Um die Welt zu verändern, bedarf es einer Umwandlung der Menschen, und hier kommt ganz gewiß die philosophische Rolle des Sports ins Spiel, sein Streben nach einem Ideal der ganzheitlichen Entwicklung des Individuums. Ein Ideal, dessen Muster der Olympismus ist.»[1]

Wie schön das klingt: vorbeugende Erziehung gegen Drogen, Verpflichtung gegenüber der Weltjugend, Veränderung von Welt und Mensch hin zum Besseren, ganzheitliche Entwicklung des Individuums, dazu die philosophische Rolle des Sports – allesamt olympische Ehrenworte. Es sind diese Versprechen, an denen wir Samaranch und seine Mitstreiter messen wollen.

Schwer reich geworden sind sie ja, die Olympier. Nur ist dies ziemlich das einzige Gebot, das ihnen der Spielebegründer Pierre de Coubertin vor hundert Jahren nicht in seine Charta geschrieben hat. Olympia stand ursprünglich mehr für einen geistigen Reichtum, für ein Erziehungsideal. Allein deshalb wird Samaranchs olympische Bewegung höher in Ehren gehalten als alle anderen Sport- und Kulturbewegungen: weil sie ein Monopol der reinen Gesinnung für sich beanspruchen darf. Olympia wirbt mit Moral und Weltverbesserungsideen, dies vor allem unterscheidet den Sporttreff der Weltjugend von Fußball-Bundesliga, US Open und der Formel 1.

Was aber, wenn nun in der olympischen Praxis

das Gegenteil abläuft von dem, was öffentlich so würdevoll gepredigt wird, und wenn diejenigen, die ihren Eid auf die Ideale geschworen haben, im Endeffekt nur an der Geldspirale drehen? Dann ist es an der Zeit, das globale Geld- und Gaukelspiel kritischer zu beäugen.

Das IOC ist, kurz gesagt, das Dachgremium des Weltsports, das stets von allem nichts weiß. Ein Hort oftmals pathetischer Ahnungsloser, die offiziell kaum jemals Konkretes mitkriegen über Doping und den gnadenlos korrumpierenden Kommerz im Sport. Wenn sie einmal, aufgrund erdrückender Beweislast im Einzelfalle, die Vogel-Strauß-Haltung aufgeben müssen, tun sie gern so, als verdoppelten sie ihre Anstrengungen, den letzten reinen Schatz der Menschheit zu bewahren. Bedroht wird dieser Schatz nach ihrer Version niemals von innen, sondern stets von außen. Von den bösen Kräften des Dopings, von den bösen Kräften des Geldes, die sie in schmelzenden Statements wie eine unbegreifliche satanische Macht darstellen. Heuchelei bestimmt den Grundwortschatz des IOC, der aus Schutzbehauptungen und Ausflüchten besteht.

Etwa 110 Personen aus Ländern von Westsamoa bis Deutschland bilden das IOC. Das Gremium ernennt seine Mitglieder selbst, es kontrolliert sich selbst, es ist an keinerlei Kritik von außen gebunden. Das IOC pflegt noch ausgangs des Jahrtausends ein höfisch-zeremonielles Binnenklima, das in amüsantem Kontrast steht zur eher weltlich-profanen Aufgabenstellung. Alle zwei Jahre nämlich vergibt es Sommer- und Winterspiele, und es verwaltet die Marktrechte an den kostbarsten Devotionalien der Werbeindustrie: den Zeichen der fünf Ringe. Es hat sich aber dank eines sagenhaften Reichtums aus Fernseh- und Sponsorenmilliarden, den es an die Fachverbände verteilen kann, binnen eineinhalb Jahrzehnten an die Spitze des Weltsports gewirtschaftet. Weil dieses Geld längst mehr als alles andere die Bewegung und wichtige Teile des Weltsports beherrscht, ist eine Situation eingetreten, in der der Schwanz mit dem Hund wackelt – das IOC, eine eher willkürliche Ansammlung sportiver Kostgänger, regiert, ohne Verantwortung zu übernehmen. Es hat sich auch im Olymp längst das Gesetz der Straße durchgesetzt: Je dicker die Brieftasche, desto praller die Muskeln.

Fünf Ringe und ein Sixpack –
die Coca-Cola-Spiele

Das Rokoko-Getümmel im Lustschlößchen zu Paris im September 1994 war nicht die wahre Geburtstagsparty der olympischen Bewegung. Auf die eigentliche Sause steuert sie geradewegs zu. Auf die XXVI. Brausespiele von Atlanta nämlich, die exakt 100 Jahre nach den Spielen der I. Olympiade der Neuzeit in Athen stattfinden. Aber offiziell haben die Sommerspiele in Atlanta natürlich nichts damit zu tun, daß in Amerikas größter Boomtown der treueste Sponsor der olympischen Spiele ansässig ist. Der Limonadenabfüller Coca-Cola, so wird das IOC nicht müde zu versichern, hatte sich bei der Bewerbung aus allem rausgehalten. Großes olympisches Ehrenwort.

Doch nicht jeder glaubte daran. So erhielt, nachdem das IOC anno 1990 in Tokio seine Jahrhundertspiele nicht an die ebenfalls werbenden Griechen, sondern an Atlanta vergeben hatte, das damalige deutsche Mitglied Willi Daume einen Telefonanruf. «Was seid ihr für Banausen», soll sich Richard von Weizsäcker empört haben, «ihr laßt Coca-Cola gegen Athen gewinnen.»[2]

Der Gedanke liegt auf der Hand. Ein klebriges Schicksal eint Coke und Atlanta, beide lassen sich kaum mehr auseinanderhalten. Dabei haben Atlantas Werber abseits von Coke und der großen Sponsorstrategie selbst tief in die Trickkiste greifen müssen. Das deutsche IOC-Mitglied Walther

Helfer in der Not
Die Zusammenarbeit zwischen den Olympia-Planern um Billy Payne und Coca-Cola begann bereits 1987. Das Bewerberkomitee hatte damals finanzielle Probleme, so entschloß sich Payne, um Hilfe zu ersuchen im Coca-Cola-Tower in der North Avenue. Paynes Hoffnung: «Vieles, was in dieser Stadt passiert ist, wurde von Coca-Cola unterstützt. Wenn meine Idee wirklich gut war, dann würden sie das sehen und dabeisein.» Coke-Boß Robert Goizueta war dabei und hielt alsbald eine Rede vor Wirtschaftskapitänen der Region. Monate später soll der Etat des Bewerberkomitees gut gefüllt gewesen sein, berichtete die Zeitung «Atlanta Journal».

Verpflichtungen

«Wo die Olympischen
Spiele sind, da ist auch
Coca-Cola. Aber diesmal
ist es noch etwas mehr:
Die Spiele sind in der Heimatstadt von Coca-Cola,
und als Gastgeber hat
man wohl ein paar Ver-
pflichtungen mehr. Für
Coca-Cola ist das alles
wohl eine Mischung aus
Spaß, Stolz und Terror.»
*Richard W. Pound, IOC-
Exekutivmitglied, Vorsit-
zender der IOC-Kommis-
sion zur «Erschließung
neuer finanzieller Ressourcen», 1995*

Tröger etwa erfuhr die «herzliche Fürsorge» der
Amerikaner in Form der Offerte, seiner Tochter
einen angemessenen Job in den USA zu besorgen.
Tröger lehnte «nach einigem Überlegen» ab.[3]
Eine Standhaftigkeit, die nicht alle seine IOC-
Kollegen auszeichnete. Nach der Wahl Atlantas
packten die enttäuschten Konkurrenten in Athen
und Melbourne aus, und was sie aus intimster
Kenntnis vortrugen, klang ebenso überzeugend
wie haarsträubend.

IOC-Mitglieder seien bei ihren Atlanta-Visi-
ten mit goldenen Kreditkarten ausgestattet worden – all for free. Für gebrechliche Olympier
sollen Herzoperationen in einer Houstoner Spe-
zialklinik finanziert worden sein. Kindern von
IOC-Mitgliedern wurden Studienplätze und Sti-
pendien in Aussicht gestellt. Sogar den Ort, an
dem die Stimmabgabe für Atlanta ausgehandelt
worden sei, machten Griechen und Australier un-
barmherzig publik. Anfang September 1990, wenige Wochen vor der Abstimmung, mieteten sich
Presseberichten zufolge 15 IOC-Mitglieder in Je-
rusalem vorsichtshalber in drei verschiedenen
Hotels ein. Dort sei im konspirativen Small talk
der Preis für ihr Votum festgelegt worden. Israels
NOK-Sprecher Uri Afek wollte das Geheimtreffen, das ein schwarzafrikanisches IOC-Mitglied
organisiert hatte, gegenüber dem «Spiegel» gar
nicht dementieren. Er legte aber Wert auf eine
Feststellung: «Wir haben nicht teilgenommen.»[4]

Was nach Athens Niederlage mit dem damaligen deutschen Bundespräsidenten weltweit die
meisten dachten, wurde nie offen ausgesprochen.
Der allgewaltige Limo-Riese hatte sich während
der Bewerbung mit jener schon aufreizend wirkenden Neutralität geschmückt, die auch der
IOC-Chef Samaranch gern in die Öffentlichkeit

14

kehrt wie einen Anstrich aus Leuchtfarbe. «Allein der Gedanke, wir hätten die Abstimmung beeinflussen können, wäre anmaßend», ließ Cola-Boß Don Keough mitteilen. Indessen war selbst Atlantas Handelskammerchef Gerald Bartels überzeugt, daß der Konzern maßgeblicher Betreiber dieser Wahl war. Denn Coke, das ist der Urquell des Amerikanismus. Und damit des Big Business. «Ich kenne kaum ein anderes Beispiel in der Welt, daß eine Stadt so stark von einem Unternehmen dominiert wird», sagt Willi Daume. Der greise deutsche Ober-Olym-

100 olympische Jahre – zwischen Athen und Atlanta

Athen 1896		Atlanta 1996
11 Tage	Dauer	17 Tage
5.–15. April		19. Juli–4. August
9	Sportarten	26
43	Entscheidungen	271
13	teilnehmende Nationen	197
311	Athleten	10 000
nicht bekannt	Medienvertreter	15 000
nicht bekannt	Offizielle	5000
750 000	Zuschauer	11 Millionen
300 000 Goldmark	Budget	1,7 Milliarden Dollar

Einnahmen

Spenden (Bau des Stadions)	67%	TV-Rechte	35%
Briefmarken	22%	Sponsoren	35%
Tickets, Münzen,	11%	Lizenzen	6%
Medaillen, Programmverkauf		Tickets	17%
		Münzen, Briefmarken	7%

pier muß es wissen, als IOC-Wahlmann lernte er
persönlich das Auftreten der Brausebrauer schätzen: «Das waren keine brutalen Busineßleute,
sondern ganz gewiefte Herren, sehr zurückhaltend und mit bemerkenswerter Bildung.»[5]

Klug genug waren sie jedenfalls, nicht voreilig
die Werbetrommel zu rühren. Dafür blieben
noch Jahre Zeit. «Coca-Cola, dieses Wort kam in
der gesamten Bewerbung nicht vor», sagt
Daume, nicht eine Flasche habe auf den Tischen
der Atlanta-Bewerber gestanden. Mittlerweile
aber wurde deutlich, daß die griechische Kultur-
ministerin Melina Mercouri und Weizsäcker
richtig lagen, als sie die Coca-Cola-Spiele ausrie-
fen.

Beim Olympischen Kongreß zur Jahrhundertfeier der Olympier ließ der sonst so diskrete Big
Spender aus Atlanta erstmals aufhorchen. John
Hunter, ein Vizepräsident von Coke, stellte sich
als Zahlmeister der Spiele vor, Coca-Cola sei der
eigentliche Patron des Weltsports, so machte er
klar. «Warum nicht gleich der Eigentümer der
Spiele», frotzelte Frankreichs größte Sportzeitung «L'Equipe» und weidete sich an den «langen
Gesichtern geschockter Olympia-Funktionäre».
Hunters polternder Auftritt hatte einen konkre-
ten Hintergrund: Coke ist nicht nur seit den Spielen 1928 in Amsterdam dabei. The Company
gönnt sich als einer von zehn sogenannten TOP-
Sponsoren für etwa 40 Millionen Dollar das
Recht auf die weltweite Nutzung der olympischen Symbole. An einer Ausweitung dieses eli-
tären Zirkels ist der Brauseproduzent aus Gründen der Exklusivität nicht interessiert. Sollte dies
geschehen, so machte Hunter deutlich, werde das
Engagement der TOP-Sponsoren zurückgehen.
Einer der Geldeintreiber des IOC, Richard Pound

aus Kanada, schickte dem nur kleinlaut hinterher, daß Hunters Rede «keine Drohung» gewesen sei. Selbstverständlich nicht. «Wir sind unwahrscheinlich stolz», erklärt Coke-Sprecher Mark Preisinger, «daß die Spiele hier in Atlanta ausgetragen werden. Und wir wissen auch, daß Olympia sehr gut für das Geschäft ist.» Das weiß der Limo-Trust, der neben massivster Manpower etwa eine Viertelmilliarde Dollar in das große Heimspiel steckt, aus jahrzehntelanger Erfahrung.

Den Durchbruch in Europa schaffte Coke 1936 bei den Spielen in Berlin, die auch The Company propagandistisch zu nutzen verstand. Obwohl als amerikanisch-jüdisch eingestuft, konnten die ersten deutschen Niederlassungen bis 1941 überdauern, dann stoppten die Nazis den Sirup-Fluß. Mit den Fallschirmjägern kehrte das Getränk zurück. Zehn Milliarden Flaschen hatten die GIs in den Gefechtspausen geleert, so enthüllt der firmeninterne Bericht «Coca-Cola goes to War» von 1946. Nach Kriegsende brach der grenzenlose Durst aus, schon eine Woche nach der Kapitulation am 8. Mai 1945 begann Deutschlands erste Coke-Fabrik zu arbeiten.

Der Konzern blieb den Spielen treu. Er versorgte auch 1980 jene Rumpf-Olympiade in Moskau, die von den Sportlern Amerikas und Teilen der westlichen Welt boykottiert werden mußte. Ein US-Geschworenengericht wollte Jahre später untersuchen, ob Coke seine Konzession für den Sowjet-Markt über Bestechungen erhalten hatte. Denkbar erschien das, denn Coke braucht stete Präsenz, der Softdrinkmarkt ist hart umkämpft. Die Konkurrenten von Pepsi etwa hatten Coke ein jahrzehntelanges Trauma beschert, weil sie Mitte der achtziger Jahre bis auf

«Kommerzialisierung des Sports heißt Demokratisierung des Sports.»
Andrew Young, Präsident des Organisationskomitees (ACOG) für die Olympischen Spiele 1996 in Atlanta

17

wenige Prozentpunkte am Markt herangerobbt waren. Und auch Pepsi hatte es sich nie leichtgemacht. Anfang der sechziger Jahre, nachdem Richard Nixon die US-Präsidentschaftswahl gegen John F. Kennedy verloren hatte, griffen die Brausebrauer ins politische Räderwerk ein. Pepsi päppelte den Verlierer auf, im Firmenjet düste Nixon zu Wirtschaftsgesprächen in alle Welt, der Konzern finanzierte auch die Wahlkampagne 1968. Kaum aber war Nixon ins Weiße Haus eingezogen, reiste der Pepsi-Boß mit einer Handelsdelegation nach Moskau und schloß einen Exklusivvertrag zur Ausstattung sowjetischer Supermarktregale.

Jahre später war wieder Coke an der Reihe. The Company dealte exklusiv mit den Chinesen, ein kleines Dankeschön von Jimmy Carter, der an ihrem Tropf gehangen hatte. Carter, zufällig auch ein Sohn der Stadt, war mit Firmenjet, Dollars und dem Know-how der Coke-Werbeagentur auf den Präsidentensessel gehievt worden.

Später spielte die Brause den olympischen Eisbrecher. Coke gehörte 1985 zu den ersten TOP-Sponsoren des IOC und stieg als erste Firma auch in das TOP-II-Programm für die Spiele 1992 in Albertville und Barcelona ein. Dazu addierten sich allein während der Sommerspiele in Barcelona werbebegleitende Maßnahmen für mehr als 60 Millionen Dollar, inklusive 44 Millionen Dollar für 100 Werbespots auf NBC. Welch ein Klient! IOC-Boß Samaranch persönlich jettete damals zur TOP-Vertragsunterzeichnung nach Atlanta. Als Dankeschön durfte Coke-Chef Roberto C. Goizueta zum Gegenbesuch nach Lausanne fliegen, wo Samaranch einen Olympischen Orden zu vergeben hatte.

Die Ehrung begründete er mit dem «tiefen Gefühl des Unternehmens für eine positive Lebensauffassung».

Was Coke darunter versteht, zeigten beispielhaft die damaligen Bemühungen, verstärkt auf den deutschen Markt zu drängen. So schickte Goizueta Monate nach dem Ordensempfang eine gefühlsechte Order an die hiesigen Brausebrauer: «In diesem Land muß Coca-Cola künftig überall auf Armeslänge erreichbar sein und weit mehr als bisher zum way of life gehören!»[6]

Nun also, da die Jahrhundertspiele am Coca-Cola-Firmensitz stattfinden, hat der Trust für mehr als 25 Millionen den Erlebnispark «Olympic City» aus dem Boden gestampft. Zuvorderst aber gilt es, Tausende eigene Gäste während der Spiele bei Laune zu halten. Coke reservierte 80000 der begehrtesten Eintrittskarten, davon allein 2000 für die Eröffnungsfeier im 85000 Zuschauer fassenden Olympiastadion, und der olympische Fernsehsender NBC sendet Softdrink-Werbung ausschließlich von Coca-Cola. Erstaunliche Privilegien für eine Firma, die nichts mit der Spielevergabe zu tun hatte. «Ohne Coca-Cola läuft hier nichts, ohne Coca-Cola wären die Spiele in Atlanta nicht denkbar», urteilte der Manager der deutschen Olympiasponsoren, Günther Höpfner.[7]

Fünf Ringe und ein Sixpack. Sie haben auch ohne Atlanta auffallend viel gemeinsam, die beiden weltumspannenden Freizeitreligionen. Wie das IOC steht auch Coke, was die Anzahl seiner Mitgliedsländer betrifft, in stetem Vergleichskampf mit den Vereinten Nationen. Wie das IOC pflegt auch Coke gern sentimentale Geschichtstümelei. Während bei den pompösen Firmenveranstaltungen des IOC Coubertins Katechismus

Die Coca-Cola-Spiele

Investitionen der Company in die Olympischen Spiele 1996 in Atlanta

1 Mio Als eine Art Vorschuß schon 1987 gezahlt: Coca-Cola wird erster Sponsor des 1993 fertiggestellten Olympischen Museums in Lausanne.

? Unbekannt: Wieviel hat die Company in die Bewerbungs-Kampagne gesteckt? Atlanta bekommt die Spiele 1990 in Tokio zugesprochen. In der Folgezeit ist Coke-Boß Donald Keough behilflich bei der Akquirierung von weiteren Sponsoren und gibt dem Organisationskomitee PR-Unterstützung.

40 Mio Coca-Cola ist natürlich auch in das TOP-III-Sponsorenprogramm des IOC eingestiegen.

62 Mio Kosten für Werbespots auf dem Olympiasender NBC. Coca-Cola hat die Exklusivrechte als einziger Softdrinklieferant.

25–100 Mio Aufwendungen für das umstrittene Projekt «Centennial Olympic Parc» in Downtown Atlanta.

25 Mio Unterbringung, Bewirtung und Eintrittskarten für mindestens 6000 Firmen-Gäste während der Olympischen Spiele.

12 Mio Kosten für den dreimonatigen Olympischen Fackellauf quer durch die USA.

50 Mio Andere Werbung (u. a. Fahnen und Billboards in Atlanta, olympisches Souvenir-Zentrum, Olympia-Radio, Ticket-Lotterie).

4 Mio Sponsoring der Paralympics.

Gesamt: **219–294 Millionen Dollar**

(Quelle: Atlanta Journal / Atlanta Constitution)

wie ein Rosenkranz runtergeorgelt wird, verteilten die anderen lange Zeit faksimilierte Geschichtsdokumente an ihre Mitarbeiter, die sogenannten «Coke-Missionare». Diese Papiere seien so amerikanisch wie Coca-Cola, hieß es dazu – bei den Vorlagen handelte es sich um die US-Verfassung von 1787. Vor allem aber ähneln sich Mittel und Wege, die beide Unternehmen groß gemacht haben: die Weltexklusivität ihrer Formeln (hier fünf Ringe, dort der Cola-Code 7-x), eine konsequente Verkaufsphilosophie sowie ein unsentimentaler Umgang mit der Macht.

Noch heute wird in Atlanta gern behauptet, daß Coke stets clean war. Selbst das Coca-Cola-Museum verschweigt, daß die Limonade einst Kokain und Alkohol enthielt. Besuchern des Olympischen Museums in Lausanne widerfährt ähnliches. Sie sind dort ziemlich sicher vor ernüchternden Informationen über Doping und andere Schattengewächse des Olympismus. Wie bei Coke haben auch in der täglichen Geschäftspraxis des IOC die Menschenrechte einen schweren Stand gegenüber Umsatzzahlen und Bilanzposten. Nach dem Studenten-Massaker 1989 auf dem Platz des Himmlischen Friedens in Peking beispielsweise dachte The Company mitnichten daran, sich aus der Volksrepublik China zurückzuziehen, wie das etwa der US-Jeanshersteller «Levi's» tat. Markt ist Markt. Das Argument galt auch für das IOC, das Pekings Buhlen um die Spiele 2000 sogar eine Zeitlang puschte. Nur hieß es offiziell nicht Markt ist Markt, sondern Sport ist Sport.

Samaranch spricht zwar gern von der «Vermählung des Sports mit der Kultur», eheähnlich aber ist eher die Verbindung mit Coke. Das wird der Welt im Juli/August 1996 erneut bewiesen,

IOC-Mitglieder in den USA

Anita De Frantz
geboren am 4. Oktober 1952, ledig. Jurist. Bronzemedaille im US-Ruder-Achter 1976 in Montreal. IOC-Mitglied seit 1986. Exekutivmitglied seit 1992, u. a. Mitglied der juristischen Kommission. Vizepräsident des Organisationskomitees der Olympischen Spiele von Los Angeles.

James Easton
geboren am 26. Juli 1935 in Los Angeles, verheiratet, zwei Kinder. Präsident einer Sportgerätefirma. IOC-Mitglied seit 1994. Mitglied der Pressekommission. Seit 1989 Präsident des Weltverbandes der Bogenschützen.

wenn das Olympiavolk mitsamt seinen 15000 Medienvertretern die Coca-Cola-City heimsucht.

Vielleicht ist dann der Traum der Cola-Manager ja doch noch wahr geworden, die Olympiastadt mit sechs wolkenkratzergroßen Werbetafeln zu schmücken. Um diese gigantischen Reklameflächen stritten sich die Coke-Anwälte mit den Advokaten der Konkurrenz, nachdem die Stadtverwaltung den Olympiasponsoren wie Coca-Cola eine Ausnahmegenehmigung für riesige «Billboards» erteilt hatte. Nach einem Bericht der Tageszeitung «Atlanta Journal» hatte man sich in der Company am Ende des Rechtsstreits mindestens Werbetafeln «in der Größe von Bürohäusern» erhofft.[8] Doch im Mai 1995 legte Distriktrichter William O'Kelley die von der Stadtverwaltung erlassene Regelung auf Eis. Die beabsichtigte Bevorzugung olympischer Sponsoren wertete O'Kelley als unlauteren Wettbewerb und Verstoß gegen das verfassungsmäßige Recht auf freie Meinungsäußerung.

Gegen die von Samaranch versprochenen Flitterwochen von Sport und Kultur spricht auch, daß die Kultur in Atlanta schon im Vorfeld der Spiele gründlich entsorgt wurde – sieht man einmal davon ab, daß der IOC-Partner Daimler-Benz für sechs Millionen Mark das durch eine Brandstiftung zerstörte Geburtshaus Margaret Mitchells rekonstruiert. «Wir haben es uns zur Aufgabe gemacht, den weltberühmten Roman ‹Vom Winde verweht› sowie das Haus, in dem er geschrieben wurde, wieder aufleben zu lassen», erklärte Bernd Harling, Pressechef von Daimler-Benz in Nordamerika. Vom spektakulären, laut Bewerbung gut 200 Millionen Dollar umfassenden Kulturetat ließ das in einen Finanzstrudel geratene Organisationskomitee ACOG allerdings nur einen Bruchteil übrig. So hat sich etwa für das geplante Amphitheater im olympischen Park kein Sponsor gefunden, das Projekt wurde gestrichen.

Bleibt lediglich die Brause-Party. Obwohl, auch mit der Treue ist es so eine Sache unter den merkantilen Honeymoonern. Polygamie hat die Verbindung stets begleitet, ein Schwerenöter wie Coke kann und will sie alle haben. So nahm etwa im Vorjahr Dänemarks erste Fußball-Liga den Betrieb unter einer neuen Branchenbezeichnung auf: «Coca-Cola Superliga». Letzte Berührungsängste sind dahingeschmolzen: Wer sich mit der Vorzeigedame Olympia vermählen und deren Familie zum Jubiläum empfangen darf, ist zweifellos salonfähig. Warum auch nicht? Die besten Basketball-Teams der Welt nennen ihr Meister-Turnier «McDonald's Championships».

So hat das IOC Weitblick bewiesen: Es gibt heute keinen passenderen Ort, an dem der olympische Sport seinen Hundertsten feiern könnte. Die Jugend der Welt hat bei der Auswahl sowieso kein Stimmrecht. Sie wird sich – «You can't beat the feeling» – nun also durch Atlantas schwülheiße Waschküche quälen. Na und? «Die Coca-Cola-Religion hat heute kein anderes Gebot als die Umsatzsteigerung», heißt es in einer modernen Firmenchronik der altehrwürdigen Coca-Cola-Company. Dieses Gebot gilt nicht für Coke allein.

Trauerfeier
Das Kommerzspektakel in Atlanta wird besonders in einer Stadt mit Wehmut und Trauer verfolgt: in Athen. «Die Olympische Flamme brennt nicht mit Öl, sondern mit Coca-Cola», diese bitterböse Headline einer griechischen Zeitung nach der Wahlniederlage 1990 in Tokio ist zu einem geflügelten Wort geworden unter Athens Sportinteressierten. Nach Jahren der Sprachlosigkeit haben die Griechen im Herbst 1995 noch einmal verzweifelt gefordert, Olympische Spiele auszutragen. Sie gehören nun zu den wenig chancenreichen Bewerbern um die Spiele des Jahres 2004.

Die Geldmaschine IOC

Rituale der Olympiabewerbung

Wie benommen taumelten Berlins Regierender Bürgermeister Eberhard Diepgen und seine Helfershelfer am Abend des 23. September 1993 durch Monacos Kongreßhallen. Ihre Bewerbung um die Vergabe der Sommerspiele im Jahr 2000 hatte ein desaströses Ergebnis erbracht: Nur den Topaußenseiter Istanbul vermochten die Berufsberliner in der Gunst des IOC zu überflügeln; mit gerade mal neun Stimmen, vermutlich inklusive der beiden deutschen Voten von Walther Tröger und Thomas Bach, war der Werbeaufwand von Hunderten Millionen Mark honoriert worden. Damit hatten nicht einmal eingefleischte Skeptiker gerechnet.

Die Berliner waren verzweifelt – und vollkommen ratlos. Hatten sie nicht auf diskrete Tour keine Kosten für den IOC-Troß gescheut, hatten sie nicht wirklich alles unternommen, um die Gunst der Wahlleute zu erhaschen? Hatten nicht bis zuletzt Berliner Jubeltouristen die Straßen Monacos verstopft? Jene Straßen, auf denen auch das putzige Maskottchen, der gelbe Bär, pausenlos im Einsatz war: Mal kurvte er juchzend per Motorrad ums Casino, mal knatterte er um den IOC-Hotelpalast, vor dem Großsponsor Daimler-Benz seine blitzenden Karossen aufgefahren hatte.

Welch ein Alptraum. Ein Prunkhotel weiter hatte der Regierende mit seinen Olympiahelfern

«Es hat sich gezeigt, daß man ein solches Olympia-projekt nicht mit Beamten und ohne selbständige oder in führenden Stellungen gereifte Persönlich-keiten erster Klasse be-werkstelligen kann. Die Leute in Berlin waren zum Teil überfordert und hatten nicht den Spiritus wie einer, der aus der Wirtschaft oder dem Management kommt. Die wußten doch alle am Stichtag, daß sie wieder in ihre alten Jobs zurückkönnen.» *Axel Meyer-Wölden, Sportrechtemakler, 1993 in der «Süddeutschen Zeitung»*

bis Stunden vor der Wahl ganz gelöst hübscheste
Hochrechnungen erstellt. Die Spiele 2000 schienen zum Greifen nahe. Seine Experten hatten
Diepgen das eingeflüstert, denn auch sie waren
vom Gelingen der guten Sache fast überzeugt.

Brigitte Schmitz etwa, die weltgewandte Aus-
landschefin der Olympia GmbH, wußte ihrem
Chef noch am Vorabend von «mindestens 30 sicheren IOC-Stimmen für uns» zu berichten.
Und diese Einschätzung besaß viel Gewicht.
Denn Brigitte Schmitz, die eine langjährige Mit-
arbeiterin der olympischen Vermarktungsagen-
tur ISL war, gilt als eine hervorragende Kennerin
des IOC.

Abseits dieser offiziellen Werbeschiene hatten
die Berliner nach Geheimdossiers taktieren können, in denen pikante Details über Neigungen
und Vorlieben zahlreicher IOC-Mitglieder festgehalten waren. Es galt, die Bewerbung nach
gutem Brauch mit diskreten Begünstigungen für
die IOC-Familie zu verflechten – die Berliner
Werbeleutchen waren schließlich nicht vom
Mond.

Unter Nikolaus Fuchs, einem Werbeprofi der
Firma Bossard Consultants, waren die Dossiers
erstellt worden, und Fuchs hatte auch ein paar
wegweisende Feststellungen zum Charakter der
IOC-Kür getroffen. In einem auf Band verewig-
ten Gespräch befand Fuchs, daß «diese Bewerbung international gespielt wird und nichts damit zu tun hat, was innerhalb der Stadt passiert.
Internationale Sportpolitik wird betrieben.» Das
bedeutete, die Gunst der IOC-Mitglieder zu gewinnen. Doch «dafür», erklärte Fuchs, «brauchen Sie Handlungsfreiheiten und Geld. Und sie
müssen frei sein von öffentlichen Kontrollen.»[9]
Er hatte recht. Die öffentliche Kontrolle brachte

später nur ans Licht, was hinter Olympias strahlender Kulisse wirklich abgelaufen war.

Brigitte Schmitz hatte völlig falsch gelegen mit ihrer Auffassung vom sportlich-fairen Lobbygeschäft. Inzwischen hält sie Abstand zu den früheren Berliner Kollegen und mehr noch zu den einst vertrauten IOC-Mitgliedern. Manch einem mag sie nicht einmal mehr die Hand reichen. Sie habe wirklich gedacht, sie habe es mit Leuten von Ehre zu tun, sagt sie rückblickend. «Ich hatte von vielen Mitgliedern die seriöse Zusage, daß sie für Berlin stimmen würden. Sie hätten solche Erklärungen nicht abgeben brauchen. Ich habe schamlos geheuchelte Dinge von Leuten geglaubt, die ich lange Zeit auch privat kannte und schätzte.» Damit nicht genug, leisteten die olympischen Edelleute ganze Arbeit. «Nach der Wahl», erzählt Brigitte Schmitz, «kamen viele zu mir und sagten: ‹Oh Brigitte, das tut mir so leid, aber ich habe dich gewählt.› Ganz schlimm. Ich dachte immer, die IOC-Mitglieder müßten von einer Stadt und von deren Programm überzeugt sein. Aber das ist völlig unwichtig.»

Es war ein überflüssiger Lernprozeß, wenn man das olympische Bewerbungsritual Revue passieren läßt. Denn es führt sich selbst in die Irre, wer nur darauf setzt, daß sich die reiselustigen Wahlleute an jenen Dingen orientieren, die dem Sport und den Athleten nützen: moderne Stadien, optimale Infrastruktur und Transportsysteme, günstige Klimabedingungen, humane und stabile politische Verhältnisse. Ein nobles Hotelbett voller Geschenke vermag häufig mehr zu bewirken. Was Berlin tat, war nichts speziell Berlinerisches. Es war der ganz normale Wahnsinn einer Stadt, die die fünf Ringe gewinnen will. Und damit die Lizenz zum Gelddrucken.

Spiele der Olympiade

1896	Athen
1900	Paris
1904	St. Louis
1908	London
1912	Stockholm
1920	Antwerpen
1924	Paris
1928	Amsterdam
1932	Los Angeles
1936	Berlin
1948	London
1952	Helsinki
1956	Melbourne
1960	Rom
1964	Tokio
1968	Mexico
1972	München
1976	Montreal
1980	Moskau
1984	Los Angeles
1988	Seoul
1992	Barcelona
1996	Atlanta
2000	Sydney

Sportler bei Sommerspielen: 72 975

Das Wort zum Sonntag
In den IOC-Bestimmungen, die den Umgang von Olympiabewerbern und den Herrn der Ringe regeln sollen, heißt es unter anderem: Bewerberstädten sowie allen Dritten, die in ihrem Auftrag, ihrem Namen oder zu deren Gunsten handeln, ist es untersagt, IOC-Mitgliedern – sowie deren Verwandten, angeheirateten Familienangehörigen, Gästen oder Begleitern – Geschenke, großzügige Zuwendungen oder direkte oder indirekte Vergünstigungen zukommen zu lassen, ausgenommen Souvenirs oder kleine Geschenke, deren kumulierter Gesamtwert in keinem Fall den Betrag von 200 US-Dollar pro Person übersteigt.

Offiziell zwar führt das IOC seit der Kür von Monaco eine Bewertungskommission für die Städtebewerber, doch deren Empfehlung ist mitnichten bindend für die erlauchten Mitglieder aus allen Erdenwinkeln. Denn wäre es so, dann hätte die wichtige innenpolitische Verfügungsmasse des IOC, Leute aus West-Samoa oder Uganda, Libyen, Mauritius oder der Mongolei, überhaupt nichts mehr zu melden und würde der Führung womöglich murrend aus dem Ruder laufen. Samaranch ahnt das, deshalb verkauft er das geheimnisumwölkte Wahlverfahren mit der üblichen Schaukelpolitik. Er habe es schließlich nicht gemacht, zudem sei es demokratisch – so ziemlich der letzte Bereich, in dem das IOC-Fußvolk wirklich Entscheidungen trifft.

So bleibt alles beim alten, ein allmählich lächerlich wirkender Anachronismus an der Schwelle ins dritte Jahrtausend: Das IOC regeneriert sich aus sich selbst und trifft, bar jeder demokratischen Legitimierung, globale Entscheidungen, ohne der Sportwelt Rechenschaft darüber ablegen zu müssen. Angesichts wachsender internationaler Kritik wurde nur eine Reihe wirkungsloser Bestimmungen zur Besuchs- und Beschenkungsbeschränkung eingeführt, mit dem frommen Ziel, das Verhalten der IOC-Mitglieder und der Bewerberstädte in zivile Bahnen zu lenken. Wie üblich wurde dabei die Verantwortung für mögliches Fehlverhalten prophylaktisch ganz auf die andere Seite geschanzt: Ernste und wiederholte Verstöße gegen die IOC-Bewerbungsrichtlinien, so heißt es in denselben, müßten zu einer Disqualifikation führen. Der Bewerberstadt, wohlverstanden, nicht des IOC-Mitglieds.

Hier offenbart sich erneut die Doppelmoral der Bewegung. Wie sollen sich die Mitarbeiter einer

Bewerberstadt in der Praxis an Richtlinien halten, wenn sie von den meist einzeln anreisenden IOC-Gästen diskret um zusätzliche Freiflüge, verlängerte Aufenthalte, weitere Städtetouren, private Arzt- oder Geschäftskontakte angegangen werden? Wenn Rechnungen an die Gastgeber weitergeleitet werden oder vermeintliche Schmuckdiebstähle in IOC-Hotelzimmern zu peinlichen Versicherungsfällen führen? Soll ein Bewerber derlei Vorfälle pflichtgemäß nach Lausanne melden und die schwarzen Schäflein verpetzen? Ein jeder mag sich selbst ausmalen, wie es um eine solche Städtekandidatur stünde.

Samaranch lassen die offenkundigen Mißbräuche im Grunde kalt. Er mag sich «aufgrund von Hypothesen» nicht äußern und verlangt Beweise, ehe er Verdachtsmomenten nachgehen will. Im Stile eines Fernsehpfarrers fordert er schlicht «Vertrauen in die IOC-Mitglieder». Zwar wären langwierige Untersuchungen gar nicht vonnöten. Doch die Lausanner IOC-Zentrale hat sich weder die Mühe gemacht, jene anrüchigen Berliner Dossiers über die Bestechlichkeit ihrer Mitglieder einzukassieren, noch war sie in den Jahren zuvor Vorwürfen nachgegangen, die in Athen und Melbourne wegen der Wahl Atlantas erhoben und international publiziert worden waren. Gleich zwei Namenlisten kursierten seinerzeit in Griechenland und Australien, auf denen Adel und Wirtschaftskapitäne einträchtig neben sozialistischen Parteigängern vertreten waren. Die eine Liste nannte 18 IOC-Mitglieder, die Bestechungsgelder bis zu 120000 Mark kassiert haben sollen. Die andere umfaßte 26 Funktionäre, die diverse Gaben akzeptiert hätten.[10]

Nachforschungen werden wohl auch in Zukunft niemals angestellt. Das IOC, und das macht

Olympische Winterspiele

1924	Chamonix
1928	St. Moritz
1932	Lake Placid
1938	G.-Partenkirchen
1948	St. Moritz
1952	Oslo
1956	Cortina
1960	Squaw Valley
1964	Innsbruck
1968	Grenoble
1972	Sapporo
1976	Innsbruck
1980	Lake Placid
1984	Sarajevo
1988	Calgary
1992	Albertville
1994	Lillehammer
1998	Nagano
2002	Salt Lake City

Sportler bei Winterspielen: 11749

Blindflüge
In einem Zwischenbericht des Berliner Untersuchungsausschusses heißt es: «Das IOC-Mitglied Wallwork (Westsamoa/d. A.) flog bei seinem Besuch Berlins die Route Samoa – Los Angeles – Berlin – Madrid – Teneriffa – Madrid – London – Samoa. Die Flugkosten betrugen 16 888,– Schweizer Franken. Berlin übernahm auch die Flugkosten des Bruders von Herrn Wallwork. Seine Flugroute Apia – Westsamoa – Oakland – Los Angeles – Sydney – Oakland – Apia sah nicht Berlin, aber Berlins Konkurrenten Sydney vor… Das ungarische IOC-Mitglied (Pal Schmitt/d. A.) machte für seinen Berlin-Besuch über 18 000,– DM geltend… Obwohl der IOC-Präsident Samaranch der Olympia GmbH für seinen Berlin-Besuch nur den Flug Stuttgart-Berlin in Rechnung stellen durfte, kostete der Flug 6294,– DM.»

die Richtlinien-Groteske perfekt, könnte es sich kaum leisten, eine offensichtlich zu Korruption neigende Bewerberstadt so zu bestrafen, wie es die eigenen Regeln vorsehen. Was sollte die Disqualifizierten, die so in öffentlichen Verruf gerieten und sich vor ihren Bürgern für verschwendete Millionen verantworten müßten, daran hindern, öffentlich auszuplaudern, welchen IOC-Weltenbummlern sie sich auf welche Weise erkenntlich gezeigt haben? Ein solcher Skandal wäre nicht nur entlarvend, er könnte womöglich eine Lawine loslösen. Denn naturgemäß gibt es viele Enttäuschte im olympischen Bewerberzirkus.

Um das weite Feld der kleinen und größeren Gefälligkeiten wirkungsvoll säubern zu können, müßte das IOC schon selbst den Besen in die Hand nehmen. Das Gremium will aber offenbar nicht und pocht auf eine Souveränität seiner Mitglieder, die sich aus der Olympischen Charta ergibt. Anders als in Marketing-, Doping- oder Programmfragen geben sich die Spiele-Erneuerer in solchen Fällen gern strikt konservativ. Dabei hatte Gründervater Coubertin mit solchen Weiterungen niemals rechnen können, als er sich vor hundert Jahren gezielt um adlige und finanziell unabhängige Leute für sein IOC bemühte. Das war seinerzeit notwendig, denn jedes Mitglied mußte die eigenen Kosten aufbringen. Auch flatterten ihm damals keine Bittbriefe von Bewerberstädten ins Haus. Im Gegenteil. Wie Coubertin auf das heutige Geschacher und Gebuhle um die Dollarspiele reagiert hätte, kann nur vermutet werden. Tatsache aber ist, daß gerade er, der weitblickende Sozialtheoretiker, keine allzu hohe Meinung von der menschlichen Natur hatte, deren «moralische Muskulatur» er

Das Wettrennen um die Ringe

Im Wettlauf um die Vergabe der Olympischen Spiele melden sich immer mehr Städte zu Wort. Viele sind dabei von vornherein chancenlos, für sie ist wohl eher der Weg das Ziel, sie setzen allein auf den Werbeeffekt der fünf Ringe. Regelmäßig werden neue Kandidaten gehandelt. Diese Liste erhebt deshalb keinen Anspruch auf Vollständigkeit.

2000 Sommer	**Sydney** Brasilia Berlin Manchester	Taschkent Istanbul Peking Mailand

2002 Winter	**Salt Lake City** Östersund Sion Quebec Graz	Tarvisio Poprad / Hohe Tatra Sotschi Jacca Alma-Ata

2004 Sommer (Vergabe 1997 in Lausanne)

Buenos Aires   San Juan (Puerto Rico)
Kapstadt   Stockholm
Istanbul   Lille
Rio de Janeiro   Athen
Sevilla   St. Petersburg
Rom

im Gespräch waren

Paris, Boston, Lyon, Chicago, Osaka, Peking, Brüssel, Dublin, Kairo, Nairobi

2006 Winter (Vergabe 1999 in Seoul)
Sion, Lahti, Südkorea, Region Kärnten-Slowenien, Changchun (China), Innsbruck

2010 Winter Lillehammer

2008 Sommer Athen, London, New York, Malaysia, Pusan (Südkorea), Frankfurt/M., Osaka

2012 Sommer Warschau

Reiselust
Der Besuch einer Bewerberstadt ist IOC-Mitgliedern lediglich einmal für die Dauer von drei Tagen gestattet, dann darf der Bewerber seinerseits dem Mitglied aber nicht mit einem Besuch aufwarten. Wie war das in Berlin? Acht IOC-Mitglieder besuchten Berlin für mehr als drei Tage und wurden zusätzlich in ihrer Heimat aufgesucht. Zwei IOC-Mitglieder waren zweimal in Berlin. Zwanzig Olympier weilten länger als vier Tage in Berlin. Spitzenreiter: Bashir Attarabulsi (Libyen) und Flor Isava-Fonseca (Venezuela).

ja gerade durch die Wiederbelebung der griechischen Ideale stärken wollte.

Letztlich bleibt also dies das Allerschönste an Olympias Idealen – man kann sie für jeden einzelnen Fall stets so hinbiegen, daß sie in die gerade erforderliche Argumentation passen.

Immer mehr Städte drängen in den olympischen Bewerb, und immer häufiger wird dabei erkennbar, daß sich viele von ihnen mit dem Bewerberstatus begnügen. Beispiele gefällig? Taschkent, Poprad, San Juan, Alma-Ata, Graz, Lille, Nairobi, Lyon, Sotschi – die Liste ließe sich beliebig verlängern. Tatsache ist, daß sie auf diese Weise jahrelang mit einer Melange aus eigenen und olympischen Insignien werben und sich einen weltweiten Bekanntheitsgrad verschaffen können, was wiederum Anreize für staatliche wie private, für seriöse wie spekulierende Investoren schafft. Ganz zu schweigen vom Tourismus – ein Hauch von Olympia fördert die Reiselust.

Was aber, wenn es schiefgeht für eine Stadt, die sich bis zuletzt ernsthafte Hoffnungen gemacht hat? Dann hat jedenfalls das IOC, der mächtige Strippenzieher im Hintergrund, nichts zu tun mit dem unerfreulichen Ereignis. Er glaube, sagt Samaranch, «das jeweilige Bewerberkomitee hat die Verpflichtung, seine eigene Bevölkerung darauf hinzuweisen, daß sie vielleicht nicht gewinnen. Statt dessen passiert es häufig, daß das Bewerberkomitee nur die Vorteile der Kampagne hervorhebt... und nie die Möglichkeit diskutiert, daß sie verlieren könnten. Dies zu tun kann nicht unsere Aufgabe sein.»[11]

Kein Wunder. Angenehm ist das natürlich nicht. Samaranch zieht es vor, bei jeder Gelegenheit das genaue Gegenteil zu tun – kaum eine Bewerberstadt, die er anläßlich seiner Besuchsreise nicht für ihre großartige Kampagne und ihre hervorragenden Chancen lobt. Nur, wie sollen die Bewerber die olympische Begeisterung in ihren Städten schüren, wenn es ausschließlich ihnen obliegt, auch gegen eine mögliche Abstimmungspleite vorzubauen? Die olympische Begeisterung am jeweiligen Ort sei eines der wichtigsten Wahlkriterien für das IOC, wird immer wieder betont. Berlin, so hieß es nach der Niederlage in Monaco, habe aufgrund der ablehnenden Haltung eines großen Teils der deutschen Bevölkerung verloren. Wer löst diese Widersprüche auf?

Müßig, nach Antworten zu suchen. Die eigentliche Frage lautet: Wen kratzt das schon? Über das Instrument der olympischen Städtekür läßt sich in der Weltpolitik mitmischen – von Moskau über Los Angeles bis Seoul –, das ist viel wichtiger für die IOC-Regenten, und es ließ sich ebenfalls sehr gut bei jener Wahl verfolgen, die in Monaco schließlich zum überraschenden Sieg Sydneys knapp vor Peking führte.

Die Chinesen waren Topfavorit der Bewerbung, in der sich neben Sydney und Berlin noch Manchester, Istanbul, Mailand, Brasilia und Taschkent tummelten. Die beiden Exoten strichen früh die Segel, auch Mailand erkannte vorzeitig seine Chancenlosigkeit. Berlin hatte seine Vorteile, die zu Zeiten der geteilten Stadt ganz außerordentlich gewesen wären, mit dem Fall der Mauer unrettbar eingebüßt. Ohne Ost-West-Konflikt konnte Olympia schließlich nicht mehr den Menschheitserlöser spielen. Manchester machte den gleichen Fehler wie Berlins Außendienstchefin Brigitte Schmitz: Die farblosen Briten vertrauten zu sehr auf persönliche Versprechungen. Istanbul indes wahrte seine Außen-

Info-Transfer
Vor dem Berliner Untersuchungsausschuß berichtete der ehemalige Marketingmanager Nikolaus Fuchs, Berlin hätte versucht, vom Organisationskomitee in Atlanta Dossiers über IOC-Mitglieder zu erwerben. Doch leider, so Fuchs, war es «ein bißchen zu spät, Sydney hatte die Dossiers bereits gekauft». Für 37 500 Dollar sollen die Informationen von Atlanta nach Sydney geflossen sein. Gegen diesen Vorwurf hat sich der damalige Olympiamanager Sydneys, Rod McGeoch, verwahrt. Sydney hätte statt dessen auf umfangreiches Material der gescheiterten Bewerbungen von Brisbane und Melbourne zurückgegriffen. McGeoch sieht in den Anschuldigungen nur eine späte Rache der Berliner Bewerber: «Der Grund, warum Berlin verlor, war die fehlende Unterstützung der Bevölkerung. Man kann eine Bewerbung nicht erfolgreich gestalten, wenn man nicht die Mehrheit der Bevölkerung hinter sich hat.»

33

seiterhoffnungen durch einen Coup, der ganz im Sinne der olympischen Herrschaften war: Die Türken offerierten ein Olympiagesetz, nach dem der türkische Steuerzahler für fehlende Millionen aufkommen müsse – eine Garantieerklärung an Lausanne, daß es nichts würde zuschießen müssen. Der Steuerdreh fiel auf fruchtbaren Boden: Unter IOC-Mitgliedern klang an, über solche famosen Klauseln künftig grundsätzlich nachdenken zu wollen.

Blieben noch China und Australien. Beide entlegen, fernab von jenen Kontinenten, die die Spiele 1992 (Barcelona/Europa) und 1996 (Atlanta/Nordamerika) ausrichteten. Und beide mit den vollmundigsten Versprechungen. Sydney, das mittlerweile unter den systemtypischen Finanzierungsproblemen ächzt, hatte gar freien Flug und Logis für die gesamte, etwa 20000 Köpfe starke olympische Familie angeboten. Doch Peking bot noch mehr: «Gottgleiche» Behandlung für das IOC, Millionen Arbeitsameisen, vor allem einen unerschöpflichen Markt für die Weltwirtschaft. Nicht nur Samaranch fühlte sich bei seinen Besuchen auffallend wohl in der treusorgenden Obhut der Regimeführung. Chinas Chefs haben viele Fans, schon 1988 war Coca-Cola-Boß Roberto Goizueta ins Schwärmen geraten, wenn er an das «grenzenlose Potential» des chinesischen Marktes dachte. Damals trank ein Chinese nur eine Miniportion von 0,05 Litern des amerikanischen Lebenselixiers: «Wenn jeder der 1,1 Millarden Chinesen irgendwann nur soviel trinkt wie heute jeder der 15 Millionen Australier», rechnete Goizueta vor, «dann haben wir ein zweites genauso großes Unternehmen wie heute».[12] Verlockende Perspektiven, die andere olympische Topsponsoren gewiß teilten.

Die anderthalb Dutzend afrikanischen IOC-Mitglieder sind möglicherweise unabhängig von Sponsoren, von den Chinesen waren sie es nicht. Die hatten schon seit Jahren Experten und aufwendige Sportstätten gen Afrika exportiert und schickten nun Sportminister und Botschaftsmissionen zwecks Olympiawerbung durch den Schwarzen Kontinent. Das widersprach zwar den Bewerbungsvorschriften, doch so läuft das eben. Es sollte überdies der Schaden manch eines IOC-Mannes nicht sein, der großzügige Entwicklungshilfegelder von Peking empfangen durfte. Hilfsgelder, die schon mal auf privatem Wege versickern konnten, ehe sie in die ohnehin rudimentären nationalen afrikanischen Verbände gelangten. Chinas IOC-Mitglied Zhenliang He ließen die Vorwürfe, daß seine Landsleute auf diese Art Stimmen in der Dritten Welt erkauften, völlig ungerührt. «Wir kümmern uns schon lange intensiv um diese Länder.» Nun war Rückzahltag.

Während zum Wahlsommer punktgenau neue chinesische Wunderläuferinnen erblühten, deren Bestleistungen heftig an das staatsverordnete Doping im untergegangenen Ostblock gemahnten, urteilte das englische Wirtschaftsjournal «Economist»: «Wenn eine Goldmedaille für den rücksichtslosesten Bewerber zu gewinnen wäre, würde Peking gewinnen.» Die armen Apparatschiks vermochten so viel Häme gar nicht zu fassen. Hatten sie nicht demonstrativ den Regimekritiker Wei Jingsheng nach mehr als 14 Jahren Haft aus dem Kerker entlassen – ein halbes Jahr vor der Zeit? Inzwischen sitzt er wieder, doch das ist eine andere Geschichte.

In der heißen Bewerberphase im Sommer 1993 wunderte man sich öffentlich auch über den Ver-

Veto

Auch der Dalai-Lama, das im Exil lebende geistige und weltliche Oberhaupt der sechs Millionen Tibeter, meldete sich während der Olympiakampagne Pekings zu Wort. Auszüge aus einem Interview des «Spiegel»:
Dalai-Lama: «Als praktizierender Buddhist habe ich keine Ressentiments gegenüber den Chinesen. Die größte Nation der Erde mit ihrer alten Zivilisation und Kultur ist durchaus berechtigt, solch ein internationales Sportereignis auszurichten.»
Unter welchem Regime auch immer?
«Nein, der volkreichste Staat der Erde muß in den Hauptstrom der Demokratie geleitet werden … Die Weltgemeinschaft ist verpflichtet, hier das richtige Signal zu geben und jene in China zu ermutigen, die unter Einsatz ihres Lebens für Demokratie und Freiheit kämpfen. Das kann nur bedeuten: Solange in Peking ein totalitäres Regime an der Macht ist, dürfen Olympische Spiele dort nicht stattfinden.»

Olympiagegner
Der Untersuchungsaus-
schuß des Berliner Abge-
ordnetenhauses sollte Un-
regelmäßigkeiten der
Olympiabewerbung auf-
klären. Herausgekommen
ist nicht viel, weil die
große Koalition von CDU
und SPD nicht an der
Wahrheit interessiert war.
Doch immerhin wurden
im Untersuchungsaus-
schuß Schuldige für das
Scheitern Berlins gefun-
den: die Olympia-Oppo-
sition. Auszug aus dem
Bericht: «Der Zeuge Trö-
ger hat ausgeführt, daß
auch Gruppen in anderen
Bewerberstädten, nämlich
Amsterdam und Nagoya,
‹zwar nicht aggressiv,
aber doch eben gewalt-
tätig vorgegangen›
seien… Ausschlaggebend
sei das gezielte Verhalten
gegenüber dem IOC und
seinen Mitgliedern gewe-
sen. In diesem Sinne hat
sich auch der Zeuge von
Richthofen geäußert: ‹Ich
weiß von namhaften Mit-
gliedern, daß sie in der
Form noch nie militanten
Olympiagegnern gegen-
übergetreten sind, und ich
brauche Ihnen nicht zu
sagen, daß das keinen
Menschen gefreut hat
und dieser Olympiabe-
werbung in jedem Fall ge-
schadet hat…›»

36

bleib von Quing Yongmin. Der hatte eine Pressekonferenz mit dem Ausruf gesprengt, daß
«China einfach zu arm» sei, um sich die Spiele
leisten zu können. Eine Aussage, die im krassen
Widerspruch zu einer Volksumfrage stand, nach
der 98,7 Prozent der Pekinger für die Spiele waren. Der Stahlarbeiter Yongmin hatte mit seiner
unvorsichtigen Prognose im August 1993 offenbar die Volksmehrheit düpiert, jedenfalls blieb er
danach unauffindbar.

Auf die Duldsamkeit der IOC-Spitze durften
sich die KP-Mandarine in jeder Lage verlassen.
Kaum hatte sich die olympische Bewegung ihr
geistiges Zentrum in Museumsform ans Ufer des
Genfer Sees geschmiedet, trat ein weiterer Ernstfall ein: öffentliche Debatten um die Menschenrechte, Ärger mit Exil-Tibetern, die Pekings Un-
terdrückungspolitik anprangerten und an das
olympische Menschheitsideal appellierten.
Prompt sandte im Frühsommer 1993 ein Washingtoner Kongreßausschuß eine Resolution
nach Lausanne, der zufolge der Topfavorit Peking die Sommerspiele 2000 auf keinen Fall ausrichten dürfe. China verstoße laufend gegen
Menschenrechte und unterdrücke oppositionelle
Meinungen. Die Menschenrechtsorganisation
«Human Rights Watch» hatte das IOC schon zuvor mit brisanten Informationen über den Kandidaten Peking genervt.

Zum Beispiel mit Hinweisen auf Bewerber-
chef Chen Xitong. Der Parteichef Pekings, der
Samaranch bei dessen Besuchen gottgleich ver-
ehren ließ, war nur vier Jahre zuvor während des
Massakers auf dem Platz des Himmlischen Frie-
dens noch verantwortlicher Bürgermeister der
Stadt gewesen. Chen Xitong persönlich hatte im
Mai 1989, als zwei Millionen Menschen auf den

Straßen protestierten, das Militär per Unterschrift zum Einmarsch in die Stadt und damit zum Niedermetzeln der Studenten ermächtigt. Und er hatte Aktivisten des Aufstandes denunziert, die daraufhin hingerichtet wurden oder für Jahre in den Gefängnissen verschwanden. Ein solcher Apparatschik, dessen Sturheit vier Jahre zuvor weltweites Entsetzen hervorgerufen hatte, umgarnte als Chefchinese das IOC-Völkchen.

Das mit den Menschenrechten, besagt die Olympische Charta, sei eine ernste Sache, sehr ernst sogar. In dieser Charta, der Bibel aller IOC-Mitglieder, steht daher als «Fundamentales Prinzip Nummer zwei» folgendes festgeschrieben: «Der Olympismus versucht eine Lebensart zu kreieren, die auf dem Spaß an Leistung, dem erzieherischen Wert guter Vorbilder und dem Respekt vor universellen ethischen Prinzipien basiert.» Bleibt zu klären, ob es zu den universellen ethischen Prinzipien gehört, einer Gewaltherrschaft und ihren Helfershelfern als Veranstalter der Spiele für die Weltjugend eine Bewährungschance zu verschaffen.

Daß sich die Asiaten vom Gütesiegel der fünf Ringe eine unbezahlbare Imagekorrektur versprachen, belegte nicht nur der Umstand, daß China als einziges NOK der Welt von der Sponsoren-Mauer des neueröffneten Lausanner Museums prangte. Pekings Potentaten war in ihrem Bewerberbuch eine aufschlußreiche Formulierung unterlaufen: Unter Punkt 2.9. versprachen sie dem IOC, daß es im Lande «weder heute noch in Zukunft eine oppositionelle Organisation zur Bewerbung geben wird». Solche Garantien vermag nur jemand abzugeben, der entschlossen und in der Lage ist, abweichende Meinungen rigoros zu unterbinden.

Aktion Reißwolf
Axel Nawrocki, letzter
Geschäftsführer und Ver-
weser der Berlin 2000
Olympia GmbH, ließ im
Herbst 1993 zahlreiche
wichtige Akten seines Be-
werberkomitees vernich-
ten. Der Wirtschaftsprüfer
Michael Eitner hat später
eindeutige Verstöße ge-
gen die Aufbewahrungs-
pflicht festgestellt. Für
1992 fehlten rund 26
Prozent der geprüften
Handelsbriefe, für 1993,
so Eitner, fehlte sogar
über die Hälfte. Eitners
Bericht lag der Olympia
GmbH vor. Berlins Regie-
render Bürgermeister
Eberhard Diepgen, Auf-
sichtsratsvorsitzender der
GmbH, erklärte im Sep-
tember 1994 dennoch
vor dem Berliner Abge-
ordnetenhaus, der «unab-
hängige Wirtschaftsprü-
fer» hätte festgestellt,
«daß die nach handels-
rechtlichen Vorschriften
aufzubewahrenden Un-
terlagen der Olympia
GmbH überwiegend vor-
handen waren bzw.
nachträglich aufgefunden
wurden». Eitner dazu vor
dem Untersuchungsaus-
schuß des Abgeordneten-
hauses: «Ich habe es
kopfschüttelnd zur Kennt-
nis genommen und ge-
sagt: Also, entweder sind
die des Deutschen oder
des Lesens nicht mäch-
tig...»

38

Bei einer letzten Präsentation in Lausanne mußten sich die Pekinger Bewerber einer Fülle von Fragen erwehren, die sich ausschließlich um die Menschenrechtssituation in China drehten. IOC-Mann Zhenliang He meisterte die kritische Situation mit der Vogel-Strauß-Taktik des ge- wiegten Olympiers: «Die amerikanische Kritik ist nicht akzeptabel. Nur Leute des Sports dürfen über Fragen des Sports entscheiden.» Er deutete gar an, daß es «in verschiedenen Ländern ver- schiedene Ansichten darüber gibt, wie Men- schenrechte zu betrachten sind». Seine Art, für internationale Toleranz zu plädieren.

Das IOC schwieg eisern, obwohl die Situation zu eskalieren drohte. «Human Rights Watch» in- formierte die Öffentlichkeit, der amerikanische Kongreß bohrte weiter, und überdies kreuzte eine Gruppe Exil-Tibeter in Lausanne auf und präsentierte Spruchbänder wie «Keine Olympi- schen Spiele für Mörder».

Das IOC war in der Zwickmühle: Wie konnte man dennoch Gesinnung demonstrieren? Die Ringe-Makler warfen die Propagandamaschine an. Die Einmischung des US-Kongresses, so jammerten sie am Genfer See, erinnere stark an den Boykott der Olympischen Spiele 1980 in Moskau. Damals war Jimmy Carter Präsident gewesen. Demokrat wie der nun regierende Bill Clinton, und Angst baute sich auf, daß sich die Dinge wiederholen könnten. Also erklärte das IOC, das längst selbst Weltpolitik betreibt und mit aller Macht Sitz und Stimme in den Vereinten Nationen anstrebt, es habe nur rein sportliche Entscheidungen zu treffen. Es vertrat die An- sicht, mit dem Einzug des olympischen Trosses in ein totalitäres Land ließen sich die Dinge dort auf wunderbare Weise demokratisieren.

Dummerweise fehlen Belege für diese These bis heute. In Moskau 1980 hatten die Spiele nichts zur Entspannung beitragen können – die Folge war allerdings ein Gegenboykott vier Jahre später in Los Angeles. Auch der vielbemühte Hinweis auf Seoul 1988 war ein frommer Irrtum: Dort begaben sich Demonstranten aus allen Gesellschaftsschichten lange vor den Spielen immer wieder auf die Straße. Vorsorglich lehnte das IOC jede politische Beratung als verbotene «Einflußnahme» ab.

Chinas Chancen sanken nach den weltweiten Protesten rapide, denn das IOC hätte die Verantwortung für eine demokratische Entwicklung in China während der folgenden sieben Jahre von 1993 bis 2000 übernehmen müssen. Die Peking-Opposition forcierte ihre Bemühungen, und in der entscheidenden Woche in Monaco wurden hinter den Kulissen letzte Weichen gestellt. Mehr und mehr IOC-Mitglieder begriffen, welche Hypothek sie mit einer Kür Pekings übernehmen würden. Weitere peinliche Veröffentlichungen beschleunigten womöglich das Umdenken.

Unter Druck geriet in den letzten Tagen vor der Wahl plötzlich auch das IOC. Presseberichten aus Washington und Hongkong zufolge hatten die Ringevermarkter einen professionellen Lobbyisten in Washington angeheuert, der auf die massive Anti-Peking-Front im US-Kongreß einwirken sollte. Peter S. Knight hieß der olympische Interessenvertreter in der amerikanischen Hauptstadt. IOC-Sprecher Andrew Napier hatte die Zusammenarbeit mit dem einflußreichen früheren Gefolgsmann des US-Vizepräsidenten Al Gore gegenüber der «South China Morning Post» bestätigt – die Liaison war dem-

Rekordbewerber
Viel hilft viel: Los Angeles hat sich bereits zehnmal um die Ausrichtung Olympischer Spiele beworben. Zweimal war man erfolgreich, richtete 1932 und 1984 die Spiele aus. Bei der Bewerbung für 1984 trat übrigens kein Kontrahent an, die Milliardenpleite von Montreal hatte nachhaltige Wirkung hinterlassen. Los Angeles zeigte mit seinem deutschstämmigen Manager Peter Ueberroth, daß es auch anders geht. Rein privatwirtschaftlich organisiert, 225 Millionen Dollar Gewinn – Ueberroth wurde zum Manager des Jahres gewählt, seit Los Angeles erscheint das Unternehmen Olympia wieder lukrativ.

nach schon vor den Resolutionen von Senat und Repräsentantenhaus zustande gekommen. Auch IOC-Direktor François Carrard, den die Frage nach Mister Knights Aktivitäten merklich irritierte, bestätigte in Monaco, daß der Amerikaner für das IOC arbeite. «Aber nur als Anwalt», sagte Carrard. Knight befasse sich mit Konflikten, die das nationale Komitee der USA und deren Athleten beträfen.[13]

Dumm gelaufen, die Geschichte. Peter S. Knight bestätigte etwas ganz anderes. Der Mann war beim Justizministerium ordnungsgemäß als Lobbyist für Überseeinteressen registriert, und zwar ausdrücklich als ein Mann, der politische Aktivitäten ausübt. Der Hongkonger Zeitung gegenüber sagte Knight, daß er auf Senatoren und Parlamentarier zugehe, «um sie über die IOC-Position in der Peking-Frage zu informieren». Das war ein höchst denkwürdiger Vorgang. Lobbyisten bilden in den USA einen eigenen Berufszweig. Als sogenannte «pressure groups» üben sie – der Name deutet es milde an – permanenten und unterschiedlich dosierten Druck auf die Politiker aus. Sie treten auf als Interessenvertreter für Konzerne, für politische oder religiöse Gruppen, kurz: für jeden, der Geld genug hat, sich solche Dampfmacher in den Wandelgängen des Capitols zu leisten.

Das IOC, das für sein weltweit operierendes Milliardenunternehmen stets absolute Unabhängigkeit fordert und sich gerade in der Peking-Frage offiziell «jede politische Einmischung in Belange des Sports» (Samaranch) verbat, feilte und bohrte demnach selbst an den Wurzeln der China-Opposition.

Der Vorgang charakterisiert die Geheimpolitik des IOC. Sofern Knights Tätigkeit – die auch vom seriösen Washingtoner «National Journal» gemeldet wurde – und seine Aussagen korrekt wiedergegeben waren, haben die Herren der Ringe nicht nur versucht, politisch und finanziell gegen die Proteste von Menschenrechtsorganisationen anzugehen. Dann hat auch eine Einflußnahme des IOC zugunsten eines der fünf Bewerber stattgefunden – ein Vorfall, der nachdenklich stimmen sollte. Manchesters Bewerberchef Bob Scott, gewitzt aus zwei verlorenen Bewerberprozessen, dachte in Monaco bereits voraus: «Vielleicht werden die Spiele eines Tages versteigert werden. Derjenige erhält sie, der das beste Angebot macht.»

Auf der Zielgeraden wurde das IOC durch politische Instinktlosigkeiten Pekings zusätzlich verschreckt. Waren die Menschenrechtler von den Chinesen bis zum Schluß arrogant abgebügelt worden, so wirkte die Freilassung von Regimekritikern unmittelbar vor der Wahl so aufdringlich inszeniert wie ein frühkapitalistischer Reklamespot, und Vizepremierminister Li Lanqing blamierte sich vor der Weltpresse. Er hatte großzügig versprochen, sie dürfe von den Spielen in Peking «frei berichten». War das vielleicht nichts? Ein beispielhafter Schritt ins dritte Jahrtausend.

Einige im IOC bekamen plötzlich kalte Füße, und während des olympischen Abstimmungsprozesses, bei dem pro Wahlgang die jeweils schwächste Stadt ausscheidet, kippte das Meinungsbild um. Peking startete mit 34 Stimmen, Sydney erhielt nur 21. Doch die Australier holten auf. In Runde zwei hatten sie 30 Stimmen, Peking 37, in Runde drei stand es 35:39. Und im entscheidenden vierten Wahlgang gewann Sydney mit 45 zu 43 Stimmen – ein überraschendes Votum für

Festakt
Allein die Betreuung der IOC-Mitglieder während der Leichtathletik-WM 1993 in Stuttgart, wenige Wochen vor der Vergabe der 2000er Spiele, kostete die Berliner Olympia GmbH 750000 Mark. Dies wurde über Jahre als üble Verleumdungskampagne abgetan. Bis die Beweise auf dem Tisch waren. Da erklärte das deutsche IOC-Mitglied Walther Tröger im Juni 1995 vor dem Untersuchungsausschuß lapidar: «Ich erkläre das damit, daß wir gemeinsam – und ich war daran beteiligt – uns von dieser Darstellung sehr viel versprochen haben. Und deswegen haben wir uns in diesem einen Fall um die Regeln nicht geschert.»

**David Sikhulumi
Sibandze**
geboren am 20. Februar
1932, verheiratet, acht
Kinder.
IOC-Mitglied seit 1984.
Mitglied der Kulturkom-
mission.
Postmanager in Swasi-
land. Direktor verschiede-
ner Unternehmen. Zwei
Dutzend Funktionen im
Sport, u. a. Präsident des
NOK in Swasiland.

den Sport und gegen durchschaubare Inter-
essengeflechte.

Und doch blieb dem IOC nicht einmal der
Triumph, im letzten Moment Charakterstärke
gezeigt zu haben. Dafür hatte das Mitglied David
Sibandze aus Swasiland gesorgt, der sich inmitten
der Wahl aus schwer erfindlichen Gründen in
seine afrikanische Heimat verabschiedet hatte.
Folgte man den verwirrenden Erklärungen Samaranchs, mußte es bei der Kür der Olympiastadt 2000 zugegangen sein wie im Hinterzimmer
eines Kegelklubs. Zwischen der zweiten und dritten Wahlrunde nämlich, während sich draußen
die Kameras der Weltöffentlichkeit auf den «Pa-
lais Sporting d'Ete» richteten, soll Sibandze ein
folgenschwerer Anruf aus der Heimat ereilt haben. Es reichte ihm nicht einmal mehr für ein halbes Stündchen Olympia wählen, der Mann aus
Swasiland mußte Hals über Kopf aufbrechen.
Offenbar hatten die internationalen Fluglinien
ihre Pläne zwischen Nizza und Schwarzafrika an
diesem Donnerstagabend so ausgerichtet, daß
keine Sekunde Aufschub mehr drin war. Sibandze jedenfalls verschwand.

Samaranch legte den Fall am Abend vor der
Presse so dar, daß Sibandze persönliche Probleme
zur fluchtartigen Abreise gezwungen hätten.
Spätabends wußte das ungarische IOC-Mitglied
Pal Schmitt von kurzfristig angesetzten Wahlen
in Swasiland zu berichten. Tags darauf, bei der
traditionellen Abschlußkonferenz, nahm Samaranch achselzuckend zur Kenntnis, daß es andere
politische Gründe gewesen sein sollen. Derlei
gravierende Informationsdefizite im Innersten
der olympischen Wagenburg sind ungewöhnlich. Daß der IOC-Boß nicht genau darzulegen
wußte, warum ihm während der von aller Welt

verfolgten Olympiakür durchs Hintertürchen ein Wahlmann entwischt war, bleibt merkwürdig genug.

Merkwürdig auch deshalb, weil David Sikhulumi Sibandze, ein 64jähriger ehemaliger Postbeamter, schon Jahre zuvor in Amsterdam in anrüchigem Licht erschien, wenn es denn stimmt, was holländische Journalisten recherchierten. Amsterdam feilschte damals – mit einer militanten Opposition behaftet, ähnlich wie später Berlin – vergeblich gegen Barcelona um die Sommerspiele 1992, als die Polizei gegen Sibandze wegen angeblicher Diamantengeschenke der holländischen Bewerber ermittelt haben soll. Soviel zur olympischen Tradition.

Um aber dem Verdacht, es könnte etwas nicht mit rechten Dingen zugegangen sein, wirkungsvoll zu begegnen, kündigte Samaranch an, man wolle die Regeln des Wahlprozederes «künftig strenger fassen». Ein bißchen spät. Nicht nur aus Sicht der am Boden zerstörten Chinesen wäre folgende Erklärung denkbar: Aufgrund der ersten zwei Wahlrunden könnte darauf spekuliert worden sein, daß es am Ende zu einer hauchdünnen Entscheidung zwischen Peking und Sydney kommt. Deshalb wurde mit dem Afrikaner möglicherweise ein erklärter Chinafreund aussortiert – äußerstes Risiko, um im letzten Augenblick die Mandarine zu stoppen? Man weiß es nicht, man darf es nicht behaupten.

Ein Segen für das IOC, daß es die KP-Herren im Fernen Osten traf. Man stelle sich vor, was in Deutschland oder England geschehen wäre, wenn Berlin oder Manchester in der Schlußrunde derart knapp gescheitert wären – kurz nach dem unerklärlichen Ausstieg eines Wahlmannes, den man dem eigenen Lager zurechnen könnte. Es

Olympiasieg
Überaus erfolgreich waren 1972 die Olympiagegner in den Rocky Mountains im Großraum Denver. Der Stadt wurden zwar 1971 die Olympischen Winterspiele für 1976 zugesprochen, doch Bürgerinitiativen und Umweltgruppen machten trotzdem mobil: Bei einem Referendum stimmten nahezu 60 Prozent der Bürger gegen Olympia – Denver gab am 15. November 1972 die Spiele zurück. Drei Monate später wurde Innsbruck, schon 1964 einmal Gastgeber, als Ersatzkandidat nominiert.

wäre protestiert worden, man hätte Reiseanlaß und -verlauf exakt ermittelt und versucht, den Mann zur Rede zu stellen. Vielleicht wäre die spöttelnde Sentenz «Wo ist Sibandze?» hierzulande zum geflügelten Wort geworden.

Und in China? Zu einer erneuten Bewerbung für das Jahr 2004 konnte sich die Parteiführung nun doch nicht durchringen. Chen Xitong, der stramme Bewerberchef, sitzt plötzlich hinter Schloß und Riegel. Nicht wegen der Sache mit dem Studentenmassaker. Er wurde, so hieß es, der Korruption überführt. Aber vielleicht war es auch nur dieser mandeläugige Mädchenchor, der Peking um die Spiele brachte. Die unerbittlich quietschenden Jungfern hatten die IOC-Garde in Monaco bis in den Sitzungssaal verfolgt. Leider kamen sie bei ihren tagelangen Bemühungen über ein einziges Lied nicht hinaus: die Olympiahymne.

Der napoleonische Konzern

Ein Seelenforscher, der die ordenbefrachtete Festkarawane der olympischen Familie Revue passieren läßt, dürfte interessante Beobachtungen machen. Wie die Barone des Sports dicke Teppiche abschreiten, vorbei an winkendem und singendem Volk, als ginge es zur Krönungsmesse. Wie sie, von jaulenden Polizeiautos eskortiert, durch Stadt und Land fegen, als duldeten ihre Geschäfte keine Sekunde Aufschub. Wie sie, manche schon im Rollstuhl oder gestützt auf Stock und Nebenmann, hinter gepolsterten Saalpforten verschwinden, um Zukunftspläne für die Jugend der Welt zu entwerfen. Schwer ist ihr Tagwerk. Und verdammt viel strenger noch das Protokoll zur Vielzahl der erhebenden Zeremonien.

Der Seelenforscher könnte sich notieren, daß die kleinen Könige gern gesondert aufmarschieren. Umhüllt von Hofstaat und doch allzeit gut sichtbar. An der Spitze Juan Antonio Samaranch, der spanische Präsident des IOC. Dann Primo Nebiolo, der italienische Weltboß der Leichtathleten, oder Kim Un Yong aus Südkorea, eine Art James Bond des Asien-Sports. Boshaft formuliert: Wer sie aufmerksam verfolgt, die alljährlichen Prozessionen der Weihrauchumdampften, muß den Gedanken niederringen, daß sich in dieser Ansammlung kleinwüchsiger Herrscher ein leibhaftiger Beweis für den Napoleon-

> «Wozu bitte schön braucht man diese Herrschaftsclique des IOC? Diese kleine Pseudo-Weltregierung ist überflüssig wie ein Kropf. Wir brauchen das alles überhaupt nicht. Und dieser sogenannte olympische Geist, den ich übrigens niemals getroffen habe, bei dem es angeblich nur um Ruhm und Ehre und all diese Dinge geht, ist ein gigantisches Geschäft für einige wenige und auf dem Rücken der Dummen.»
> Heidi Schüller – Ärztin, Autorin, ehemalige Weitspringerin, Eidsprecherin bei den Olympischen Spielen 1972 in München – 1993 in «Zitty»

«Das IOC ist die beste Organisation, um die Olym-
pischen Spiele zu organi-
sieren. Wenn wir uns ab-
schaffen, werden wir nur
durch etwas Schlimmeres
ersetzt.»
*Walther Tröger, IOC-
Mitglied und Präsident
des NOK für Deutschland,
1995 auf dem Darmstäd-
ter Sportforum*

Komplex personifizieren könnte. Das ist jene
Neurose, die die Seelenkunde, in Anlehnung an
den kleinen Machtmenschen aus Korsika, bei
schmächtig geratenen Mannsbildern mit ausge-
prägtem Dominanztrieb diagnostiziert.

Hinter den kleinen Königen folgen – an Einfluß, nicht an ihrem offiziellen Rang gemessen –
auch höher gewachsene Herrschaften. Joao Havelange, der brasilianische Fußballchef, oder Mario Vasquez Rana, der mexikanische Verbands-
herr über alle Nationalen Olympischen Komitees
(ANOC). Auch sie zählen zu den Napoleons des
Olymps, und in der Öffentlichkeit lassen sie sich
gern anmerken, daß sie sich ihrer revolutionären
Taten für den Spitzensport bewußt sind. Ver-
ständlich wohl, weil sie in ausgesucht serviler
Umgebung und von den Bittstellern, mit denen
sie als Herren der Ringe verkehren, nur Erheben-
des zu hören bekommen. So verstrahlt auch manche untere Charge – in noblen Hotels öfter mal an
der prallen Geschenktüte erkennbar – eine so
kindliche Begeisterung über die eigene Bedeutung, daß man sich mitfreuen mag. Warum nicht.
Das weltläufige Fußvölkchen des IOC hat ohnehin wenig zu tun mit den Veränderungen im
Weltsport. Dafür zeichnen die Chefs der Loge
verantwortlich. Dafür, daß das Showbusineß
prächtig prosperiert.

Nicht jeder kann Napoleon sein, nicht jeder
legt es darauf an. Das Sagen haben wenige, und
was sie wirklich planen, äußern sie ungern im er-
weiterten Familienkreis. Denn Olympias Sportbarone sind keine Visionäre, nicht Männer des
Gedankens, sondern tag- und nachtaktive Strippenzieher hinter den Kulissen. Dauernd auf
Achse. Männer, die auch zu gegenseitigem Wohl
und Statuserhalt den Sport unter sich aufgeteilt

46

Das Internationale Olympische Komitee

gegründet:	Juni 1894 in Paris
Verwaltungssitz:	Lausanne (Schweiz), Chateau de Vidy ca. 100 Angestellte in 13 Direktoraten
Generaldirektor:	François Carrard (Schweiz)
Arbeitsgruppen:	26
Mitglieder seit 1894:	405, darunter 8 Frauen
Ehrenmitglieder:	26
Mitglieder:	105, darunter 7 Frauen
Altersdurchschnitt:	61 Jahre
jüngstes Mitglied:	Scheich Ahmad Al-Fahad Al-Sabah (Kuwait, geb. 1961)
ältestes Mitglied:	Major Sylvio de Magalhaes Padilha (Portugal, geb. 1909)

Die Präsidenten:

1894–1896	Demetrios Bikelas	Griechenland
1896–1925	Baron Pierre de Coubertin	Frankreich
1925–1942	Graf Henri de Baillet-Latour	Belgien
1942–1952	Sigfrid Edström	Schweden
1952–1972	Avery Brundage	USA
1972–1980	Lord Michael Killanin	Irland
seit 1980	Juan Antonio Samaranch	Spanien

Die IOC-Regierung – das Exekutivkomitee

		Land	Geburts-jahr	Eintritt ins IOC
Präsident:	Juan Antonio Samaranch	Spanien	1920	1966
Vize-	Un Yong Kim	Südkorea	1931	1986
Präsidenten:	Marc Hodler	Schweiz	1918	1963
	Prinz Alexandre de Merode	Belgien	1934	1964
	Pal Schmitt	Ungarn	1942	1983
Mitglieder:	Anita De Frantz	USA	1952	1986
	Zhenliang He	China	1929	1981
	Kevan Gosper	Australien	1933	1977
	Richard Pound	Kanada	1942	1978
	Ashwini Kumar	Indien	1920	1973
	Keba M'Baye	Senegal	1924	1973

haben. Sie sind die Profis, denen es um mehr geht als um Geld. Es geht um Prestige, Einfluß, Herrschaft. Um einen Status auch, der es ihnen gestattet, wie Abziehbilder echter Regierungschefs um die Welt zu reisen: zu Diensten, Dottore; meine Verehrung, Marquis; küß die Hand, Exzellenz. Manchmal, wenn sie bei wichtigen Städtewahlen drehbuchgerecht für ein Millionenpublikum zur olympischen Hymne der Reihe nach vor der TV-Kamera aufmarschieren, fehlt nur einer, der «Helau» schreit.

Die einzige dem IOC heute vergleichbare bürokratische Opulenz wird bei den Vereinten Nationen zelebriert. Nur wird einem Sportbaron weit mehr Öffentlichkeit zuteil als einem UN-Diplomaten. Und davon möchten viele auch im hohen Alter nicht lassen. Wie beschäftigt sich ein leidenschaftlicher Strippenzieher mit über siebzig Lenzen – soll er dem pompösen Kongreßtourismus entsagen und Tauben füttern gehen? Der Sport, die Jugend der Welt vor allem, kann keinesfalls verzichten auf Olympias Seniorenriege. Auf die letzten Hobbypolitiker, die kein Wähler je aus dem Amt scheuchen wird.

Dumm nur, daß einige der Napoleons im achten Lebensjahrzehnt stehen. Samaranch etwa, der kurz vorm Startschuß in Atlanta 76 wird, der vier Jahre ältere Havelange oder der drei Jahre jüngere Nebiolo. Dumm, weil es bis zum letzten Jahr eine Altersregel im IOC gab, die die Mitgliedszeit auf 75 Lebensjahre limitierte. Unter Samaranch war sie von 72 auf 75 angehoben worden. Dies hat offensichtlich nicht gereicht. Also machte sich der Herr der Ringe im Frühjahr 1995 in persönlichen Schreiben an die Untertanen kundig, ob die mit einer Fortsetzung seiner Amtszeit einverstanden wären (Wer traut sich, dem Boß ein ganz persönliches Nein zurückzuschreiben?) und wie sich dies bewerkstelligen ließe. Er schlug gleich selbst mehrere Möglichkeiten vor: Abschaffung des Alterslimits für Samaranch, Abschaffung für alle, Heraufsetzung des Limits auf 78 Jahre.

Ein üppiger Maßnahmenkatalog, so üppig, daß sich die begeisterte Vollversammlung der IOC-Mitglieder im Juni 1995 in Budapest für keine Variante entscheiden konnte. Am Ende gab es für keine Lösung die für eine Charta-Änderung erforderliche Zweidrittelmehrheit. Verschoben auf Atlanta, hieß es zunächst – Budapest drohte ergebnislos zu enden. Dann aber, nicht ganz im Einklang mit den Statuten, die eine neue Abstimmungsvorlage verlangt hätten, kam es noch zu einer Lösung. Eine, die von aller Welt schallend belacht wurde. In einem handstreichartigen Ermächtigungsakt sorgten die IOC-Führer am Schlußtag der Session dafür, daß das Alterslimit auf 80 Jahre hinaufgeschraubt wurde. Nebiolo, Havelange und Rana waren die führenden Betreiber der olympischen Altersversorgung, die sie ihren nachgeordneten IOC-Kollegen in den Wandelgängen des Kongreßzentrums und im Marriott-Hotel mit der üblichen Nachhilfe unterjubelten: vertrauliche Vorlage einer Stimmliste und Abwarten, bis unterschrieben ist.

Gut 70 unterschrieben folgsam, manche eingeschüchtert, und Samaranch hatte mal wieder ein beeindruckendes Votum, das er der Weltpresse präsentierte. Die schrieb dann über eine «unwürdige» Prozedur, wie sie auch Walther Tröger empfand. Der deutsche IOC-Vertreter war einer der wenigen, die dagegen stimmten. Der Bulgare Iwan Slawkow erklärte den Vorgang: «Im IOC gibt es eine Schlacht der Lateinamerikaner gegen die Angelsachsen um den Präsidentenposten. Die

Der Finne Peter Tallberg galt auf der Session in Budapest als einer der Wortführer gegen eine Änderung der Altersregel. Doch bei der Abstimmung war Tallberg nicht mehr dabei. Der Generalsekretär des finnischen Sportbundes hatte dringende Verpflichtungen, weshalb er Budapest schon einen Tag zuvor verließ. Nicht ohne sich allerdings die Zusicherung von IOC-Offiziellen und Exekutivmitgliedern zu holen, daß am letzten Tag keine Abstimmung mehr auf dem Plan steht. «Verschoben bis Atlanta» wurde ihm in der Frage der Altersregel beschieden. Just in dem Moment, als Tallberg vom Flughafen Ferihegy gen Helsinki abhob, war die Altersregel gekippt. Tallberg erfuhr erst am nächsten Morgen von Journalisten, die einen Kommentar verlangten, von dem IOC-Beschluß.

49

Latinos sind in der Übermacht.» An Richard Pound, dem Wortführer der jugendlichen Fraktion – als Vizepräsident langjähriger Geheimtip auf die Thronfolge Samaranchs –, machte sich fest, was Slawkow gemeint hatte. Die Kugel habe ihn nur knapp verfehlt, so atmete der Kanadier nach der ersten, offiziellen Abstimmungsposse auf. Zwei Tage später aber wurde aus dem Hinterhalt nachgeladen, und diesmal fegte es den Mittfünfziger Pound hinweg.

So bot die Budapester Session mal wieder ein Machtgeklüngel, das an alte Mafiastreifen erinnerte: Das IOC wirkt als Geheimbund, auch wenn es so nicht benannt werden will. Es kontrolliert sich selbst, es kann sich nach Belieben mit neuen Regeln versehen und mit Leuten erneuern, die ins Schema passen. Zugleich aber beschränkt sich das IOC nicht auf die Rolle als Spieleveranstalter. Es beansprucht die Führungsrolle im Weltsport, weist aber zugleich jede Verantwortung für Fehlentwicklungen von sich. Wie verträgt es sich mit den Prinzipien aufgeklärter Gesellschaften und einer modernen Völkergemeinschaft, wenn einer das Sagen über alle anderen hat – ohne Rechenschaft für das eigene Treiben ablegen zu wollen? Das kennt man vor allem aus Diktaturen. Spätestens hier sticht ins Auge, daß einige der Sportbarone Zöglinge totalitärer Systeme waren, die von der politischen Bühne längst verschwunden sind – ohne daß die Welt ihnen nachtrauert.

Am Genfer See logiert das IOC in einem eleganten Glaspalast. Die Geschäfte mit gut 100 Angestellten führt Generaldirektor François Carrard, dem der Sinnspruch zugeschrieben wird: «Nur Geld macht vom Geld unabhängig.» Ein gutes Dutzend Direktoren arbeitet am Chateau

Die Säulen der olympischen Bewegung

Das IOC   Internationales Olympisches Komitee
(gegründet 1894)
Weltsportregierung, Besitz an den Olympischen
Spielen, 105 persönliche Mitglieder.
Präsident: Juan Antonio Samaranch.

Die NOK   197 Nationale Olympische Komitees
verantwortlich für olympische Belange in ihren
Ländern, müssen vom IOC anerkannt werden
Dachverband: ANOC, *Präsident: M. Vasquez Rana*

Die olympischen Sportverbände

Sportarten, die in das olympische Programm
integriert sind.
Winter: 6. Dachverband: AIWF, *Präsident:
Marc Hodler.*
Sommer: 26. Dachverband: ASOIF, *Präsident:
Primo Nebiolo.*

Der Weltsportgerichtshof ICAS

Präsident: Thomas Bach

Darüber hinaus erlaubt sich das IOC, zahlreiche internationale Zu-
sammenschlüsse, Verbände, Organisationen und Medienvertreter
anzuerkennen.

Eine   AGFIS: Versammlung von 88 internationalen Fach-
Auswahl   verbänden, *Präsident: Un Yong Kim*
Die Kontinentalverbände der NOK
Den Welt-Studentensportverband FISU
Präsident: Primo Nebiolo
Das internationale Paralympic-Komitee IPC
Die Vereinigung der Sportartikelhersteller WFSGI
Den Weltverband der Sportjournalisten AIPS

de Vidy, was schon deshalb beachtlich ist, weil die IOC-Verwaltung noch in den sechziger Jahren aus dem Juwelier Otto Mayer nebst der Sekretärin Lydie Zancchi bestand, einer Halbtagskraft.

Den Vorstand des Konzerns bildet ein elfköpfiges Exekutivkomitee, das sich gern als «olympische Regierung» bezeichnen läßt und mindestens viermal pro Jahr zusammentritt. Samaranch und sein Führungsteam bestimmen praktisch uneingeschränkt den Lauf der Dinge. Meinungsvielfalt oder gar offene Opposition, wie sie im demokratischen Alltag üblich sind, werden als Spaltpilz für «die Einheit der Bewegung» gegeißelt und sorgsam vermieden. Denn geeint ist die Bewegung, wenn an der Spitze alles beim alten bleibt. Die Vorlagen der Exekutive, der mehr als 20 ständige Arbeitsgruppen zuarbeiten, segnen die Mitglieder auf ihrer jährlichen Session meist einstimmig ab. Die Arbeitsgruppen produzieren viel für den Papierkorb. Dennoch will Samaranch sie nicht missen: Sie seien eine Entschädigung für all jene Mitglieder, die nicht in der Exekutive sitzen dürfen. Dort, wo mit echtem Geld gepokert wird.

Ende 1994 wurde die Programmkommission abgeschafft. Zurecht, so kann man sagen, denn tatsächlich war dem Kampf der IOC-Zensoren wider den Gigantismus bei den Spielen kein Erfolg beschieden. Doch an den Kommissionsmitgliedern kann es kaum gelegen haben, daß es mit der Maßhaltung nicht voranging. Nur Monate zuvor beispielsweise hatte die IOC-Spitze in Paris an den Hintersassen vorbei die Sportarten Triathlon, Taekwondo und Snowboard ins Programm gehievt. Dabei war für den Kongreß die Ausdünnung olympischer Sportarten, ja sogar eine Revolution des Sportprogramms für das Jahr 2000 angekündigt. Nichts dergleichen passierte. Walther Tröger, Mitglied der glücklosen Programmkommission, tadelte, daß man «im luftleeren Raum» habe arbeiten müssen.

Eine Fallstudie aus dem Fünf-Ringe-Busineß: Mitplaudern darf jeder, entschieden wird im engen Zirkel alter Sportkameraden, im Elferrat. Das IOC sei eben unberechenbar, pflegen altgediente Beobachter zu sagen. Etwas weniger Ehrfurcht wäre angebracht. Die Lobbyisten machen ganz einfach Dampf im eigenen Haus, Einwände nachgeordneter Gremien stören da nur. Auch Samaranch ließ 1992 in Barcelona spanische Nationalsportarten vorführen: Pelota und Rollhockey. Ob sich nicht auch für sein größtes Hobby, das Briefmarken-Sammeln, ein Plätzchen finden läßt? Passen würde es im Sommer wie im Winter.

Ein stiller Teilhaber

Nicht an der Wall Street oder in Tokio wurde die moderne Geschäftspolitik des Weltsports erfunden, sondern in urdeutscher Provinz. Im beschaulichen Frankenweiler Herzogenaurach wurden die Weichen gestellt für die Umformung des IOC in die Internationale Olympische Commerzbank des Weltsports. In Herzogenaurach sitzen zwei Sportartikelfirmen, Adidas und Puma. Sie teilten lange Jahre den Ausrüstermarkt unter sich auf. Und nicht nur den. Den Löwenanteil sicherte sich dabei jene Marke, die über Jahrzehnte hinweg den einzig wahren sportiven Schick vorstellte: die mit den drei Streifen.

Bei Olympia 1936 in Berlin hatten die Brüder Adolf («Adi») und Rudolf Dassler dem amerikanischen Wunderläufer Jesse Owens noch gemeinsam die Spikes eingeschraubt. Doch irgendwann kurz nach dem Ende des Zweiten Weltkriegs verkrachten sich die Schusterbrüder, das heimische Flüßchen Aurach wurde zur Demarkationslinie in einem erbarmungslos geführten Grabenkrieg. Adi betrieb Adidas, Rudi erfand Puma, und wer den Fluß kreuzte, um zur anderen Firmenseite zu wechseln, hatte mit Schlimmem zu rechnen.

Im kleindeutschen Binnenklima an der Aurach trat der Konkurrenzgedanke bald über alle Ufer. Adrian Paulen, früherer Weltverbands-Präsident der Leichtathleten, urteilte einmal: «Es wird erst Ruhe sein, wenn die Brüder Dassler nach Sibirien verbannt werden.» Das war schlecht möglich, der Sport hatte hohen Verschleiß an Schuhen, Hosen, Leibchen. Als Adis Sohn Horst ins Unternehmen einstieg, geriet Onkel Rudi ins Hintertreffen. Der Juniorchef war ein Naturtalent und dürfte rasch das unsentimentale Product placement verinnerlicht haben, das damals schon guter Brauch war. So begab sich 1956 in Melbourne, daß Adidas die Olympioniken mit Geschenkkollektionen zu beglücken vermochte, während Pumas Repräsentanten mit leeren Händen herumstanden. Ihr Frachtcontainer lag zwar im Hafen von Melbourne, doch konnte er erst nach dem Ende der Spiele entladen werden. Ein böser Geist hatte die Hafenarbeiter bestochen.

Die Dinge entwickelten sich. 1960 in Rom forderten vereinzelte Athleten Zusatzleistungen wie freie Urlaubsreisen für ihre Freunde, und 100-m-Sieger Armin Hary stieg mit zwei verschiedenen Sportschuhen aufs Siegerpodest, um keinen Sponsor zu vergrätzen. 1964 in Tokio wußte die französische Zeitung «Liberation» bereits von Geldumschlägen zu berichten, die sich in der Cafeteria des olympischen Dorfes stapelten.

Doch Juniorchef Horst hatte bald mehr zu bieten: ein großes Talent zu merkantil vernetztem Denken, wobei er die menschliche Urschwäche für den Mammon geschickt mit einbezog. So kam ihm eine zukunftweisende Idee – nicht länger Einzelsportler galt es einzukaufen, deren Leistungsvermögen ohnehin unkalkulierbar blieb, sondern ganze Verbände und Nationalteams. Der Weg dorthin führte nur über die Entscheidungsträger, die Sportfunktionäre. Bei seinen ersten Versuchen scheiterte er allerdings jämmerlich, wie 1968 in Grenoble, als es IOC-Präsident Avery Brundage ablehnte, «mit diesem Kauf-

«Was wir im IOC tun, ist, das Geld zu akzeptieren und zur gleichen Zeit einige Traditionen zu erhalten, die die Olympischen Spiele von den anderen großen Sportereignissen in der Welt unterscheiden. Wir haben keine Werbung in den olympischen Stadien oder auf den Trikots der Athleten. Und diese Tradition werden wir beibehalten. Wir sagen herzlich willkommen zur Kommerzialisierung im Sport, in der Olympischen Bewegung, aber gleichzeitig auch: Haltet Euch zurück, was die Führung des Sports angeht. Der Sport soll von Sportfunktionären geleitet werden.»
Juan Antonio Samaranch, 1993 in der «FAZ»

55

mann» zu reden. Die Ehrenamtlichen damals hatten ein ziemlich starres Selbstverständnis und waren nicht leicht zu überzeugen. So galt es, eine neue Riege kommerzbewußter Funktionäre aufzubauen und die Störfaktoren Zug um Zug auszumustern.

Workaholic Dassler begann Buch zu führen über jede Wahl eines leitenden Gremiums in der Sportwelt. Dort, wo sich ein neuer Napoleon fand, muß er fette Kreuze gesetzt haben. Sein Konzept, Ausrüstungen und Sponsorgelder mit Wählerstimmen zu verrechnen, trug bald Früchte. In den siebziger Jahren legte er eine veritable Info-Datei über die internationale Sportpolitik an und richtete schließlich eine Arbeitsgruppe bei Adidas ein. In der internationalen Abteilung verdiente sich übrigens auch Thomas Bach, heute eines der jüngsten IOC-Mitglieder, seine ersten Sporen. In dieser Aufbruchstimmung der Käuflichkeit mit Fördergeld, Naturalien und Wählerstimmen schuf Dassler die neue sportpolitische Disziplin des Strippenziehens. Er, ein Wirtschaftsproduzent ohne jedes Amt, erlangte mit Hilfe eines weitgespannten Netzes aus Agenten und Unterhändlern Regie über die Körperschaften des Weltsports.

Ein neuer Werbemarkt erblühte. Hunderte Millionen haben die Hersteller von Sportausrüstungen seither hingeblättert, um Athleten, Funktionäre und Verbände an ihre Produkte zu binden. Dassler wußte bald, daß seine Mittel niemals ausreichen würden für die Welthungerhilfe des Sports. Zusammen mit dem englischen Promoter Patrick Nally war er schon Mitte der siebziger Jahre selbst auf Sponsorensafari gegangen. Die beiden überzeugten Coca-Cola von der Notwendigkeit, den Weltfußballverband (FIFA) des

1974 gewählten Joao Havelange zu speisen. Dank der Kohle von Coke konnte der Brasilianer seine Wahlversprechen, die er in der Dritten Welt gemacht hatte, endlich einlösen: mehr WM-Plätze für Nichteuropäer, Aufstockung der Weltmeisterschaft von 16 auf 24 Teilnehmer.

1980 begehrte ein anderer Eintritt ins Reich der Geldumverteiler: Juan Antonio Samaranch. In der Heimat in Ungnade gefallen, hatte der katalanische Grande auf Spaniens Botschafterposten in Moskau ausgeharrt. Dort bot sich plötzlich, dank des Olympiaboykotts vieler westlicher Länder, die Riesenchance zu einer Zweitkarriere als IOC-Präsident. Denn die Bewegung war am Boden, und der damalige Topfavorit Willi Daume entscheidend angeschlagen, weil er ohne Sportlermannschaft anreisen mußte. Horst Dassler half den Deal deichseln. Er sicherte Samaranch die Stimmen des Ostblocks, wo er ob seiner großzügigen Gaben in hohen Ehren gehalten wurde. Den Block der Dritt-Welt-Länder brachte pflichtbewußt Joao Havelange ein, der Fußballboß stand tief in Dasslers Schuld.

Eine neue Kultur des Wählens ward so geschaffen: die demokratische Scheinwahl, bei der es gilt, im Vorfeld alles gründlich zu bereinigen, um eine unerwünschte Konsensbildung unter den später Abstimmenden zu verhindern. Dieses System funktioniert über Absprachen, Pakte, diskrete Drohungen. Mithin darf nicht verwundern, daß es in den großen Personalwahlen des Weltsports fast traditionell zu Resultaten kommt, die man sonst aus Wahlen in totalitären Staaten kennt.

Horst Dassler hatte nach Havelange seinen zweiten Statthalter plaziert, und mit dem Leichtathletikchef Primo Nebiolo folgte kurz darauf der

Freunde im Geist
Über den Beginn der Beziehung zwischen Adidas-Mann Horst Dassler und IOC-Präsident Samaranch heißt es in einer von Paulheinz Grupe verfaßten Dassler-Biographie: «Horst Dassler lernte ihn über Frau Berlioux (die damalige IOC-Generaldirektorin / d. A.) 1978 bei einem Essen in Paris kennen. Das muß aber noch eine sehr flüchtige Begegnung gewesen sein. Denn zunächst war Dassler nicht so ganz von den Qualitäten Samaranchs überzeugt. Das änderte sich allerdings schlagartig, nachdem die beiden das erste Vier-Augen-Gespräch miteinander gehabt hatten. Irgendwann ganz schnell sprang dann der Funke über, wie es so zwischen zwei Menschen ist, die auf der gleichen Wellenlänge denken und handeln.»

nächste. Eine Dreikönigsprozession war geschaffen, die bis heute durch die Welt tingelt. Die Sportwelt gratulierte beeindruckt. Monique Berlioux, damals noch Direktorin und heimliche Herrscherin über das IOC, nannte Dassler den «wirklichen Boß des Sports». Das «Wall Street Journal» stand nicht nach: Dassler sei der «Sugar Daddy des Sports».

Sugar Daddy und die Seinen wollten mehr. Sie hatten erkannt, daß ihnen die Totalvermarktung eine neue Gewinndimension eröffnen würde. Dassler gründete 1983 in aller Stille die International Sports & Leisure (ISL). Der olympische Durchbruch kam erst, als der japanische Werberiese Dentsu mit 49 Prozent einstieg – bis dahin war der Mann hinter der ISL der Öffentlichkeit so gut wie verborgen geblieben. Daß es Dassler war, plauderte erst dessen früherer Kompagnon Nally aus, der sich nach Dentsus Einstieg verraten fühlte. Wie ein Blitz aus heiterem Himmel erschien die Agentur nun auf dem olympischen Werbemarkt, und sie riß die begehrtesten Schürfrechte an sich: nach den Vermarktungsrechten an der Fußball-WM auch die an den Olympischen Spielen von 1985 an.

Dasslers ISL hatte sich keiner öffentlichen Ausschreibung unterziehen müssen. Man ging auf Nummer Sicher: Die ISL erhielt nach einer Präsentation in Delhi den Zuschlag, aus, fertig. Das Ideal verblieb so im engsten Kreis der Familie. Die schufen sich über das jeweils auf vier Jahre festgesetzte TOP-Sponsorenprogramm neben dem seit 1960 durchgeführten Verkauf der TV-Rechte ihre Milliarden-Einnahmequelle.

Natürlich gibt es eine offizielle Wahrheit über Dasslers Wirken im olympischen Sport. Verkünden soll sie hier ein Mann, den Dassler einst auf

Das Finanzprogramm des IOC

Kategorie 1: weltweite Sponsoren
Globale und nationale Vermarktung, weltweite Exklusivrechte an den Olympischen Symbolen, Titelschutz (TOP = The Olympic Programm)

TOP I	TOP III	TOP IV
1985–1988	1993–1996	1997–2000
95 Mio	350 Mio	vorauss. 400 Mio
	Coca-Cola, Kodak,	Coca-Cola
TOP II	VISA, Time, IBM, UPS,	Kodak
1989–1992	Xerox, John Hancock,	IBM
175 Mio	Bausch & Lomb,	
	Matsushita / Panasonic	

Kategorie 2: Ausrüster, Lieferanten – «official supplier»
Sonderstatus, Sachleistungen
Mercedes-Benz, Lufthansa, Ricoh

Kategorie 3: nationale Sponsorengruppen
Produktwerbung, Titel «Offizieller Sponsor der Olympischen Spiele»
Verträge mit den Organisationskomitees, Summen ab 10 Millionen

1994 – Lillehammer: 9 Firmen	1996 – Atlanta: 9 Firmen
1998 – Nagano: 6 Firmen	2000 – Sydney: 2 Firmen

Dazu noch nationale Unterkategorien, Supplier und Lizenznehmer.

Einnahmen 1993–1996   ca. 2,5 Milliarden Dollar

Fernsehrechte	48%
Sponsoren	34%
Kartenverkauf	10%
Lizenzen	4%
Münzen, Briefmarken, div.	4%

Verteilung der Einnahmen

	Fernsehgelder	Sponsoring**
IOC	8%	10%
Lillehammer / Atlanta	60%*	70%
197 NOK	8%	20%
Olympische Sportverbände	8%	
Olympische Solidarität	8%	
Rücklagen	8%	

* Ab 2004 erhalten Organisationskomitees nur noch 49% der Fernseheinnahmen.
** Diese Regelung wird teilweise aufgehoben: In Atlanta werden die Fachverbände mit einer Zahlung von 32 Millionen Dollar erstmals an den Sponsorengeldern beteiligt.

Altersvorsorge
Das deutsche IOC-Mit-
glied Thomas Bach sorgt
sich beständig um die Fi-
nanzen des olympischen
Konzerns. Bach, der Mitte
der achtziger Jahre als
Zögling Horst Dasslers bei
Adidas die internationale
Abteilung leitete und die
Jagd nach den Milliarden
von Beginn an miterlebte,
hält seinen sportiven Bund
immer noch für nicht reich
genug. «Für mich haben
wir viel zuwenig Vermö-
gen. Der Idealzustand
wäre, daß wir wie eine
Stiftung arbeiten. Das
heißt, daß wir von den
Zinsen unseres Geldes le-
ben könnten und damit
gänzlich unabhängig wä-
ren von wirtschaftlichen
Einflüssen kurzfristiger
Art.» Das Bild vom raff-
gierigen machthungrigen
IOC ist nach Ansicht des
Fechtolympiasiegers völ-
lig falsch.

den Thron lupfte. «Horst Dassler», äußerte Sa-
maranch, «war ein wichtiger Mann... aber die
Behauptung, daß er starken Einfluß im IOC ge-
habt habe, ist einfach nicht wahr. Man kann die
IOC-Mitglieder, auf die er Einfluß hatte, an einer
Hand abzählen.»[14] Das genügte auch. Es war die
Handvoll Leute, die alle anderen befehligten.

Dasslers Rolle im Weltsport rief sogar die Stasi
auf den Plan, wie der Historiker Bernhard Marquardt im Herbst 1995 enthüllte. Die Hauptabtei-
lung XX des Ministeriums für Staatssicherheit
und die V. Verwaltung des KGB vereinbarten in
einem Geheimdokument unter anderem die
«weitere gemeinsame Aufklärung der Aktivitäten der Firma ‹adidas› und anderer westlicher
Sportartikelfirmen, Werbeagenturen und Fern-
sehgesellschaften». Für den Zeitraum von 1986
bis 1990 war das Ziel klar formuliert: «Zurück-
drängung ihres Einflusses im IOC und in internationalen Sportverbänden; Aufdeckung der Hintergründe, Absichten und inhaltlichen Details des
Vertrages zwischen dem IOC und der Marke-
ting-Gesellschaft ISL (‹adidas› und Dentsu/
Japan) im Rahmen der ‹Erschließung neuer
Finanzquellen› für das IOC.»[15] Ergebnisse der
geheimdienstlichen Recherche werden wahr-
scheinlich kaum noch gefunden. Denn die Akten
der international tätigen Stasi-Hauptabteilung
XX des Markus Wolf sind fast vollständig vernichtet worden.

1987 starb der unscheinbare Strippenzieher
Dassler mit nur 51 Jahren. Doch es sollte sich zeigen, daß er offenbar das falsche Roß und sein Unternehmen fast in den Abgrund geritten hatte.
Denn während Dassler alles in den Spitzensport
und sein persönliches Steckenpferd, die Sportpolitik, investiert hatte, schuf sich die aufkom-

mende US-Konkurrenz von Nike und Reebok über die Sportmode neue Märkte. Mit Riesengewinnen startete sie eine neue Ära der Einzelvermarktung.

Olympias Idealkommerz tat dies keinen Abbruch. Heute gehen die Geschäfte besser denn je. Auf gut 4,5 Milliarden Mark werden die Einnahmen des IOC innerhalb der olympischen Vierjahresperiode von 1993 bis 1996 hausintern geschätzt. Fast ein Zehntel davon behalten die Makler in Lausanne, die schon auf das nächste dicke Geschäft schielen: Ein profitables Designprogramm für alle Olympiaprodukte. Natürlich hat das fröhliche Kassenklingeln auch seinen Preis. Ihren Finanziers aus Wirtschaft und Fernsehindustrie zollen die Oberolympier fast jeden gewünschten Tribut. Samaranch hat die Sorgen des Show- und Werbefernsehens beispielhaft verinnerlicht: Es dürfe keine Spiele mehr geben, bei denen der letzte Läufer fünf Runden hinter dem Sieger ins Ziel komme. Gebastelt wird längst daran, die Kleinen und Unvollkommenen mit einem begrenzten Kontingent an sogenannten Wild Cards abzuspeisen. Olympische Jux-Tikkets für all jene Exoten, deren Mitwirken bislang den besonderen Reiz der ethnischen Spiele ausmachte.

Perfekt ins Geschäft paßt den Ringe-Maklern das olympische Gebot vom werbefreien Sport. Es bietet einen doppelten Boden von unschätzbarem Wert. Die Stadien bei den Spielen, die Trikots der Olympiakämpfer müssen auch weiterhin nach alter Väter Sitte freibleiben von jedem Werbeschriftzug – da können sich die Hüter des Ideals einmal strikt wertebewahrend zeigen. Tatsächlich aber ist dieser Anblick ideal für die rundum präsenten TOP-Sponsoren. Die haben

Steuerbefreiung
Das IOC hat im Sommer 1995 den Schweizer Bundesrat um die Befreiung von der Mehrwertsteuer ersucht. Gegenüber einer Schweizer Nachrichtenagentur dementierte IOC-Generaldirektor François Carrard jedoch, daß das IOC Lausanne verlassen würde, wenn der Bundesrat dem Wunsch nicht entspräche. «Gewisse Aktivitäten» müsse man allerdings ins Ausland verlegen, «um beweglich zu bleiben». Carrard wandte sich gegen Gerüchte, wonach das IOC eine Reihe von steuerlichen Privilegien besitze. Nach einer Meldung der «Neuen Zürcher Zeitung» wissen internationale Sportverbände in Lausanne jedoch «einen wohlfundierten Katalog mit 25 Vergünstigungen» zu schätzen. Dazu gehörten günstige Steuern für die Angestellten der Sportorganisationen.

so absolute Gewähr, daß ihnen niemand was vom exklusiven Werbekuchen klauen kann. In den reklamefreien Banden liegt aber auch ein riesiges Potential, ein Notgroschen für das IOC: Sollte tatsächlich einmal weniger Geld in den Kassen klingeln, so dürfte flink mit der Tradition gebrochen werden – die freien Werbeflächen lassen sich garantiert trefflich verscherbeln.

Am 19. Juli 1996, um elf Uhr MEZ, wird ein großer Teil illustrer Sponsor-Partygäste das Olympiastadion in Atlanta bevölkern. Eine unbekannte, doch ziemlich große Anzahl chemisch vorgestählter Olympioniken wird auf das flammende Startsignal warten, während Juan Antonio Samaranch in ritueller Eröffnungsprosa die Welt und vor allem die Weltjugend über den Wertgehalt des olympischen Ideals aufklärt. Wer aufrichtigere Botschaften sucht, kann dann umschalten aufs Werbefernsehen.

Die heimlichen Herrscher Olympias

Auf kritische Worte war man gar nicht vorbereitet auf dem Olympischen Jahrhundertkongreß im September 1994 in Paris. Die größtenteils vorher abgesegneten Reden glichen eher von lobhudelnder Zustimmung geprägten Wortbeiträgen, wie man sie in Perfektion von kommunistischen Parteitagen kennt. Doch hin und wieder schreckte einer der Redner die Anwesenden aus der Döserei. Bemerkenswert, weil nicht völlig sinnfrei, war im Kongreßzentrum CNIT von La Defense ein Kurzvortrag der zweifachen Olympiasiegerin Katarina Witt. Ausgerechnet die Eislaufmillionärin ließ leise Kritik anklingen an der neben den Sponsoren zweiten Finanzsäule der olympischen Bewegung, dem Big Spender Fernsehen.

«Es geht nur noch um finanzielle Bilanzen, um Einschaltquoten», bemängelte Frau Witt. «Die von den Medien produzierten Bilder gehen meistens an der Persönlichkeit der Athleten vorbei.» Schon bei den Olympischen Spielen in Lillehammer im Februar 1994 hatte sich die Sächsin bitterlich über «die Jagd nach den Ratings» beklagt. Damals muß sie geschmerzt haben, daß nicht sie, das einst «schönste Gesicht des Sozialismus», bei ihrem olympischen Comeback im Mittelpunkt stand. Die spätere Siegerin Oksana Bajul aus der Ukraine war ebensowenig gefragt, das Interesse war vielmehr auf ein Duell fokussiert, das vor-

«Wenn ich an das amerikanische Fernsehen denke und die Art und Weise, wie es die Spiele von Barcelona übertragen hat, dann konnte man leicht den Eindruck gewinnen, daß bei den Olympischen Spielen in Barcelona im wesentlichen Basketball stattgefunden hat und daß daran fast nur Amerikaner teilgenommen haben. Aber jede Fernsehanstalt muß ihrem Publikum die Dinge so darbieten, wie es die Einschaltquoten erfordern.»
Hans Klein, Pressechef der Spiele 1972 in München

zugsweise außerhalb der olympischen Eislaufarena ausgetragen wurde: auf den bitterbösen Kampf zwischen den amerikanischen Eis-Ladies Tonya Harding und Nancy Kerrigan.

Eine Geschichte aus dem Leben, eine Seifenoper, perfekt für die amerikanische Hausfrau komponiert; fast zu genial, um zu glauben, es hätte niemand daran gedreht. Ein Finsterling aus dem Harding-Clan wuchtete der rivalisierenden Nancy Kerrigan bei den amerikanischen Meisterschaften in Detroit eine Eisenstange übers Knie, um deren Medaillenchancen zu schmälern – der Marktwert einer amerikanischen Eislauf-Olympiasiegerin wird auf 20 Millionen Dollar taxiert. Katarina Witt, bei den Spielen in Albertville zwei Jahre zuvor selbst noch für CBS und Coca-Cola unterwegs: «Der Fall ist eine Katastrophe, einigen geht es nur noch um Kohle.»

Im Millionen-Poker waren die Rollen ideal verteilt. Die «Eisprinzessin» Nancy Kerrigan gegen die «Eishexe» («Bild») Tonya Harding. Die Schöne und das Biest. «Die größte Schnulze, die Olympische Spiele je gesehen haben» («Süddeutsche Zeitung»), ergoß sich wie ein vorfristiger warmer Frühlingsregen über den olympischen Rechteinhaber CBS, eine der drei größten US-amerikanischen Fernsehstationen. «Der Anschlag auf Kerrigan ist kostenlose Werbung für uns», erkannte CBS-Vizepräsident David Poltrack. «Wir haben die Zuschauer, vor allem die Frauen gefragt, was sie sehen wollen, es war Eiskunstlauf, Eiskunstlauf, Eiskunstlauf.»[16]

Als Miniausgabe des O.-J.-Simpson-Falls belegte die Geschichte über Wochen und Monate einen Platz in den Hauptnachrichten. Talkmaster Jay Leno begann seine «Tonight-Shows» mit Harding-Witzen, noch während der Spiele in Lillehammer waren erste Bücher auf dem Markt, ein 250000-Dollar-Angebot des «Playboy» für die eher ruppige Tonya soll die Walt Disney Company mit einer Millionen-Gage für die zarte Nancy gekontert haben.

Entsprechend wurden die Olympischen Winterspiele inszeniert. In Minuten-Takes aufbereitet zur «Prime time» zwischen 20 und 23 Uhr. «Diese Winterspiele sind keine Sportveranstaltung. Sie sind Fernsehunterhaltung, Entertainment», erklärte Draggan Mihailovic, Planungsmanager bei CBS. Olympia in Häppchen. Zugeschnitten auf die Durchschnittsamerikaner «Ethel und Joe, die auf ihrem Sofa in Kansas sitzen». Ethel und Joe könne man nicht einfach «eine langweilige Ski-Übertragung anbieten». Überfordern dürfe man das mit der Macht der Fernbedienung ausgestattete Paar erst recht nicht, glaubt Mihailovic: «Wer oder was Wendel Suckow ist (US-Rodler, Weltmeister von 1993 / d. A.) kannst du in Amerika keinem erklären. Wir müssen die besten Stories erzählen, egal woher die Leute kommen.»

Folglich wurden 150 nette Filmchen vorproduziert. Darin sollte es menscheln. Mit den Begriffen «humanising» und «personality» umschrieb es CBS-Mann Mihailovic. Ein kanadischer Eisläufer als Kickboxer, der Abfahrer aus dem Senegal als Arzt im OP-Saal, der Bob-Pilot von den Jungferninseln als Bademeister in der Maho Bay, die chinesische Eisschnelläuferin beim malerischen Drachentanz. Als Stargast überraschte ein Wüstenfuchs im Schnee: General Norman Schwartzkopf beim Erkundungsgang an der russisch-norwegischen Grenze. Zu den Konserven gesellte sich in Lillehammer das perfekte Drama um Tonya und Nancy, live und wahrhaftig. Eis-

Neuer Nationalismus
Der Berliner Philosoph Prof. Gunter Gebauer glaubt, daß die neuen technischen Möglichkeiten des Fernsehens zu einer nationalistischen Sportberichterstattung führen. Die Fernsehtechnik verändere die Dramaturgie des Sports, schlußfolgerte Gebauer aus der Analyse der Übertragungen von den Spielen 1992 in Barcelona, bei denen 578 elektronische Kameras eingesetzt waren (1960 in Rom waren es noch 50, 1972 in München 100). Das Fernsehen warte häufig nicht einmal das Ende der Wettbewerbe ab, es würde rücksichtslos umgeschaltet. «Der rote Faden war der deutsche Sportler, der deutsche Sieger.» In anderen Ländern sollen «vergleichbare nationalistische Bilderbögen» zu sehen gewesen sein. In Deutschland sei jedoch der Versuch unternommen worden, die Wiedervereinigung zu inszenieren – ein «nation-building», wie bei Ländern der Dritten Welt. Gebauer warnte vor den Gefahren dieser Berichterstattung: «Die Differenz zwischen Deutschen und Nichtdeutschen wird zum Prinzip der Fernsehwahrnehmung.»

65

hexe und Eisprinzessin ließen die Quoten steigen: CBS feierte die höchsten Zuschauerzahlen aller Olympischen Spiele, mit einer durchschnittlichen Einschaltquote in der «Prime time» von 27,8 Prozent. Nahezu die Hälfte der amerikanischen Haushalte ging zum Skategate, zu Kurzprogramm und Kür der Eisdamen, auf Empfang. Den Quotenkrieg hat CBS an allen sechzehn olympischen Abenden souverän für sich entschieden.

Nach einigen Pleiten wurden die Olympischen Spiele für den Hauptsponsor Fernsehen wieder ein Geschäft. 295 Millionen Dollar mußte CBS dem IOC für die amerikanischen Rechte überweisen, dazu hatte der Sender mindestens 70 Millionen Produktionskosten kalkuliert. Auf der Habenseite, durch den Eisskandal forciert, durften die CBS-Gewaltigen 440 Millionen Dollar für Werbespots verbuchen. In Albertville 1992 soll der Sender noch 60 Millionen verloren haben. Kontrahent NBC leistete sich bei den Sommerspielen 1992 in Barcelona – trotz des Dream-Teams im Basketball – sogar mehr als 100 Millionen Dollar Verlust. Zu den Rechtekosten (401 Millionen) summierten sich exorbitante Produktionskosten von fast 300 Millionen, da NBC über sein neugeschaffenes Pay-TV-Projekt «Triple-Cast» drei zusätzliche Vollprogramme finanzierte. «TripleCast» wurde zum Fiasko, weil nur wenige Zuschauer für etwas bezahlen wollten, was ihnen NBC in der Zusammenfassung gratis servierte. Mit Werbung allein (550 Millionen) konnte NBC das Loch nicht stopfen. Von den Olympischen Spielen wollte der TV-Gigant trotzdem nicht lassen und sicherte sich ein Jahr später den Zuschlag für die Jahrhundertspiele in Atlanta.

Die drei größten US-Networks ABC, NBC und CBS haben den Schacher um die olympischen Fernsehrechte längst zum Prestige-Wettkampf gemacht. Ende Juli 1993 trafen sie sich wieder einmal mit dem IOC-Unterhändler Richard Pound. In einem Anwaltsbüro in Manhattan hatte sich Pound damals von jedem der drei Bewerber in einer zehnstündigen Auktion Umschläge reichen lassen. Am Ende bot CBS 415 Millionen, ABC 35 Millionen mehr – 456 Millionen aber versprach NBC sowie die Gewähr, alle Werbeeinnahmen, die 615 Millionen Dollar übertreffen würden, mit dem IOC und dem Organisationskomitee (ACOG) zu teilen. Keine Frage, NBC erhielt die Rechte für Atlanta, und Pound wird wohl in diesem Sommer nachkassieren: Schon Ende 1995 hieß es, NBC hätte für die Coca-Cola-Spiele Bruttoeinnahmen von 650 Millionen Dollar gebucht.

Richard «Dick» Pound hatte schon aufreibendere TV-Verhandlungen bestritten. Etwa jenen Marathon mit den Südkoreanern, die für Seoul 1988 schon eine Milliarde sicher wähnten, jedoch gesenkten Hauptes mit 300 Millionen abmarschierten. Oder seinen ersten großen Zahltag, als die Winterspiele in Calgary auf dem Plan standen. «Es waren keine Verhandlungen, es war nur blindes Bieten. Es war primitiv, verrückt. Wir wurden ausgequetscht», erinnert sich Jim Spence, ehemals Vizepräsident für Sport bei ABC. Es sei ein langer Wintertag in Samaranchs Residenz im «Hotel Palace» in Lausanne gewesen. Pound hat in jener Runde seinen Ruhm als Geldbeschaffer des olympischen Zirkels begründet. «Pound hatte die Macht, diesen Prozeß an irgendeinem Punkt zu stoppen. Er hat's nicht getan. Das mag jeder werten, wie er will.»[17]

Richard Pound
geboren am 22. März 1942 in St. Catharine, Ontario, verheiratet, fünf Kinder.
IOC-Mitglied seit 1978, seit 1983 mit einer einjährigen Unterbrechung Mitglied der Exekutive, Vizepräsident 1987 bis 1991, leitet für das IOC seit 1983 die Fernsehverhandlungen. Mitglied zahlreicher Spezialkommissionen, u.a. Chairman der Finanzkommission und Chefkontrolleur für die Olympischen Spiele in Atlanta.
Als Schwimmer Teilnehmer der Olympischen Spiele 1960 in Rom.
Begann seine Funktionärskarriere als Generalsekretär des kanadischen NOK, war lange Zeit dessen Präsident.
Gilt als potentieller Samaranch-Nachfolger.

Wo Pound zur Sache geht, klingelt die Kasse. Der 54jährige Marketing-Chef des IOC läßt sich durchaus als Glückspilz bezeichnen. Für die Ausrichtung der Spiele 1976 in Montreal war den Gastgebern ein zweites IOC-Mitglied versprochen worden. So brachte Kanadas NOK-Präsident Richard Pound 1978 frisches Blut in den Altmännerorden. Daß Pound bei der Präsidentenwahl 1980 in Moskau für seinen Landsmann Jim Worrall gegen Samaranch votierte, schadete ihm nie. Samaranch erkannte flink genug die Stärken des Experten für Steuerrecht und hat den Nachwuchsfunktionär Pound beizeiten protegiert. Das Drehbuch für den Verkauf der Olympischen Spiele schrieben Mitte der achtziger Jahre also nicht nur Samaranch und Adidas-Boß Horst Dassler, es wurde in entscheidenden Teilen auch von Richard Pound verfaßt. «Samaranch und Pound haben die Spiele dem Wettbewerb der Fernsehanstalten geöffnet. Das ist ihre monumentale Leistung», glaubt NBC-Boß Dick Ebersol.[18]

Dick Pound hat sich beizeiten für die Karriere entschieden. 1962 avancierte er mit einem Sieg bei den Commonwealth-Spielen im Kraulschwimmen zu einem Top-Favoriten auf olympisches Gold, doch die Spiele 1964 in Tokio ließ Pound zugunsten seines Jurastudiums sausen. «Ich wäre Olympiasieger geworden», vermutet er heute. Chance vertan, dennoch gut im Rennen. Dem sportiven Manager steht womöglich die IOC-Präsidentschaft bevor. Der Anwalt ist nicht nur Marketingchef des olympischen Konzerns, er sitzt auch im Aufsichtsrat der IOC-Exekutive, er leitet die Kommission zur Erschließung neuer finanzieller Ressourcen, er managt die Fernsehverträge, er fungiert als Chefkontrolleur der 96er

TV-Rechtekosten an Olympischen Spielen

Angaben in Millionen US-Dollar

	Sommerspiele				Winterspiele		
	gesamt	USA	Europa		gesamt	USA	Europa
1960	Rom **1** CBS	0,394	0,274	Squaw Valley	CBS	0,05	–
1964	Tokio **5** NBC	1,5	–	Innsbruck	ABC	0,597	0,295
1968	Mexico **9,5** ABC	4,55	1	Grenoble	ABC	2,5	0,513
1972	München **17,8** ABC	7,5	1,8	Sapporo	NBC	6,4	1,234
1976	Montreal **34,8** ABC	25	4,6	Innsbruck	ABC	10	0,833
1980	Moskau **88** NBC	72,3	5,7	Lake Placid	ABC	15,5	2,645
1984	Los Angeles **287,6** ABC	225	19,8	Sarajevo	ABC	91,5	4,1
1988	Seoul **407,1** NBC	302,1	28	Calgary	ABC	309	5,7
1992	Barcelona **635,4** NBC	401	90	Albertville	290 CBS	243	18,2
1994				Lillehammer	350 CBS	295	24
1996	**Atlanta** 925 NBC	456	250				
1998				Nagano	520* CBS	375	72
2000	**Sydney** 1300* NBC	705**	350				
2002				Salt Lake City	720* NBC	545**	120
2004	Vergabe 1997 1500* NBC	793	394				
2006				Vergabe 1999	900* NBC	613	135
2008	Vergabe 2001 1700*	894	443				

* geschätzt (Verhandlungen noch nicht beendet)

** zuzüglich 10 Millionen Dollar für Olympia-Werbung auf NBC zur besten Sendezeit: auf jeweils vier Jahre vor den Spielen während Wimbledon (Tennis), den Super-Bowl (American Football), dem NBA-Finale (Basketball) und den US-Open im Golf.

Spiele in Atlanta, und er redet mit in der juristischen Kommission. Eine Ämterhäufung, die der angejahrten Latinofraktion um Präsident Samaranch noch gefährlich werden könnte.

Wollen Sie IOC-Präsident werden, Mister Pound? Er grinst und weicht aus: «Das ist nicht die Frage. Einen guten Präsidenten haben wir doch.» Mal kokettiert Pound damit, es würde ihm schon jetzt Zeit für die Familie fehlen, ein andermal will er seine gutdotierte Stellung im renommierten Anwaltsbüro «Stikeman & Elliott» nicht aufgeben, jedenfalls vorerst nicht. Dennoch wird ihm ein starker Drang nachgesagt auf das Amt als «Papst und Populist», wie er die Funktion des IOC-Präsidenten umschreibt. Daß er den ihm von Headhuntern angetragenen Job als Boß der nordamerikanischen Eishockey-Profiliga NHL abgesagt hat, bestätigt nur die Vermutung, Pound habe im IOC noch einiges vor. Doch er ist vorsichtig genug. Auf der IOC-Session 1995 in Budapest, als Samaranchs Leibgarde eine Erhöhung des Alterslimits durchpeitschte, sei er, der Wortführer der Gegenfraktion, nur knapp der Kugel ausgewichen. Aus einer sicheren Deckung läßt sich besser paktieren.

Von den Finanziers der olympischen Bewegung wird Pound, der Makler der Ringe, schon jetzt als starker Mann akzeptiert. Ohne Kommerz und Sponsoren sei der olympische Sport heutzutage nichts weiter «als ein großer, in hundert Jahren entwickelter, fein abgestimmter Motor, allerdings ohne Sprit», hat er gesagt – dieser Spruch ziert die für die Medien erstellten Finanzberichte des IOC.

Um optimale Spritzufuhr zu gewährleisten, wird der Olympiamotor nach den Wünschen der Tankwarte frisiert. Ein besonderes Problem ist regelmäßig die Abstimmung der Wettkampf- auf die Fernsehübertragungszeiten. Königsdisziplinen lassen sich nur zu wirklich königlichen Sendezeiten genießen. Da müssen Schwimmer und Leichtathleten schon mal am frühen Morgen ran oder die Marathonläufer in der Mittagshitze glühen. Auch Sonderwünsche werden erfüllt. Entsprechend den Kamerapositionen der TV-Stationen schlägt man sogar Schneisen für den olympischen Abfahrtslauf in den Wald. Wie selbstverständlich wurde auf Wunsch von NBC die Eröffnungsfeier in Atlanta von Samstag auf Freitagabend vorverlegt: Dem Sender steht damit ein Wochenendtag mehr mit garantiert hohen Einschaltquoten zur Verfügung.

Nahezu epochal war der IOC-Beschluß von 1986, mit dem historischen Vierjahresrhythmus zu brechen, die Winter- und Sommerspiele von 1992 an nicht mehr im selben Jahr, sondern im Zweijahresabstand auszutragen. So folgte den Spielen von Albertville schon zwei Jahre darauf das Winterfest in Lillehammer. Anpassungsprobleme gab es kaum, da sich die Geschäftspartner vom Fernsehen und der Werbewirtschaft «außerordentlich zufrieden» zeigten, wie Richard Pound erklärte. Den TV-Anstalten, das sehe man an den Zahlen von Lillehammer und Atlanta, falle es jetzt vergleichsweise leichter, das Unternehmen Olympia zu refinanzieren.

Noch leichter dürfte es werden, wenn sich in nahezu jeder Sportart die Crème de la crème des Profisports unter den olympischen Ringen tummelt. 1988 in Seoul bereiteten die Tennismillionäre den Boden; 1992 in Barcelona folgten die Superstars der amerikanischen Basketball-Liga NBA, das Dream-Team um Top-Verdiener Michael Jordan (44 Millionen Dollar pro Jahr); 1994

Vier-Klassen-Gesellschaft
Bisher haben alle olympischen Sportverbände gleichmäßig an den Fernsehgeldern partizipiert. Etwas mehr als eine Million Dollar war das 1992 in Barcelona, in Atlanta werden es mindestens 2,2 Millionen sein. Ursprünglich hatte Leichtathletik-Boß Primo Nebiolo mit der Drohung, künftig nur noch Nachwuchsathleten bei den Spielen starten zu lassen, allein 100 Millionen für seinen Verband gefordert. Das bleibt Utopie, aber zu den Fernsehgeldern von knapp 57 Millionen Dollar beteiligte das IOC die Sportverbände nun erstmals mit 32 Millionen an den Einnahmen aus dem Sponsorenprogramm. Diese Summe wird nach Zuschauerattraktivität und Bedeutung auf die Verbände verteilt. Dazu gliedert man die 26 Föderationen in vier Klassen — für die Randsportarten bleiben doch wieder nur Brosamen.

71

durften in Lillehammer reamateurisierte Profes-
sionals wie Katarina Witt oder das englische
Traumpaar Jane Torvill / Christopher Dean ihre
Kringel drehen; für 1996 ist das Dream Team II
schon nominiert; in Atlanta will auch der Welt
bester Radfahrer, Miguel Indurain, Dominator
der Tour de France, Gold im Zeitfahren kassieren.

Und für 1998 in Nagano bereitet das IOC den
Cracks aus der Eishockey-Liga NHL ein herz-
liches Willkommen. Der Spielmodus des olympischen Turniers wurde kurzerhand den Wünschen der NHL-Manager angepaßt. Dafür haben
die Stars versprochen, nicht nur in Luxushotels,
sondern hin und wieder unter dem Fußvolk im
Olympischen Dorf zu nächtigen. Was für ein Ge-
dränge wird es aber erst geben, wenn es auch noch
Schwergewichtler Mike Tyson, der wegen er-
zwungenen Beischlafs einige Jahre im Knast ver-
brachte, in den olympischen Boxring zieht? Im
Dezember 1995 jedenfalls kam es in Rom zu ersten Verhandlungen über eine mögliche Fusion
des Amateur-Box-Weltverbandes AIBA mit den
zahlreichen Profi-Föderationen.

Das Fernsehen schafft sich seine eigene olympische Realität. Daß diese Medienrealität nicht unbedingt mit der Wirklichkeit übereinstimmt, ist
bekannt. Sportarten, die nicht den Massenge-
schmack treffen, fallen unter den Tisch. Reizthe-
men, wie das leidige Dopingproblem, bleiben
weitgehend ausgespart. «Wir produzieren eine
Show, wir werden doch nicht den Dreck unter
unserem eigenen Teppich suchen», hat CBS-
Olympiaexperte Draggan Mihailovic erklärt, das
«Elend der Welt wird den Leuten doch schon in
den Nachrichten serviert.»

Schönfärberei sagt man dazu. In dieser Richtung wurde auch ein Vorschlag interpretiert, den Thomas Bach, eines der jüngsten IOC-Mitglieder, auf dem Olympischen Kongreß in Paris zum besten gab: Um zu verhindern, daß «der Sport zur Fünf-Minuten-Berühmtheit verkommt», sollte das IOC ein eigenes TV-Programm produzieren. «Wir müssen über die Medien die Werte des Sports transportieren, und wir dürfen uns nicht mit Fast-food-Programmen zufrieden geben.» Ein hehres Wort von einem Aufsteiger, der sich doch sonst vor allem mit Forderungen nach mehr Moneten einen Namen gemacht hat. Der Vorschlag löste Verunsicherung und Mißtrauen aus. Jeder solle tun, was er kann, ließ sich etwa ZDF-Intendant Dieter Stolte vernehmen, der wohl fürchtet, bald der Olympischen Spiele, seines Tafelsilbers, verlustig zu gehen.

Olympia-TV, nur eine fixe Idee? Vorbilder könnten die großen nordamerikanischen Profiligen wie die NBA (National Basketball Association) sein. Organisation, Sponsorenakquirierung, Produktion von TV-Bildern – alles läge in einer Hand. An die Fernsehsender würden dann wohl einzelne Events per Pay-TV versteigert, kaum mehr das Gesamtprodukt. Die Auswahl der Bilder obläge damit allein dem Produzenten. Auf dem Schirm erschiene nur, was der Zensor erlaubt. Unangenehme Themen würden erfahrungsgemäß stark vernachlässigt, heikle Zusammenhänge wohl eher verschleiert werden. Eine kritische Öffentlichkeit, sofern es die im kommerziellen Sportfernsehen gibt, bliebe fraglos außen vor: Man stelle sich nur vor, mit welcher investigativen Härte einer der olympischen Reporter seinen Brötchengeber zu heiklen Themen traktiert. Der Informationswert dürfte abseits des unmittelbaren Wettkampfs gegen Null tendieren. Schwarzmalerei? Gewiß, doch bislang spricht jede Erfahrung dafür.

Liefert das IOC bald Olympia interaktiv? Die Nachrichtenbörse bietet genügend Stoff zum Puzzeln und Spekulieren. Giganten formieren sich – am Olympiaproduzenten NBC ist Micro-soft-Boß Bill Gates hartnäckig interessiert. Im Pay-TV liegt die Zukunft des Sportfernsehens – glauben Marketingstrategen. Auch in Deutsch-land wird fleißig an zukunftweisenden Modellen gewerkelt. Die Hamburger Bertelsmann-Toch-ter Ufa – zu der Thomas Bach gute Beziehungen unterhalten soll – hatte wiederholt Interesse an den europäischen Olympiarechten bekundet. Doch bis zum Jahr 2008 gehen die deutschen Olympiarechte innerhalb der Europäischen Fernsehunion (EBU), dem öffentlich-recht-lichen Verbund, an ARD und ZDF. Die Privaten müssen noch warten.

Die Internationale Sportrechteagentur ISPR (Eigner: Springer, Kirch) nutzt in der Zwischen-zeit selbstkreierte Wettbewerbe wie den «Grand Slam Cup» im Tennis als Versuchslabor, wie ISPR-Geschäftsführer Daniel Beauvois erklärte. «Der echte Sport interessiert uns nicht. Was wir kaufen und verkaufen, ist kein Sport, sondern professionelle Sportunterhaltung.» Es dauert nicht mehr lange, glaubt Beauvois, dann erfinde das Fernsehen Sportarten ganz neu.[19]

Was auch immer die Umwälzungen in den elektronischen Medien im nächsten Jahrzehnt bringen werden, das IOC wird nicht verarmen, es hat die Weichen bereits 1995 gestellt. Durch die einzigartige olympische Allianz mit NBC sind bereits jetzt die Einnahmen aus den USA bis zum Jahr 2008 gesichert. Es muß sehr intim zugegan-gen sein zwischen den Partnern NBC und IOC.

Denn NBC-Sportchef Richard Ebersol bezeichnete den milliardenschweren Vollzugsakt als «Hochzeit nach einer langen Liebesaffäre».

Der Reihe nach: Im Sommer 1995 rüsteten die großen US-Networks zum fälligen Olympiabasar: Im Topf waren die Sommerspiele in Sydney. Die gerade vergebenen Winterspiele des Jahres 2002 in der Mormonenmetropole Salt Lake City schienen der Diskussion noch nicht wert. Dem altgedienten Olympiasender ABC wurde Anfang August plötzlich die Finanzmacht des Disney-Konzerns zuteil. In einem Überraschungscoup hatte sich Disney-Boß Michael Eisner für 19 Milliarden Dollar die Holding ABC/Capital Cities einverleibt und den bis dahin weltgrößten Medienkonzern geschaffen. Mit ABC hatten die IOC-Gewaltigen bis zu den für den Sender desaströsen Winterspielen in Calgary beste Erfahrungen gemacht. Von fünfzehn Spielen ergatterten die ABC-Funker bis 1988 zehnmal die US-Rechte und galten über Jahrzehnte als Olympiastation Nummer eins. Wohl deshalb machte nach Bekanntgabe der Milliardenfusion sofort die Vision von den «Disney-Olympics» die Runde. Was könnte Olympias Wertewandel anschaulicher symbolisieren als ein Fernsehvertrag mit dem Scheinweltproduzenten aus Kalifornien?

Das Interesse des zweiten Konkurrenten CBS war naturgemäß weniger auf die Sommerspiele fixiert. Und NBC, so schien es, hatte genug mit Atlanta zu tun. Da liefen die Geschäfte ganz gut, war doch schon im Juni 1995 für fast 600 Millionen Dollar Werbezeit verkauft. Aber der Sender wurde noch für den Einbruch in Barcelona verlacht.

Neben den dreien meldete sich ein neuer Kandidat im Monetenspiel: Medienzar Rupert Mur-

«Wir haben 60 Jahre ohne das Fernsehen gelebt, und die Spiele werden weitere 60 Jahre ohne das Fernsehen auskommen.»
IOC-Präsident Avery Brundage (USA) – 1960 in Rom, nachdem er über ein Kamera-Kabel gestolpert war

doch, vom US-amerikanischen Magazin «The Sporting News» im Januar 1995 erstmals zum weltweit mächtigsten Mann im Sport gekürt. Murdoch, mit seinem Sender Fox und den 1993 für 1,58 Milliarden Dollar erworbenen Rechten am American Football in den USA gerade in die Phalanx der großen Drei eingebrochen, hatte mehrfach sein Interesse an den Jahrtausendspielen in Sydney deutlich gemacht. Eine Milliarde Dollar sei er bereit zu zahlen – für die Weltrechte, wohlgemerkt –, so ließ er dem IOC über sein weitverzweigtes Imperium nachdrücklich ausrichten. Er soll auch persönlich bei Samaranch vorstellig geworden sein. Umsonst. Wie schon ein Jahr zuvor, als er sich vergebens um die Olympializenz für Nagano 1998 bewarb. Richard Pound ließ Murdoch erneut abblitzen: Fox habe genug mit dieser Football-Sache zu tun.

Murdoch wurde für zu leicht befunden. Und die ABC-Manager haben wohl zu lange von den «Disney-Olympics» geträumt. Denn schon wenige Stunden nach Bekanntgabe der ABC-Disney-Fusion hatte NBC-Präsident Bob Wright die Weichen für ein gigantisches Geschäft gestellt, für das ihn das Massenblatt «US today» Tage später als «ersten Olympiasieger des neuen Jahrtausends» feiern sollte.

Bob Wright, der sich angeblich durch den Disney-Deal «nicht unter Druck gesetzt» sah, bekam für seine Idee am Telefon grünes Licht von Jack Welch, dem Präsidenten von General Electrics, Besitzer von NBC. «Die Entscheidung war in zwanzig Minuten gefallen», berichtete NBC-Sportchef Richard Ebersol amerikanischen Journalisten. Welch nickte ab, der Sender lockte das IOC mit der Wahnsinnssumme von 1,27 Milliarden Dollar für Sydney und Salt Lake City im Paket.

Noch blieb das Vorhaben streng geheim. Ebersol und sein in vielen Verhandlungen gestählter Vize-Sportchef, das israelische IOC-Mitglied Alex Gilady, flogen in Welchs Privatflugzeug sofort nach Göteborg zu Samaranch. Der IOC-Präsident nahm dort gerade die Leichtathletik-WM ab und wurde im Sheraton-Hotel von den NBC-Managern überrascht. Zwei Tage Zeit gab ihm Ebersols Crew, um folgendes Angebot zu akzeptieren: Sydney (705 Millionen) und Salt Lake City (545 Millionen) in einem Streich, jeweils zuzüglich TV-Werbezeit für die Organisatoren im Gegenwert von 10 Millionen – und das zu attraktiven Anlässen wie der «Superbowl» im American Football, den Finalspielen der Basketball-Liga NBA, den «US Open» im Golf und Tennis-Wimbledon. Dazu versprach der Fernsehboß Olympiaübertragungen auf den NBC-Kabelsendern CNBC und America's Talking. Die Krönung: NBC lockte mit einer über sechs Jahre auszustrahlenden wöchentlichen Olympia-Show, deren Werbeeinnahmen zur Hälfte an die Olympier fließen sollten.[20]

Nicht nur Sydney, jetzt schon Salt Lake City? Samaranch muß einigermaßen perplex gewesen sein, er verwies auf seinen Finanzbeauftragten in Kanada. Als Ebersol dreißig Stunden später in Montreal am Boulevard René Levesque in Richard Pounds Büro saß, war die Entscheidung gefallen. Pound: «1,25 Milliarden. Ich habe Samaranch gesagt, das Angebot ist zu gut, um es sausenzulassen.» Die Planungen beider Organisationskomitees wurden damit weit übertroffen. Sydney hatte bescheiden mit 488, Salt Lake City lediglich mit 400 Millionen Dollar kalkuliert. Auf

Lobbyist
Zu dem Dutzend 1994 in Paris aufgenommener IOC-Mitglieder gehört auch der Israeli Alex Gilady. Der 53jährige erscheint aber nicht nur deshalb interessant, weil er das erste IOC-Mitglied aus Israel ist: Gilady, so kann man der offiziellen IOC-Biographie entnehmen, ist der Vizepräsident für Sport des TV-Giganten NBC, Stellvertreter von Sportchef Dick Ebersol.

Der Jungolympier Gilady sitzt seit zehn Jahren in der Radio- und Fernsehkommission des IOC. Ein Schelm, der Böses dabei denkt: Präsident Samaranch wird in TV-Angelegenheiten ausgerechnet von einem Manager jenes Fernsehsenders beraten, der sich mit seinen Milliarden die Langzeitrechte an den Olympischen Spielen erkauft hat.

Olympische Börse
Der Kurssturz der olympischen Leitwährung, des Dollar, bringt Olympiaausrichter zunehmend in finanzielle Nöte. Seit die Organisatoren von Nagano (Winterspiele 1998) ihre TV- und Vermarktungsverträge mit dem IOC abgeschlossen haben, ist die US-Währung gegenüber dem Yen um mehr als 40 Prozent gesunken – den Japanern fehlen dadurch etwa 100 Millionen. Auch Sydney, die Olympiastadt 2000, klagt unter dem Kursverlust. Die Organisatoren fordern deshalb einen größeren Anteil an den Einnahmen der olympischen Familie. Fehlanzeige: Ab 2002 werden Ausrichter nur noch 49 statt bisher 60 Prozent der Fernsehgelder kassieren. Aber das IOC trägt sich mit dem Gedanken, den Schweizer Franken zur olympischen Leitwährung zu machen – und es will den exklusiven Kreis der TOP-Sponsoren um vier oder fünf Partner erhöhen.

Pounds Laptop wurde der Deal besiegelt, sechs Wochen später beim Protokoll im IOC-Hauptquartier Château de Vidy in Lausanne war der Milliardenvertrag mit NBC perfekt.

Damit nicht genug. Die Aufregung hatte sich kaum gelegt, alle Welt war weihnachtlich gestimmt, da schockte NBC Mitte Dezember 1995 erneut die Fernsehwelt: Für phantastische 2,3 Milliarden erwarb der Sender die US-Rechte an den Olympischen Spielen der Jahre 2004 bis 2008. NBC erstand die Katze im Sack, zweimal Sommer- und einmal Winterspiele, die noch nicht einmal vergeben waren, ja für die sich längst nicht alle Kandidaten formiert hatten. So etwas gab es noch nie.

Bei der Vertragsunterzeichnung in New York berauschten sich beide Parteien am historischen Pakt. NBC-Direktor Bob Wright bezeichnete die Olympischen Spiele als «Eckpfeiler dessen, was freies Fernsehen beim Schritt ins 21. Jahrhundert benötigt». IOC-Marketingdirektor Michael Payne feierte die «finanzielle Sicherheit der Olympischen Bewegung». Mit dem monumentalen Vertrag erhöht sich allerdings auch die Abhängigkeit künftiger Olympiaorganisatoren vom Dollarkurs. Insgesamt dreieinhalb Milliarden Dollar überweist NBC bis zum Jahr 2008 nach Lausanne, etwa die gleiche Summe erhofft sich das IOC aus den Verkäufen der Fernsehrechte für die übrigen Kontinente. Auch das deutsche IOC-Mitglied Thomas Bach, Chef der Prüfungskommission für Olympiabewerberstädte, frohlockte über die «Zukunftssicherung des IOC». Bach attestierte Bewerbern eine «Planungssicherheit». Daß sich das IOC bei der Vergabe der Olympischen Spiele demnächst voll und ganz nach den

Wünschen von NBC zu richten habe, schlossen die Olympier allerdings aus.

Dabei sollte ihnen folgende Episode zu denken geben, bleiben doch die Forderungen der Geldgeber längst nicht auf den Sport beschränkt – sie nehmen mitunter bizarre Formen an. Bei seinem ersten Besuch in Sydney nach dem Erwerb der Fernsehrechte hat NBC-Sportchef Dick Ebersol den Organisatoren einen wundersamen Wunsch überbracht. Bis zum Jahr 2000 möchten doch, bitte schön, die vielen Strom- und Kabelmasten verschwinden, die den malerischen Blick vom Olympiagelände auf den Hafen trüben. Die Australier waren durchaus verblüfft. Michael Knight, Olympiaminister des Bundesstaates Neusüdwales, nahm sich der Sache an. Aus ästhetischen Gründen wäre es sicher besser, die Masten zu entfernen, erklärte Knight, «aber den Luxus können wir uns nicht leisten». Um den Haushalt des Organisationskomitees SOCOG zu entlasten, war kurz zuvor ein 48 Millionen Dollar teures Projekt zur Verlegung der fünf Kilometer langen Kabelstrecke gestrichen worden. Minister Knight: «Das US-Fernsehen wird sicher an den Masten vorbei filmen können.»

Für Schönheitsoperationen bleiben noch vier Jahre Zeit. Zweifellos werden sich Lösungen finden, die den amerikanischen Fernsehern eine wundervolle Hafensicht präsentieren. Die häßlichen Masten ließen sich zum Beispiel einfach durch überdimensionale Coca-Cola-Flaschen ersetzen.

Die Herren der Ringe

Der Wendefürst – Juan Antonio Samaranch

Ob er, wenn es dieses Sternbild gäbe, im Zeichen des Chamäleons geboren wäre?

Juan Antonio Samaranch genoß im ab 1936 von General Franco unterdrückten Spanien eine unbeschwerte Reifezeit, verglichen mit dem Gros seiner katalanischen Mitbürger. Zur Führung der Textilfabrik des vermögenden Vaters war der Halbbruder ausersehen. So studierte Juan Antonio Wirtschaft und lebte als sorgloser Bonvivant; nebenher hielt er Ausschau nach den Aufgaben, die das Leben für einen Mann wie ihn bereithalten könnte. Schon dem schmächtigen Jungmann wurde großer Tatendrang attestiert; einmal besorgten ihm Freunde einen Box-Gegner von lokaler Prominenz, den Juan Antonio alias «Kid Samaranch» mal richtig im Ring vermöbeln durfte. Natürlich sei dies nur zur Gaudi geschehen, merkte ein alter Jugendfreund in Barcelona Jahrzehnte später an. Dem siegreichen «Kid» aber dürfte es trotzdem gut gefallen haben, er nahm die Sportart in seine olympische Biographie auf.

Aus der Faustkämpferkarriere wurde nichts, auch die als Rollhockey-Spieler ging nicht so recht voran. Doch als er die Organisation dieser in Katalonien überaus beliebten Sportart übernahm, entdeckte Samaranch, wo seine wahren Talente schlummerten: im Managementbereich. Er biß sich an den Aufgaben fest. Im Sog sportlicher Verdienste als Organisator der Rollhok-

Juan Antonio Samaranch
geboren am 17. Juli 1920 in Barcelona, verheiratet, zwei Kinder. Politiker, Diplomat, Bankier, Aufsichtsratsvorsitzender der größten Sparkasse Spaniens, «La Caixa».
IOC-Mitglied seit 1966, bis 1975 Chef des IOC-Protokolls, ab 1974 Chef der Pressekommission und Vizepräsident. IOC-Präsident seit dem 16. Juli 1980 (nächste Wahl: 1997 in Lausanne).
Seine Funktionärskarriere begann er in den fünfziger Jahren im Rollhockey. 1955 wurde er Stadtrat in Barcelona, 1966 berief ihn Franco als Chef der Sportbehörde nach Madrid. 1973 Präsident des katalanischen Abgeordnetenhauses. Ab 1977 in Moskau Botschafter Spaniens für die Sowjetunion und die Mongolei. 1991 von Spaniens König Juan Carlos mit dem vererbbaren Adelstitel «Marqués de Samaranch» geehrt.

key WM 1954 und der Mittelmeerspiele 1955,
die das außenpolitisch isolierte Spanien jeweils
für Momente ans Licht der Weltöffentlichkeit
trugen, gelang ihm schließlich eine Bilderbuch-
karriere als Politiker im faschistischen Spanien.

Wenig hinderlich war dabei der Umstand, daß
er und seine Gattin Maria Teresa, eine enge
Freundin von Francos Tochter Carmen, auch
private Nähe zu Francos Familie fanden. Samaranch wurde Stadtrat in Barcelona, dann Abgeordneter in Madrid, stieg dort sogar zum Sportminister auf, zum Chef der Behörde für Sport
und Körpererziehung. Es soll ihm gelungen
sein, sein Vermögen durch beste Kontakte zur
Hochfinanz zu mehren, er wurde Aufsichtsrat in
verschiedenen Unternehmen. Willi Daume, der
dem damaligen spanischen NOK-Chef Samaranch 1968 persönlich die Einladung für die
Sommerspiele 1972 in München überbrachte,
wurde zum Kronprinz und zu Franco vorgelas-
sen. Beide hätten große Empfänge gegeben, und
Samaranch sei von beiden sehr akzeptiert worden.

Bei Potentaten war Samaranch offenbar stets
wohlgelitten. Weniger im jahrzehntelang ge-
knechteten Volk. Das sollte ihn schließlich sogar
aus dem Amt vertreiben. Seit 1973 war Samaranch Regionalpräsident in der traditionell auf-
müpfigen Provinz Katalonien. Zwei Jahre später
starb der große Gönner Franco, als dessen «hun-
dertprozentigen Anhänger»[21] er sich bezeichnet
hatte. Im April 1977 ereignete sich dann das persönliche Desaster, das Samaranch offenbar so
machtvoll aus seiner Vita verdrängte, daß es erst
mehr als ein Jahrzehnt später von akribischen
Rechercheuren aus verstaubten Akten gefiltert
werden konnte. Die Menschen in den Straßen sei-

ner Heimatstadt, die Samaranch jahrelang im Blauhemd der Falange regiert hatte, jagten ihn davon. Ein beschämender politischer Kehraus, der lange in Vergessenheit geraten war – in Samaranchs offizieller IOC-Biographie ist keine Rede davon. 15 Jahre lang schlummerten die Belege im Stadtarchiv von Barcelona und im Regionalparlament: Zehntausende Demonstranten, genügend wohl, um Atlantas Olympiastadion bis auf den letzten Platz zu füllen, zogen vor den Amtspalast und riefen: «Samaranch, fot e camp.» Samaranch, hau ab.

Er hat sich bis heute nie ausführlich dazu geäußert. Schon gar nicht zu Gedanken und Gefühlen, die ihn beherrscht haben mußten damals, als ihn ein lärmendes Volk zur Unperson erklärte. «I'm very proud of my past» – «Ich bin sehr stolz auf meine Vergangenheit» –, verkündete er statt dessen trotzig auf der Pressekonferenz zu Beginn der Olympischen Spiele 1992 in Barcelona. Was im April 1977 vorging in ihm, dem immerhin schon 56 Jahre alten überzeugten Parteigänger einer untergehenden Diktatur? Hat es ihn wirklich mit Stolz erfüllt, daß ihm Spaniens junge Demokratie mit einer Grimasse den Weg zur Tür zeigte? Den späten K.-o.-Schlag für «Kid Samaranch» begleitete das Magazin «Arreu» mit einer öffentlichen Abrechnung: «Samaranch, wir zählen nicht auf dich.»

Damals, als die Demokratie aufstand und seine Welt versunken war, zog der Berufspolitiker Samaranch in eine andere Diktatur um. In Madrid, wo der verehrte Kronprinz König wurde, gab es noch einflußreiche Freunde, und Samaranch wurde Spaniens Botschafter in der Sowjetunion und für die Mongolei. Diplomat. Dünn sind die Hinweise in der offiziellen IOC-Biographie, die

«Präsident Samaranch hat die Spiele gerettet. Nach dem finanziellen Desaster von Montreal, dem Boykott von Moskau und dem Gegenboykott von Los Angeles hat er die Spiele revolutioniert. Die Amateurregel ist abgeschafft, die Athleten haben mehr Mitspracherecht. Samaranch ist ein Erneuerer und Bewahrer der Olympischen Spiele. Gerade wir Deutschen sollten nicht über seine Vergangenheit richten, wenn doch Spaniens König Juan Carlos ihm den Adelstitel verliehen hat und damit sein Urteil so überzeugend gefällt hat.»
Thomas Bach, IOC-Mitglied, 1995

83

Spuren seiner Diplomatentätigkeit im riesigen Sowjetreich verlieren sich.

So war Samaranch 60 Jahre alt, ohne je in einer demokratischen Ordnung gelebt zu haben, als ihm das Schicksal eine zweite Chance bescherte. Samaranch, seit 1966 bereits Mitglied im IOC, nutzte die Gunst der Stunde am Rande der Moskauer Boykottolympiade und ließ sich mit Horst Dasslers Hilfe zum Präsidenten küren. Wohl niemals war das Amt leichter zu ergattern als damals, da die olympische Bewegung gespalten, fast bankrott und heillos überaltert war. Trotzdem gab es 1980 schon jene flankierenden Maßnahmen, die hinfort zum festen Bestandteil wurden: Druck, Deals und diskrete Absprachen. Zwei seiner Widersacher, die damals im Vorfeld schachmatt gesetzt wurden, Daume und der Kanadier James Worrall, bestätigten diesen Eindruck mehrfach. Auch andere sprachen später von «Absprachen» und «Betrug». Schon 1981, bei der Session in Baden-Baden, auf der die Amateurregel aufgelöst wurde, bemängelte Samaranchs Vorgänger Lord Killanin einen gewissen Stilwandel im IOC: «Die Tendenz geht anscheinend dahin, sich einen Posten zu beschaffen, indem man sich bei Wählern einschmeichelt und angeblich sogar deren Unkosten erstattet.»[22]

Sei's drum. Dem Sport war ein spanischer König geboren, und der konnte nun loslegen. Daß einer mit francistischer Vergangenheit auf die Weltjugend umsattelte, stieß damals niemanden vor den Kopf. Richtig publik war das ja nicht, im IOC aber war man dergleichen gewohnt. Was hätte man nicht alles über Vorgänger Avery Brundage (den Killanin nur für acht Jahre abgelöst hatte) sagen können? Der Amerikaner hatte in Chicago die oberste Etage seines Lasalle-Hotels bewohnt, in dem uniformierte Gestalten mit «SA»-Armbinde und Sammelbüchse ein und aus spazierten. Die Spatzen zwitscherten es von den Wolkenkratzern, daß der große IOC-Führer Brundage Neonazis in den USA protegierte.

Im IOC indes war Brundage früh der spanische Novize Samaranch aufgefallen. Nicht, weil Miss Brundage schon Anfang der Sechziger in Samaranchs Sommervilla urlauben durfte. 1968, zwei Jahre nach Samaranchs IOC-Eintritt, erhob ihn Brundage zum Chef des olympischen Protokolls. Der Olympiaforscher Arnd Krüger urteilte: «Brundage sah Samaranch als einen künftigen Präsidenten ganz nach seinem Geschmack und begünstigte ihn, wo es nur ging, weil er einen ähnlichen ultrakonservativen Background und ähnliche Geschäftsinteressen hatte.» Samaranchs Anlagen zum Opportunismus müßten demnach schon in voller Blüte gestanden sein: Er, der spätere Wegbereiter des olympischen Totalkommerzes, war seinerzeit dem besessenen Streiter wider jede Kommerzialisierung, Brundage, ein wertvoller Mitstreiter.

Als Präsident funktionierte Samaranch das Ehrenamt in einen Full-time-Job um. Er genehmigte sich ein jährliches Millionen-Budget und vervielfachte die Mitarbeiterzahl in der Lausanner IOC-Zentrale. Die fast erstarrte Bewegung aus Lebeleuten, Hoch- und Geldadel konnte sich den Luxus bald leisten, denn der wandelbare Präsident hatte das olympische Ideal ohne Sentimentalität zur Geschäftsgrundlage umgemodelt. Die Kommission «zum Schutz des olympischen Emblems» wurde aufgelöst; neu gegründet wurde eine Kommission zur Erschließung neuer Finanzressourcen. Er entledigte sich der ebenfalls machthungrigen IOC-Direktorin Monique Ber-

«Samaranch ist kooperativ, autoritär, kompetent und hoch motiviert. Er hat die olympische Bewegung konsolidiert und finanziell stärker gemacht. Das ist seine großartige Leistung. Ohne ihn wären wir nicht da, wo wir sind. Und was seine Vergangenheit angeht: Ich habe mit vielen Spaniern geredet, sie haben kein Verständnis für diese Kampagne. Sie sagen, die Franco-Zeit kann man von außerhalb ihres Landes nicht beurteilen.»
Walther Tröger, IOC-Mitglied, 1995

85

lioux, die ihm intellektuell schmerzhaft überlegen war. Bis heute soll Samaranch jenes Zimmer im Lausanner Palace-Hotel bewohnen, das er nach seiner Wahl bezog. Öffentlich umgibt er sich mit einem Pomp, der häufig die Grenze zur Groteske überschreitet. Ob nur Masche oder Manie – Prunk wertet den Pompösen unvermeidlich auf, er verleiht ihm Gewicht. Pompöse Auftritte schüchtern auch ein, wo das erwünscht ist.

Jedes Zucken der Bewegung, jedes Muskelspiel, jeder Personalentscheid wird von Samaranch kontrolliert und seismographisch erfaßt. Er blieb erkennbar mißtrauisch, bangte öfter um seine Macht: ein Mann, der äußerlich einem zufriedenen Ruheständler gleicht, der sich indes täglich durch Zeitungen, Akten, Sitzungen kämpft und mit Detailkenntnissen wappnet. Kein hemdsärmeliger Polterer, ein aufmerksamer Zuhörer. Wen eine Entourage katzbuckelnder Freunde umgibt, der besitzt wohl naturgemäß wenig Vertraute. Kein Zweifel aber kann daran herrschen, daß er seinen Platz in der Historie sucht.

Es kann nur ein Platz in der Entwicklungsgeschichte des Sportkommerzes sein. Dort hat er Verdienste erworben. Mit alterprobtem machtpolitischem Geschick und den Dienstleistungen seines modernen Maklerbüros ging er daran, Milliarden aus dem Treff der Weltjugend zu schürfen. Die fünf Ringe wurden zum Heiligtum der Werbewirtschaft, weil Samaranch ein erstaunliches Kunststück beherrscht: Die Strategie der sauberen Hände. Während er selbst, ganz würdevoller Grande mit Silberhaar, unablässig die hehren Ideale des Begründers Coubertin preist, kehren seine sportpolitischen Rollkommandos die Dachverbände in Kadertrupps und die Spiele der Völker in eine telegene Werbemesse um. Kaum ein Bündnispartner erschien ihm suspekt, wenn es um Sicherung und Ausbau der eigenen Machtposition ging. Nur selten verließ ihn dabei die Contenance des Edelmannes.

Daß er auch anders kann, zeigte sich, wenn es galt, einen Rivalen kaltzustellen. Der Schweizer Thomas Keller etwa war, als Chef der Generalversammlung der Internationalen Sportverbände (GAISF), ein einflußreicher Rivale der frühen Jahre. Ein wichtiger Mann, zu ihm führte Samaranchs erster Dienstweg. Keller hatte Machtgelüste. Er begehrte mehr Mitspracherechte bei den Olympischen Spielen und wünschte zugleich, daß sich das IOC nur auf die Spiele konzentrierte. Samaranch wollte Herrschaft über den gesamten Sport erlangen, also sann er auf Maßnahmen. Der Dreh fand sich darin, die olympischen Sportverbände nach Sommer und Winter zu trennen und in eigene Gremien zu überführen. So aufgesplittet, konnten sie bei den Verhandlungen über die Verteilung der Fernseheinnahmen weniger Druck auf das IOC ausüben.

Der ideale Partner für den Coup war Primo Nebiolo aus Italien. Der in Intrigen erfahrene Weltpräsident der Leichtathleten half Samaranch, den Dachverband der Sommersportarten ASOIF zu gründen – um die Gründung der analogen Winterorganisation AIWF machte sich IOC-Kollege Marc Hodler verdient. Entmachtet zog sich Keller zurück. Jahre später noch lag eine seltsame Gnadenlosigkeit in den Worten, mit denen Samaranch den Coup gegenüber einem Biographen beschrieb: «Wir hatten die Mittel, um ihn zu vernichten, und wir taten es. Ohne Fernsehgelder war die GAISF erledigt.»[23]

Im sensibleren Marketinggeschäft vernichtet

87

«Ich bin sehr zufrieden, ja sehr glücklich darüber, wie wichtig der olympische Sport heute ist. Das Wichtigste in den letzten vierzehn Jahren war, die Einheit der Olympischen Bewegung zwischen dem IOC, den Nationalen Olympischen Komitees und den internationalen Fachverbänden herzustellen. Diese Einheit ergibt die Stärke der Olympischen Bewegung. Und dafür müssen wir jeden Tag kämpfen. Einer der Gründe, warum ich wie ein Verrückter durch die Welt reise, ist, diesen engen Kontakt mit den internationalen Föderationen und den Athleten zu halten.»
Samaranch 1994 im «Sportinformationsdienst»

der Hüter des Ideals seine Gegner nicht, er vernascht sie lieber auf diskrete Tour. Richard Pound, in seiner Eigenschaft als Chef der Kommission für die Vergabe der TV-Rechte, diente ihm dabei als Speerspitze. Der Kanadier beschrieb seinen Part im Ringen ums Fernsehgeld einmal so: «Samaranch bat mich, etwas auszuprobieren, die Reaktionen zu testen, die Rückantworten in die Länge zu ziehen. Er konnte sich dann immer hinter der Entschuldigung verschanzen, daß ich ja jung und impulsiv sei. Mir machte das nichts aus. Ich kam damit klar. Wir verfolgten dieselben Ziele.»[24]

Es kann kein Zweifel daran herrschen, daß sich Samaranch als fähiger Manager der Sportwirtschaft ausgewiesen hat. Doch war er auch der richtige Mann zur rechten Zeit in Dasslers phänomenalem Puppenspiel. Auf sich gestellt und wenige Jahre früher, ohne Dasslers Arbeitsgruppe und die ISL, hätte er sich fraglos aufreiben müssen als nervender Hausierer. Die Welt war weder reif für gigantische Fernsehsportspektakel noch für die Neudefinition des olympischen Sports.

Die olympische Entspannung indes, die nach zwei fruchtlosen Boykotten in Moskau und Los Angeles eingetreten war, läßt sich schwerlich in ein reines IOC-Verdienst umdeuten. Ost und West hatten ihren Willen jeweils durchgesetzt und dabei erkennen müssen, daß sie sich nur selbst geschadet hatten. Der Ostblock stellte sich vor den Spielen 1988 in Seoul aus Kalkül lange quer, wollte hofiert werden und so viele Vergünstigungen wie möglich herausschlagen. Einen zweiten Boykott hätte er seinen teils zwangsgedopten Vorzeigeathleten nicht zumuten können. In jener Zeit ergoß sich klirrend eine olympische Ordensflut aus Samaranchs Hand über ausgewiesene Förderer des olympischen Menschheitsideals wie Erich Honecker, Nicolae Ceauşescu, Todor Schiwkoff oder Manfred Ewald, den Cheftyrannen der DDR-Athleten.

Manchmal war es mehr als die kühle Disziplin des Amtes, was Samaranch zu derlei Umarmungen bewog. Spätestens mit dem Zerfall der politischen Blöcke, vor allem im Zuge der Stasi- und Dopingaufklärung in Deutschland, wurde weltweit der Blick geschärft für die verbrecherischen Touren, die hinter der sauberen Fassade des Staatssports abliefen. «Wir haben im Moment eine kritischere Situation denn je», meinte er angesichts der Vorgänge, «mit Enthüllungen von systematischem Doping in Deutschland Ost und West. Es könnte wirklich bedrohlich werden, wenn die Sponsoren sich zurückziehen.» Ob der Vater aller Olympioniken noch andere Sorgen kannte? Zweifellos. Zwei Jahre nach dem Mauerfall lud er den längst enttarnten Chefarchitekten des DDR-Dopingsports, Manfred Ewald, zur Privataudienz nach Lausanne. Alte Krieger unter sich? Ewald soll den Oberolympier heftig daran erinnert haben, daß sich ein großer Teil der olympischen Reichtümer den Erfolgen der DDR-Athleten verdanke. Die Tatsache jedenfalls, daß der IOC-Boß kein Interesse zeigt, die offenkundige Vielzahl dopingverseuchter Bestleistungen aus Olympias Rekordbüchern zu streichen, ist ein wesentliches Indiz für seine Neigung, die fortschreitende Perversion des Leistungsbetriebs hinzunehmen. Das Problematischste an dieser Haltung: Wenn er es kann, muß es die Jugend der Welt auch können.

Die Sportbarone unter Samaranch scheinen fest entschlossen, für wachsenden Reichtum immer höhere Preise zu zahlen. Sie erweisen sich als

Allianzen
DDR-Sportchef Manfred Ewald über den ersten Besuch Samaranchs in der DDR anläßlich der Schwimm-Europameisterschaften in Leipzig: «Als Samaranch das erste Mal zu uns kommen wollte, war das nicht so einfach. Zu dieser Zeit herrschte Franco in Spanien. Es gab sowohl bei uns als auch in Spanien Einwände gegen einen Besuch. Samaranch galt als Anhänger von Franco. Deswegen hatte die Spanische Kommunistische Partei versucht, auf die DDR Einfluß zu nehmen, ihn nicht einreisen zu lassen. Ich habe damals seine Einreise bei der Partei und Regierung durchgesetzt... Besonders nützlich waren die Beziehungen zwischen uns, als es um die Fragen der Abwehr des Olympia-Boykotts ging und wir in dieser Hinsicht unseren internationalen Einfluß nutzten.»

schlechte Sachwalter gegenüber denjenigen, um die es ihnen zuvorderst gehen müßte: die Athleten. Das IOC produziert schlicht nationalistische Wettkämpfe, die in internationale Rhetorik verpackt und mit den Schmauchspuren der Flamme auf antik umfrisiert werden, um so den kostbaren verkaufsfördernden Kulturtouch zu bewahren. Mithin steht gerade Olympia nicht mehr für olympische Erziehungsmodelle und Ziele, sondern schlicht dafür, daß die Robusten gewinnen – nicht die Besten. Ein stumpfes, zeitgemäßes Rollenspiel. Die latinisierte Kaste der Sportbarone lebt es beispielhaft vor.

Im Geheimdienst Seiner Majestät – Un Yong Kim

Fachverbände des Sports und die Weltpresse verschliefen den Termin seltsamerweise. Kaum offizielle Glückwunschadressen, keine schmelzenden öffentlichen Reden, nicht einmal eine rauschende Feier für den Jubilar. Der Führer des Weltsports beging den 75. Geburtstag im Juli 1995 im Kreise seiner Lieben. Aus der großen olympischen Familie, der er vorsteht, hatte Samaranch nur einen zum Dinner im «Lausanne Palace» empfangen. Das war sein Nächster: IOC-Vizepräsident Un Yong Kim erschien mit Gattin Dong Sook Park, Sohn und Tochter. Was in den Wandelgängen des Olymps zwar nicht überraschte, doch wieder einmal Anlaß gab zu Getuschel und Geraune.

Doktor Kim, das Pokerface aus Südkorea, hat sich an raunende Kollegen längst gewöhnt. Schließlich bleiben denen oft nur Spekulationen, über den Doktor ist wenig bekannt. Hauptsächlich weiß man, daß er sein pianospielendes Töchterchen Hae gerne auf den schönsten Bühnen der Welt plaziert. Sogar die Berliner Philharmoniker durften Kims Schätzchen schon mal mitüben lassen (zur heißen Berliner Bewerbungsphase), den gemeinsamen öffentlichen Auftritt zur 100. IOC-Session im «Theatre de Beaulieu» von Lausanne verbaten sich die Künstler allerdings. Dafür durfte Hae dann wieder in Paris ran, zur Geburtstagsfete Olympias.

Un Yong Kim
geboren am 19. März 1931 in Seoul, verheiratet, drei Kinder. Diplomat, Geheimdienstler. IOC-Mitglied seit 1986, 1. Vizepräsident seit 1992. Vizepräsident des Organisationskomitees der Olympischen Spiele 1988. Präsident der Taekwondo-Weltorganisation WTF und der Generalversammlung der olympischen Sportverbände GAISF.

Kims Muse ist bekannt, aber sonst? «Kim ist Kim», so heißt es meist über den Mann mit der gußeisernen Mimik, seine Berufsvita blieb weitgehend im dunkeln. Was wohl so sein muß, weil der Mann beim Geheimdienst war. Was aber andererseits höchst unpassend erscheint. Immerhin rangiert Kim seit Jahren als zweitwichtigster Sportbaron hinter Samaranch auf der nach unten offenen Funktionärs-Weltrangliste.

Kim war ein junger Mann von 22 Jahren, als der Koreakrieg 1953 zu Ende ging. Die Aufbruchstimmung im Lande illustriert ein Vorgang aus dem Jahr 1954. Da gründete Sun Myung Mun, ein religiöser Eiferer, die Vereinigungskirche. Dieses sektiererische Gebilde, mit dessen Hilfe sich Mun zum Erretter der Menschheit stilisierte, ist berüchtigt als weltumspannende Geld- und Gehirnwaschanlage. Über die Vereinigungskirche dirigiert Mun ein internationales Netzwerk von Geschäftsinteressen, der fanatische Antikommunist schuf einschlägige Erziehungsinstitute und ideologische Frontgruppen. 1975 verkündigte Mun einer riesigen Menschenmenge in Südkorea, daß er eine vereinigte Zivilisation der gesamten Menschheit anstrebe, deren Zentrum in Korea sitzen sollte – ganz nach dem Vorbild des «römischen Imperiums». (Laut Gerichtsbeschluß darf hierzulande über die Vereinigungskirche gesagt werden, sie wende Psychoterror an und weise faschistische Strukturen auf.)

Spätestens in den siebziger Jahren fungierte Muns Welterlöser-Sekte auch als politisches Werkzeug für Diktator Park Chung Hee und dessen Geheimdienst KCIA. Dies geht aus US-Kongreßberichten zur «Untersuchung der koreanisch-amerikanischen Verbindungen» hervor, die der amerikanische Olympia-Historiker John

Hoberman 1995 auswertete.[25] Demnach unterhielt die Vereinigungskirche feste Kontakte zur antikommunistischen Weltliga (WACL), einer transnationalen politischen Grauzone, in der sich Ultrakonservative mit Alt-Nazis und Neofaschisten tummelten.

Den Ausschußunterlagen des Repräsentantenhauses entnahm Hoberman Wissenswertes für die olympische Bewegung: «Zu jenen Regierungskräften, die für die Militärregierung in Seoul in den siebziger Jahren mit der Vereinigungskirche befaßt waren, zählte ein Mann namens Mickey Kim. In den frühen Sechzigern war er ein Mitarbeiter von Kim Jong Pil gewesen, dem Kopf des blutigen Staatsstreiches von 1961, Gründer des Geheimdienstes KCIA und politischer Mentor der Vereinigungskirche. 1964 tauchte Mickey Kim in Washington auf, als Botschaftsangehöriger ernannt zum ‹Embassy Project Officer› für kulturelle Aktivitäten mit besonderem Schwerpunkt auf dem Freiheitszentrum.»[26]

Kim war nach Ermittlungen des Kongreß-Ausschusses eine Art Verbindungsoffizier der Regierung zu einem Projekt der asiatischen antikommunistischen Volksliga. Kims Spezialaufgabe Freiheitszentrum wiederum war nach Aktenlage eng an eine Frontgruppe der Vereinigungskirche gebunden – die koreanische Kultur- und Freiheitsstiftung (KCFF).

Später wechselte Mickey Kim, der spätere Doktor Kim, auch noch nach London, doch die Untersuchung des US-Kongresses ergab, daß Mickey Kim kein gewachsener Diplomat des Außenministeriums war. Daß er Agentätigkeit ausgeübt haben dürfte, erhärtete sich nach Kims Rückkehr in die Heimat 1968. Er wurde rechte Hand von Park Chong Kyu, dem Chef der Leib-

Geheimdienstler
DDR-Sportchef Manfred Ewald in seinen Memoiren über die Südkoreaner 1985 auf der 90. IOC-Session in Ost-Berlin: «Leiter dieser Delegation war der Vorsitzende der Gerechtigkeitspartei und Chef der Seouler Olympischen Spiele, Roh Tae Woo, der spätere Staatschef Koreas. Ein Teil seiner Leute war bewaffnet, denn sie wollten erfahren haben, daß die Nordkoreaner einen Anschlag auf ihre Delegation beabsichtigten. Sie mußten ihre Pistolen in Schönefeld abgeben und baten uns daraufhin um Sonderschutz. Wir verstärkten die Anzahl ihrer Bewacher, aber das reichte ihnen nicht. Sie verlangten, daß uniformierte Polizisten mit sichtbaren Waffen ihre Hoteletage Tag und Nacht bewachten. Wenn sie das Hotel verließen, mußte der Schutz noch verstärkt werden. Dies alles war mit dem IOC-Präsidenten Samaranch und nach dessen Zustimmung mit Erich Mielke abzusprechen.»

garde des Präsidenten. Das war kein Rollkommando muskulöser Bodyguards, sondern ein weiterer Geheimdienst neben dem KCIA und der Militärabwehr. Mickey Kim muß demnach als ein Angehöriger jenes politisch-konspirativen Elitekaders betrachtet werden, der Südkoreas Diktatoren über Jahrzehnte die Macht sichern half. Eine Elite, von deren Wirken der Welt hauptsächlich in Erinnerung bleibt, daß sie Oppositionelle im eigenen Land in Blut ersticken und sogar Exil-Koreanern gern ihren langen Arm spüren ließ.

Ein enger Vertrauensmann der Regierung blieb Kim jedenfalls über die ganze Zeit, und das auf höchster Ebene. Er war Sekretär des Premierministers, koreanischer Botschaftsrat bei den Vereinten Nationen, in Washington und London, Abteilungschef des Präsidentenbüros – Ämter, die große Nähe zur Staatsmacht verraten. Noch interessanter erscheint eine Tätigkeit, die der frühere Geheimdienstler laut IOC-Biographie anno 1990 ausübte: Spezialbeauftragter des koreanischen Präsidenten. Denn in jener Zeit führte Präsident Roh Tae Woo die Staatsgeschäfte. Und der geriet im Herbst 1995 in die Fänge der Justiz, die ihn wegen eines von ihm angelegten politischen Geheimfonds verhaftete.

Roh gab zu, in seiner Amtszeit hauptsächlich bei der Wirtschaft Mittel für einen Geheimfonds zur «Finanzierung politischer Aktivitäten» im Umfang von rund 500 Milliarden Won (damals etwa 952 Millionen Mark) gesammelt zu haben. Er entschuldigte sich für die Amtsverfehlungen bei der Bevölkerung; vor Strafverfolgung schützte ihn das nicht. Nach Angaben der Staatsanwaltschaft sollten von dem ominösen Fonds noch 185 Milliarden Won auf geheimen Bank-

«Kompliment, dann muß Ihr Geschäft gut gehen.»

Interview mit dem IOC-Kanzler Otto Mayer

Das IOC ist im Zeitalter der Demokratie eine der wenigen Körperschaften, die nicht aus unabhängigen Wahlen hervorgeht, sondern sich nach eigenem Gutdünken selbständig ergänzt?
Ja, wir sind so konstruiert, von oben nach unten. Wenn wir von unten nach oben gebildet würden, wäre unsere Organisation längst zerbrochen. Die Mitglieder müssen frei und unabhängig sein.

Sie meinen, daß sie es nicht sein würden, wenn sie demokratisch gewählt würden?
Ja. Unsere Mitglieder sind die Botschafter des IOC in einem Land, aus dem sie kommen, aber nicht die Vertreter dieses Landes im IOC. Würde ein IOC-Mitglied von einer Sportorganisation in einem Land gewählt werden, wäre es nicht mehr unabhängig.

Hat jedes Land Anspruch auf einen Sitz im IOC?
Nein. Wir haben eine neue Regelung, nach der in einem Land nur ein Mitglied ernannt werden kann, in den wichtigsten politischen Ländern höchstens zwei, wie etwa Rußland, Amerika, Deutschland.

Wie wird man IOC-Mitglied?
Die Mitglieder des IOC werden von ihren Freunden ernannt, das heißt von den übrigen Mitgliedern des IOC.

Setzen Sie sich damit nicht dem Vorwurf der Vetternwirtschaft aus?
Ja, natürlich kann man uns den Vorwurf machen. Aber diese Regelung ist unsere Stärke.

Wann endet die Zugehörigkeit eines Mitglieds zum IOC?
Mit seinem Tod. Meistens ziehen sich die Herren aber zurück, wenn sie ein gewisses Alter erreicht haben, etwa mit 75 Jahren.

Ist es kostspielig, IOC-Mitglied zu sein? Erhalten Ihre Mitglieder Spesen?
Nein, wir arbeiten alle ehrenamtlich. Bei Reisen und Sitzungen fahren alle Mitglieder auf eigene Kosten. Jede Art von Spenden oder Zuschüssen von Regierungen lehnen wir ab. Jedes Mitglied bezahlt einen jährlichen Beitrag von 150 Schweizer Franken.

Auch Sie als Kanzler arbeiten ehrenamtlich?
Jawohl, ich erhalte keine Entschädigung. Meine Tätigkeit kostet mich monatlich 1000 Schweizer Franken.

Wie ist Ihnen das möglich?
Ich bin Juwelier.

Kompliment, dann muß Ihr Geschäft gut gehen.
Gott sei Dank.

(«Die Welt», 28. November 1959)

In Südkorea führten die Ermittlungen gegen die beiden früheren Präsidenten Roh Tae Woo und Chun Doo Hwan zu schrecklichen Anschuldigungen. Im Zentrum einer zweiten Anklage wegen Hochverrats steht ein Massaker an Zivilisten in der Stadt Kwangju, welches vom damaligen Präsidenten Chun angeordnet und von Militärkommandeur Roh umgesetzt worden sein soll. Als sich die Bevölkerung des südwestkoreanischen Kwangju im Mai 1980 gegen das unmittelbar zuvor ausgerufene Kriegsrecht erhob, soll eine Spezialeinheit des Kommandeurs Roh, des späteren olympischen Ordenträgers, 1000 Menschen abgeschlachtet haben. Außerdem wird den beiden Ex-Präsidenten vorgeworfen, durch den Putsch von 1979 rechtswidrig das Parlament aufgelöst, Druck auf die Presse ausgeübt und Oppositionspolitiker inhaftiert zu haben.

konten übrig sein. Die Dinge eskalierten, zumal da die Ermittler nicht weniger als 21 Familienmitglieder Rohs verdächtigten, Konten in der Schweiz zu besitzen. Von der schwarzen Kasse sollen neben dem neuen Präsidenten Kim Young Sam auch die beiden wichtigsten Oppositionsführer Südkoreas, Kim Dae Yung und Kim Jong Pil, profitiert haben. Wochen später wurde auch Rohs Vorgänger im Präsidentenamt, Chun Doo Hwan, verhaftet. Ein bemerkenswerter Filz.

Roh aber, der Hauptsünder, hatte viele Jahre lang gemeinsam mit dem heutigen IOC-Vize via Olympia Karriere gemacht: Als Chef des Seouler Bewerbungskomitees arbeitete er in den achtziger Jahren aufs engste mit Kim und mit Samaranch zusammen. Das olympische Amt besaß eine derart große nationale Bedeutung, daß es ihm sogar an die Staatsspitze verhalf: Aus dem Organisationskomitee stieg Roh Monate vor den Spielen in Seoul direkt auf den Präsidentenstuhl um. Nach den Spielen zeichnete ihn Samaranch mit dem Olympischen Orden aus.

Zweifellos steht der Name des zweithöchsten Olympiamanagers Kim Un Yong mit dem Rohs in langer, vertraulicher beruflicher Verbindung: über die gemeinsamen Jahre als Olympiaveranstalter sowie über die späteren Staatsämter. Wobei in Rechnung zu stellen wäre, daß es Geheimdienstlern oder Spezialpolizisten in autoritären Regimen selten obliegt, zu Humanität und Ordnung anzuhalten. Man kennt sie mehr als Männer fürs Grobe. Hochinteressant erscheint in diesem Zusammenhang, daß Kims IOC-Kollege Richard Pound, der ihm nicht gerade herzlich zugetan ist, in seinem Buch über Koreas Olympia-Geschichte zu den Spielen 1988 folgendes erwähnt: «1975 – koreanischer Skandal in Sachen Einflußnahme aufgedeckt, einschließlich illegaler Aktivitäten des KCIA.»[27] In den USA wurde der Skandal als «Koreagate» bekannt.

In den siebziger Jahren hatten Koreas Generäle ein Problem. Sie brauchten dringend Zugang zu den Weltmärkten, um sich aus der Abhängigkeit von Washington lösen zu können. Dafür aber mußte ihre Diktatur salonfähig werden. Und wie so viele weltweit in Mißkredit geratene Systeme verfiel das Regime in Seoul auf die Idee, über die schlichten Schienen des Sports die Anerkennung der Welt zurückzugewinnen. Die Deutschen hatten das 1936 getan, die Moskauer Kreml-Bonzen 1980 und auch die KP-Mandarine Chinas mit ihrer erfolglosen Olympiabewerbung für 2000 griffen nach dem Feigenblatt der fünf Ringe.

Doch es ist nicht ganz einfach, um die Jugend der Welt zu werben, wenn das Militär zu Hause die Menschen in den Straßen niederschießt. Für derlei heikle Auslandsmissionen benötigt eine Diktatur wohl wahre Vertrauensleute, Männer von idealer Stabilität. Doktor Kim war offenbar der Richtige für eine generalstabsmäßige Erschließung Koreas mit Hilfe des Sports.

Den Sturm auf den Olymp bereitete er an allen Fronten vor. 1973 hatte er den Taekwondo-Weltverband WTA aus der Taufe gehoben, und bald machte der Kampfsportboß Funktionärskarriere in Quantensprüngen. Er trug mit freundlicher Hilfe koreanischer Botschaften umfängliche Informationen über die olympische Bewegung zusammen und gab spätestens 1979 seine Ambitionen auf einen Platz im IOC bekannt. Er vertrat die erfolgreiche Seouler Bewerbung beim Olympischen Kongreß 1981 in Baden-Baden und wurde Mitglied des Organisationskomitees SLOOC. 1980 erhielt seine WTA die Anerkennung als ei-

97

gene Kampfsportart und wurde in die Allgemeine Versammlung der internationalen Sportverbände (AGFIS) aufgenommen. 1983 übernahm er den Vorsitz in der ARIF, einem Zusammenschluß der vom IOC anerkannten, (noch) nicht olympiareifen Sportarten. 1986 wurde er auch Boß der AGFIS, einem der drei Pfeiler des Weltsports neben dem IOC und den nationalen NOKs. Und im selben Jahr holte ihn Samaranch ins IOC, wo er nur zwei Jahre später in die olympische Regierung, das Executive Board, aufrückte. Sinnigerweise hatte der stille Agent dort bald die Rolle des Informationsministers inne. Sage einer, das IOC besitze keinen Humor.

Kims atemberaubender Aufstieg im dicht verwobenen Ämternetz vollzog sich eher außerhalb einer ernsthaften Kontrolle. Es erstaunt, wie wenig die Kollegen wissen über einen Mann, dessen Arm heute fast in jedes wichtige internationale Gremium reicht, dem Vernehmen nach bis in eine deutsche Insiderpostille. Er gilt als konsequenter Durchsetzer eigener Interessen – die sich wohl stets mit denen irgendeines seiner Ämter decken. Und dann gibt's da noch den Tutor Samaranch, Träger eines Seouler Friedenspreises, auf den sich Kim verlassen kann.

1995, als sich die südkoreanische Stadt Pusan um die Austragung der Asienspiele 2002 bewarb, erwies sich wieder die Verläßlichkeit des Tandems der olympischen Macht. Pusans Wahlgegner vor der Generalversammlung des «Olympic Council of Asia» (OCA) war Kaohsiung in Taiwan. Damit war doppelter Ärger programmiert. Einmal mit Kims Südkorea, zum anderen mit Chinas Sportführung, die ihren Boykott bekanntgab für den Fall, daß Taiwan die Asienspiele bekäme. Der OCA-Vorsitzende Scheich Achmed Al-Sabah aus Kuwait, zugleich IOC-Mitglied, wurde nach Lausanne zitiert. Dort wird ihm Samaranch verdeutlicht haben, wie er sich den Wahlausgang vorstellt. Auch auf die Taiwan-Chinesen soll Samaranch direkten Druck ausgeübt haben, empörte sich später deren Olympia-Chef Chang Feng-Shu: «Samaranch forderte uns auf, die Bewerbung zum Wohl der sportlichen Einheit fallenzulassen. Aber ich sagte ihm, ich würde das nicht tun, weil sich 21 Millionen Menschen in Taiwan niemals häßlicher politischer Gewalt beugen würden.»

Sie mußten sich beugen. Kaohsiung erlitt bei der Abstimmung mit nur 4 von 41 Stimmen ein Desaster. Samaranch war zum Wahlort nach Seoul gejettet, und es störte ihn wenig, daß es nicht zu der sonst praktizierten geheimen Abstimmung der OCA-Delegierten kam. Statt dessen gab's offene Akklamation per Handzeichen, sicher ist sicher. Die Taiwanesen prangerten dieses Wahlprocedere öffentlich als Betrug an, und Kaohsiungs Bürgermeister Wu Den-Yih schied in unolympischem Zorn: «Was Samaranch tat, wendete sich gegen alles, was rein ist im Sport, weil er eindeutig Politik mit dem Sport vermischte.» Den IOC-Boß störte es offenbar nicht. «Unser Freund Un Yong Kim kriegt immer, was er haben möchte», kommentierte Samaranch das Werk, an dem er selbst mitgedreht hatte.

Er wußte, wovon er sprach. Im Jahr zuvor erst hatte Kims selbstgebastelter Taekwondo-Verband die Aufnahme ins olympische Kampfsportprogramm geschafft. «The Korean Times» rechnete jubelnd den weltweiten Imagezuwachs dank Kims Kämpen in Dollar-Milliarden um. «The Korea Herald» sah mehr den sportiven Gewinn und ermittelte aufgrund der neuen Wettbewerbe beste Chancen für die Heimat, bei den Spielen Anno 2000 in Sydney unter die Top ten in der Medaillenwertung aufzurücken. Kim sorgte für weitere Hurraberichte: Die Session im Jahre 1999, so entschied die IOC-Vollversammlung, wird in Seoul stattfinden. Korea boomt wie kein anderes Land auf der Sportschiene, die Fußball-Weltmeisterschaft 2002 soll dort stattfinden – Japan ist der große Konkurrent –, für die Olympischen Winterspiele 2006 und die Sommerspiele 2008 will man sich ebenfalls bewerben. Als Seoul 1981 zur Olympiastadt gewählt wurde, gab es dort keine Farbfernseher. Im Jahr der Spiele 1988 besaß das Land den größten Fernsehmarkt der Welt.

Nüchtern betrachtet bleibt die stille Erkenntnis, daß Sportführer Doktor Kim ziemlich genau das zu bewerkstelligen scheint, was der obskure Welterlöser Mun seinen Anhängern schon vor Jahrzehnten in Aussicht gestellt hat: Korea zum Zentrum der Bewegung zu machen. Natürlich hatte Mun dabei kaum an die Olympischen Spiele gedacht. Wohl nicht einmal, als eine seiner Frontgruppen, die KCFF, dem Taekwondo-Verband Finanzhilfen gab.[28]

Doktor Kim, der trotz fröhlicher Karrieresprünge mit einem Gesichtsausdruck auszukommen pflegt, gilt nicht nur IOC-intern als ernstzunehmender Nachfolgekandidat für Samaranch. Er würde für Kontinuität stehen in der traditionell rechtsautoritären IOC-Führung. Sollte tatsächlich ein langjähriger Geheimdienstler aus Korea den IOC-Thron besteigen, so erhielte sich die olympische Loge nur eine gute Tradition: den Ruf als Horst für Personen von fragwürdiger politischer Herkunft.

Der Pate – Primo Nebiolo

Kein Sportbaron ist kürzer geraten. Und wohl keiner im Circus Maximus ist derart anrüchig beleumundet wie der Turiner Glatzkopf mit den Schmalzkoteletten und den rauchzart knarrenden Stimmbändern. Lachend, lärmend, händefuchtelnd wie ein Bajazzo, umgarnt von edlem Tuch und einer ergebenen Entourage, läuft er die roten Läufer wund. Typ kleiner Clown? Nebiolos Amtsstil hat wenig Lachhaftes. Er kennt jede Finte, zieht alle Register. Vielleicht war es dieser rigorose Machtinstinkt, der Samaranch faszinierte. Oder die verheerenden Referenzen, die Nebiolo vorzuweisen hatte? Als Samaranch den Italiener 1992 gegen viele Widerstände ins IOC drückte, wußte er jedenfalls bestens Bescheid über seinen Protegé.

Schon Ende der achtziger Jahre, als Primo Nebiolo wegen Veruntreuung und anderer Delikte – unter anderem der Manipulation des Weitsprungs seines Freundes Giovanni Evangelisti bei der WM 1987 in Rom – seine Ämter als Vizepräsident im italienischen NOK und als Präsident des nationalen Leichtathletikverbandes einbüßte, schwante Samaranch Übles. Er habe gelesen, meinte er im Kreise von Vertrauten, daß Nebiolo fünfzehn Millionen Dollar veruntreut haben soll. Aber gehört habe er, es sollen fünfzig gewesen sein. Darauf soll er die Zahl wiederholt haben für jene, die es nicht fassen konnten: Five-Ooh!

Primo Nebiolo
geboren am 14. Juli 1923 in Turin, verheiratet. Anwalt, Unternehmer. IOC-Mitglied seit 1992. Seit 1961 Präsident des Weltstudentensportverbandes FISU. 1969 bis 1989 Präsident des italienischen Leichtathletikverbandes. 1981 Präsident des Leichtathletik-Weltverbandes IAAF. 1983 Präsident der Vereinigung olympischer Sommersportarten ASOIF. Träger zahlreicher Doktorhüte und Auszeichnungen, u. a. des Bundesverdienstkreuzes und des wichtigsten Ordens Japans, des «Kun Itto Zuiho Sho» – frei übersetzt: das Große Ordensband des Heiligen Schatzes.

Altlasten
Tatort Rom, Leichtathletik-
WM 1987: Der Italiener
Giovanni Evangelisti
springt im letzten Versuch
8,38 Meter weit und ge-
winnt die Bronzemedaille.
Obgleich zahlreiche Be-
obachter die Weite an-
zweifelten, verhinderte
Primo Nebiolo, Chef des
Organisationskomitees,
eine sofortige Überprü-
fung. Weil aber die TV-
Beweise erdrückend wa-
ren und zudem ein Video-
band auftauchte, das die
Manipulation eines
Kampfrichters bewies, er-
folgte 1989 doch noch
eine Untersuchung. Er-
gebnis: Evangelisti war
nur 7,91 Meter gesprun-
gen und mußte seine
Bronzemedaille abgeben.
Schlimmer noch: Alle an-
deren Konkurrenten wa-
ren weiter gesprungen als
offiziell gemessen. Sechs
Funktionäre wurden auf
Lebenszeit gesperrt. Ne-
biolo aber, früher selbst
Weitspringer und Evan-
gelisti angeblich wie ein
Vater verbunden, büßte
nur das Amt als nationaler
Verbandschef ein.

In der Heimat war der 72jährige Jurist Nebiolo, der verschiedene Ingenieurfirmen leitet, öfter mal ins Gerede gekommen. Zuletzt, als es um einen Finanzierungsskandal beim Bau des römischen Olympiastadions für die Fußball-WM in Italien 1990 ging. Der Staatsanwalt forderte 30 Monate Knast für Nebiolo. Der Richter sprach ihn und seine Sportkameraden im Juli 1995 schließlich frei. «Ich hatte immer vollstes Vertrauen ins italienische Justizsystem», lachte er. «Mein Freispruch beweist, daß ich meine Rolle in völlig korrekter Weise ausgeübt hatte!» Die Baukosten in Rom waren von anfänglich 56 Millionen Dollar auf das Dreifache geklettert.

Nebiolo hat neben vielen anderen angenehmen Verpflichtungen auch das Amt des Präsidenten des Leichtathletik-Weltverbandes IAAF inne. Damit ist er die Dame in Samaranchs olympischem Schachspiel: Wer nicht spurt, den knallt er weg. Ungefähr so, wie er es mit Britt-Marie Mattson tat, Schwedens renommiertester Fernsehjournalistin. Die hatte ihn am Vorabend der Leichtathletik-WM 1995 in Göteborg mit der Frage nach seinen zahllosen Skandälchen bedrängt. «Es gibt da so Gerüchte: Sind Sie korrupt?» Das aber macht man nicht mit Nebiolo. Der kleine König warf die Journalistin aus seiner Luxussuite, aber erst, nachdem er sie vor laufender Kamera im Stil eines Prinzipals, für den das mittelalterliche «jus primae noctis» noch gilt, angeranzt hatte: «Mit wie vielen Männern haben Sie geschlafen?»[29]

Trotzdem muß Primo Nebiolo über Klasse verfügen. Immerhin hat man ihm das Bundesverdienstkreuz verliehen. Er hat auch ein japanisches, ein kubanisches, ein italienisches, ein mexikanisches und Dutzende anderer Kreuze,

Orden, Titel, Diplome, Sticker, Doktorhüte und Aufpepper. Am Bundesverdienstkreuz aber, das ihn uns am nächsten bringt, läßt sich zeigen, wie ein in der Sportwelt gefürchteter Potentat gesellschaftsfähig werden kann.

Im August 1993 hatte Stuttgart die Leichtathletik-WM auszurichten. Und plötzlich steckte die deutsche Sportnation in der Zwickmühle. Einerseits besaßen die Schwaben, wie eine diskrete Anfrage ergab, keine Universität mit überschüssigen Doktorhüten, sondern nur eine Technische Hochschule, die hütemäßig passen mußte. Andererseits aber wollte Berlin einen Monat nach der WM im fernen Monaco zur Olympiastadt für das Jahr 2000 gekürt werden, und da erhoffte man sich gerade vom IAAF-Boß und IOC-Chefsouffleur diskrete Wahlhilfen. So kam es zu einem Kompromiß, den Bundespräsident Richard von Weizsäcker mit vernehmlichem Zähneknirschen vornahm. Der Verdienstkreuzigungsakt vollzog sich im Stuttgarter Daimler-Stadion am Ende eines langen Ganges in einer Art Geräteschuppen, dessen Kahlheit ein wenig zudekoriert worden war. Wieder draußen, sah man den Verdienstvollen vor dem Stadion auf einen Kiosk zusteuern und sich en passant einen Stoß Zeitungen krallen. «He, Kleiner! Zahlen!» rief ihm die beherzte Verkäuferin nach, woraufhin der kleine König die Lektüre wütend auf den Boden knallte.

Für die Kiosk-Nummer hielt sich Nebiolo schadlos, indem er in einem Stuttgarter Kaufhaus eine 500 Mark teure Brille abholen ließ – ohne Bezahlung. Die Belegschaft muckte nicht auf: «Sonst sind wir schuld, daß Berlin die Spiele nicht bekommt!»[30] Dann sickerte durch, daß ein Journalist dem Ray-Ban-Fall des Brillenfans Nebiolo nachspürte, und die Designer-Gläser kehrten ins

«Schauen Sie, wenn Merlene Ottey mit 35 Jahren noch Hallen-Weltmeisterin im 60-m-Sprint werden kann, dann muß ich doch wohl mit 72 Jahren noch eine Zeitlang in der Lage sein, die Welt-Leichtathletik zu führen. In meiner Heimat Italien und in meiner Stadt Rom gibt es eine Regel: Wenn ein Papst stirbt, wird der nächste automatisch gewählt. Darüber braucht man sich keine Sorgen zu machen. Das Leben ist angenehmer, wenn man es jetzt lebt, als wenn man über das Ungewisse, was kommt, nachdenkt.»
Primo Nebiolo, 1995 im «Sport», Zürich

Sie gelten als Nimmersatt, der ständig nach mehr Macht, mehr Geld schreit.
«Habe ich diesen Ruf? Ich bin ein Nimmersatt? Das ist ja phantastisch. Wenn die Leute sagen, ich sei nie zufrieden und wolle der Leichtathletik immer mehr Bedeutung verschaffen, dann stimmt das. Leichtathletik muß die Sportart Nummer eins bleiben.»
Und Sie die Nummer eins im Weltsport – einer, der überall, wohin er kommt, den größten persönlichen Luxus fordert? Unter einem Mercedes 600 tun Sie es ja nicht.
«Wenn ich nach Deutschland komme und man gibt mir einen Volkswagen, dann werde ich glücklich damit sein. Stellen Sie mir ein Fahrrad hin, und ich fahre Rad – falls ich das körperlich noch hinkriege.»
Primo Nebiolo 1992 in einem Interview des «Sportinformationsdienstes»

Geschäft zurück. Aus Primos Umgebung war zu vernehmen, was in solchen Fällen blind gebucht werden kann: Der böse Bote habe sich bereichern wollen, der Chef von allem nichts gewußt. Bokkige Schwaben. «Seid glücklich und zahlt das Defizit!» verkündete er denen zu Beginn dieser hochdefizitären WM-Sause. Und das war nicht einmal gelogen: Nebiolo war happy, weil sein Verband 150 Millionen Mark Gewinn einstreichen konnte.

Ein Faible hat der Italiener für dicke Autos. Auf dem Braunschweiger Flughafen mußte 1990 die teuerste Limousine auf dem Rollfeld zur Maschine vorfahren, damit der Maestro überhaupt zum deutschen Einheitsverbandstag nach Salzgitter kam. In Duisburg ließ er einen Nobelschlitten vors Hotel kommen, um zum Bankett in der Mercatorhalle nebenan zu gelangen. Noch wichtiger war ihm allerdings, daß er dem italienischen Botschafter gezeigt hatte, wie die Rangfolge ist. Im Vorfeld der Stuttgarter WM gab es zwei Bankette. Am ersten Abend begab es sich, daß der Botschafter vor dem Olympier den Saal und auch die edle Herberge verließ. Am zweiten Abend nicht mehr. Da war des Diplomaten Kutsche so zugeparkt, daß der unbotmäßige Botschafter nicht mehr herauskam. Jedenfalls nicht vor Nebiolo.

Das hohe Sportamt schreit nach Repräsentationspflichten. Deshalb muß Nebiolo in jeder Stadt die teuerste Suite beziehen. Dummerweise sind die Fürstensuiten in den Nobelhotels oft viel zu knapp bemessen, so daß die napoleonische Vorhut schon mal darauf bestehen muß, daß eine Zwischenwand durchbrochen wird.

Längst verstummt sind die Gerüchte, daß Nebiolo 1981 mit einem Täuschungsmanöver an die

Macht im Weltverband IAAF gekommen sei. Und dank Horst Dassler, der seine Ausrüsterverträge in die Waagschale warf, um jeden Preis sicherstellen wollte, daß die Welt-Leichtathleten weiterhin als Schneiderpuppen für seine Textilware posierten.

Nebiolos internationale Sportkarriere begann, als er 1961 in Sofia zum Führer des Welt-Hochschulsports gekürt wurde. Rasch hatte er die Chancen erkannt, die sich aus einem geschickten Stimmengeschacher mit den Ostblockländern ergaben. Im Gegenzug hat er dem Hochschulsportverband FISU nie zu besonderer Bedeutung verholfen. Dessen Hauptereignis, die mit manchen Unterbrechungen im Zweijahresrhythmus veranstalteten Universiaden, bieten nach wie vor kaum Anreize für Fernsehen und Sponsoren. Für Primo Nebiolo aber bot das Amt gute Umstiegsmöglichkeiten in die nationalen Spitzenverbände und in die IAAF.

Spätestens 1991, bei der Studenten-WM in Sheffield, fühlte sich die FISU von ihrem Chef mißbraucht. Unter den Delegierten kursierte ein anonymer Brief, dessen Inhalt bis heute Aktualität besitzt: Primo habe «ein größenwahnsinniges und extravagantes Verhalten» entwickelt. Er gebrauche «seine Macht, um die Entscheidungen des Studentensports zu manipulieren». Fazit der Opposition: «Wir brauchen keinen pompösen und arroganten Vorsitzenden, der den Studentensport in der Öffentlichkeit von einer häßlichen Seite repräsentiert, wir brauchen auch keinen totalitären Vorsitzenden in einer Welt, die immer demokratischer wird und immer weniger durch die schmutzige Politik des Ost-West-Konflikts gekennzeichnet ist.»[31]

Dennoch wurde Nebiolo wiedergewählt und

«Sicher kann man in meinem Fall mit Recht von einer Ämterkumulation reden. Aber die ergibt sich doch ganz automatisch. Sie ist sogar gut und logisch. Aus dem einen ergibt sich das andere automatisch. Man bekommt einen größeren Weitblick und kann für die einzelnen Bereiche wertvolle Synergien nutzen. Das hat nichts mit Machtgier zu tun.»
Primo Nebiolo

1995 erneut bestätigt. Paradox, wenn man in Rechnung stellt, daß sich die Kritik an ihm verschärft hat. So verbindet ihn etwa mit den erbsenzählenden Deutschen eine herzliche Abneigung. Der Generalsekretär des deutschen NOK, Heiner Henze, war unter Nebiolo lange Jahre technischer FISU-Delegierter, und er könnte tagelang über Nebiolos Possen referieren. Im Herbst 1995 tat es Henze erstmals öffentlich, mit Rückendeckung des Deutschen Leichtathletikverbandes (DLV). Beim Pariser Kongreß des Europäischen Leichtathletik-Verbandes (EAA) hatte Primos Intrigenspiel mit den ost- und südeuropäischen Stimmlieferanten dafür gesorgt, daß Henze nicht ins oberste Gremium der EAA gewählt wurde, das Council. Nebiolo ließ wie üblich diskrete Namenlisten herumgehen, auf denen seine persönlichen Wünsche vermerkt waren. Der im Sport typische Verrat am freien Wahlsystem, die Nötigung abhängiger oder etwas tumber Stimmgeber. Henzes Name fehlte auf den Wunschzetteln ebenso wie die anderer sachkundiger Funktionäre. Um ganz sicher zu gehen, daß bei der Wahl nicht im letzten Moment noch ein Gefolgsmann umkippt, standen der olympische Halbgott und dessen Wahlhelfer vom Weltverband an der offenen Tür Mahnwache wie eine Prätorianergarde.

Später im Hotel fuhr Henze vom 32. Stockwerk mit dem Lift nach unten. In der 30. Etage stieg Nebiolo samt Entourage zu, und Henze nutzte die Gelegenheit, sich beim verdutzten Sportnapoleon für die getürkte Wahl zu bedanken. Dazu bemerkte er: «Ich wußte gar nicht, daß Sie so große Angst vor mir haben.» Daraufhin sei Nebiolo an die Decke gegangen vor Wut und habe den Finger auf ihn gerichtet: «Diese Wahl war meine Antwort für Sie!»[32]

Henze hatte den Italiener in der FISU häufiger zu bremsen versucht. Etwa wenn der nach Herzenslust in die Veranstalterkasse griff, zusätzliche Nebenplätze forderte wie in Duisburg 1989, wo das Stadion eigentlich ausreichte. Bei der Studenten-WM in Bukarest 1981 setzte Nebiolo durch, daß der Marathonlauf am glutheißen Nachmittag stattfand. Prompt trat der befürchtete Ernstfall ein: Ein englischer Studentenläufer brach zusammen. Er konnte gerade noch gerettet werden. Nicht immer sei es mit rechten Dingen zugegangen: «Wenn Nebiolo und andere mich zwingen wollten, die Auslosung zu ändern, weil ein Kugelstoßer nicht auf dem gewünschten Platz stand»; wenn Primo partout «mit einem benzingetriebenen Fahrzeug hinter dem ersten italienischen Geher» hertuckern wollte. 1991 schrieb Henze seinen Abschiedsbrief an den FISU-Boß, doch über die EAA blieb ihm der Dämon erhalten. Auch dies ist eine der Abstrusitäten mit den Multifunktionarios: Wohin einer gehen mag, der seinen Frieden sucht, die Strippenzieher sind schon da.

Nach dem Eklat von Paris 1995 geschah Erstaunliches. Erstmals muckte die Basis auf. Jene Biertisch-Funktionäre, die sich über die Jahre willfährig durch alle Entscheide der Leichtathletik hatten treiben lassen wie die Lämmer über die Osterweide, sie mochten nicht mehr. Natürlich war es ein Neuer, der den Umschwung brachte. DLV-Chef Helmut Digel fand für den allgemeinen Ekel eine präzise öffentliche Formulierung: «Dirty games» habe der Verbandsboß in Paris betrieben, ein schmutziges Spiel wie schon so oft.[33] Die Empörung hatte Signalfunktion. Der Puertorikaner Amadeo Francis schrieb Henze: «Verlassen Sie sich darauf, daß meine

Manipulator?
«Es gibt Gerüchte über Stimmenkäufe, bei denen ungeheure Summen im Spiel sein sollen. Wenn dies stimmte, wäre es das Ende der Demokratie.» So kommentierte Helmut Digel, der deutsche Leichtathletikpräsident, die Wahlen zum IAAF-Council im August 1995 in Göteborg. Gemeint war wohl Weltpräsident Primo Nebiolo. Dieser hatte zum Beispiel das Problem seiner Wiederwahl schon vorher im Fluge gelöst. Bereits im Mai war er nach Kuwait gejettet, denn dort hatte sich ein Herr Eisa Al Dasthi erdreistet, seine Kandidatur gegen Nebiolo bekanntzugeben. Nebiolo machte dem IOC-Mitglied Scheich Ahmad Al-Sabah seine freundliche Aufwartung, und bald darauf pfiff dieser den übermütigen Al Dasthi zurück. Müßig zu erklären, daß Nebiolo daraufhin in Göteborg einstimmig siegte.

107

Kollegen im IAAF-Council sich schon in naher Zukunft ganz aggressiv um die notwendigen Korrekturen bemühen werden. Es mag zwar viel verlangt sein von einem Gremium, das in jüngster Zeit mehr unterwürfig denn durchsetzungsfähig war, aber man kann doch hoffen, daß der Wind sich dreht.» Markante Proteste kamen aus Finnland, Norwegen und Holland, dessen abgeschobenes EAA-Mitglied Anny Schmitz schrieb: «Die Wahrheit muß gesagt werden. Die Hand des allmächtigen IAAF-Präsidenten war deutlich spürbar. Die IAAF hat sich deutlich bemüht, die Kräfteverhältnisse im europäischen Verband zu ändern.»

Hemmungslos aber ging Jose-Maria Odriozola mit Primo Nebiolo und dessen IAAF-Büroleiter und rechter Hand Istvan Gyulai ins Gericht. Öffentlich zieh Spaniens Verbandschef den Italiener der Bestechung von Funktionären und der notorischen Mißwirtschaft mit Verbandsgeldern im Interesse der Selbstlobby. Odriozola deckte auf, daß Primo 22 Verbandschefs aus ost- und südosteuropäischen Ländern kurz vor der EAA-Sitzung in Paris nach Budapest geladen, verköstigt und auf die kommende Wahl eingestimmt habe: Alles «inklusive Flugreisen, Kost, Logis und Tagesspesen» sei zu Lasten des IAAF-Haushalts gegangen, berichtete die italienische Tageszeitung «Il Messagero». Sportförderung nach Art der Sportbarone. Über die erwirtschafteten Vermögen lassen sich, dreist verpackt als Subventionen, Entwicklungshilfe oder Tagungsspesen, die Stimmen jener Funktionäre kaufen, die entweder nur den erreichten Status als Reise- und Kongreßdiplomat des Weltsports auskosten oder selbst einmal am großen Rad mitdrehen wollen. Daß Nebiolo in diesem Spiel ein Großer ist, hat ihm der Spanier Odriozola brieflich attestiert: «Seien Sie sicher, daß Sie mich niemals werden kaufen können.»[34]

Nebiolo Napoleone hat die Leichtathletik in eine fernsehkompatible Rekord- und Eventschmiede umgemodelt, in ein Subunternehmen der Sportartikelindustrie. Der Betrieb boomte in den achtziger Jahren, weil er Weltmeisterschaften einführte und den Rhythmus bald auf zwei Jahre verkürzte. Aus England, dem Land des Fairplay, siedelte der florierende Weltverband 1993 ins Steuerparadies Monaco um. Den Einwand von IAAF-Schatzmeister Robert Stinson, daß der Umzug nach Monte Carlo doppelt so teuer käme wie die Londoner Lösung, bügelte Sonnenkönig Primo vor versammeltem Gremium ab: «Es ist nicht ihr Job, andere Vorschläge zu machen. Es wird abgestimmt.»

Der Aufschwung, der bisher über 340 Millionen Mark in die IAAF-Kassen schwemmte, steigerte die Versuchung der leichten Athleten, zu unsauberen Mitteln zu greifen. Unter Nebiolos Regentschaft platzten Dutzende von Dopingaffären, vom Fall Johnson bis zum Fall Krabbe. Mehr und mehr Trainer in aller Welt beklagten den körperlichen Raubbau an ihren Athleten. Nebiolo klagt nur, wenn sie sich beim Dopen erwischen lassen. Denn Doping hält er für eine ganz schlimme Sache: «Die Trauer, die ich fühle, wenn diese Champions einen großen Fehler machen, ist so groß wie die eines Vaters, der sieht, daß der Sohn oder die Tochter einen Fehler gemacht hat.»[35]

Einer wie er muß ständig seine Legionen zusammenhalten. Dabei hilft nur ein Netzwerk aus Ämtern und Pöstchen. Dicht muß es sein und weltumspannend, auf daß sich die Spuren der

«Havelange, Samaranch und andere Persönlichkeiten stehen an der Spitze angesehener Sportorganisationen, weil sie sich dieser Herausforderung auf eine ganz spezielle Art und Weise stellen. Und dieses Geheimnis ist ganz simpel: Sie arbeiten hart und konsequent, jeden Tag zehn, zwölf Stunden lang. Sie bringen für ihre Sache Opfer, verzichten auf einiges. Und sie haben viel Phantasie, die ist ganz wichtig.»
Primo Nebiolo

Fehltritte leicht verwischen lassen. In Italien war Nebiolo nach dem Evangelisti-Skandal erledigt, im Ausland nicht. Wer erfuhr davon schon in den exotischen Kleinstaaten? Primo war IAAF-Boß, und er war in Samaranchs Sinne Chef des Verbandes der Olympischen Sommersportarten (ASOIF). Als dieser wachte er bereits jahrelang darüber, daß die Verbände dem IOC gegenüber nicht allzu fordernd auftraten. Im Gegengeschäft war Samaranch zur Stelle, als sein Kompagnon nach dem Evangelisti-Betrug im Schlamassel steckte. Dem Finnen Peter Tallberg, Chef des Segelverbandes und IOC-Mitglied, war die ASOIF-Führung angetragen worden. Samaranch wirkte auf Tallberg ein, Nebiolo noch eine Chance zu geben. Viel weist darauf hin, daß Samaranch auch die zweite Kandidatin für Primos ASOIF-Nachfolge, Prinzessin Anne von England, verhindern half. Aufs neue gestärkt, erledigte Unterschriften-Profi Nebiolo den Rest selbst.

Samaranchs Motive liegen auf der Hand: Er fürchtete eine Umverteilung der Fernsehgelder. Nebiolo hatte nämlich, zu Lasten seiner Funktion als Leichtathletik-Weltchef, das Spitzenamt bei der ASOIF mit dem Versprechen ergattert, daß unter seiner Regie allen Verbänden gleich viel Geld aus dem olympischen Topf zukommen werde. Den Bogenschützen soviel wie den Leichtathleten – ein Verrat an seinem Amt als Präsident der olympischen Königsdisziplin.

Solcher Absolutismus hat zur Folge, daß über die Verwendung der riesigen Millionenbeträge verbandsintern kein klarer Aufschluß herrscht. Weder im IOC noch in IAAF oder FIFA gibt es faktisch unabhängige Kontrollorgane; die intern gebastelten Schatzämter aber wären eingehender

Prüfungen wert. Ein hübsches Beispiel für eine offenbar recht privat gestaltete Anlagepolitik liefert Nebiolos monegassische Stiftung International Athletic Foundation (IAF). Die Gründungsgeschichte der Einrichtung liegt weitgehend im dunkeln, Nebiolo raunt gern, daß die «Sache anonym bleiben» müsse, «weil die Stifter es so wollen». Dabei herrscht kein Zweifel daran, daß als Gründungsstifter Koreas Olympiaveranstalter von 1988 herhalten mußten, denen Primo für die Verschiebung der Leichtathletik-Startzeiten 20 Millionen Dollar abgepreßt haben soll.[36] 20 Millionen betrug auch das Startkapital der Stiftung, die offensichtlich mehr Geld für Galadiners ausgibt als für die Athleten. Eben für die eigentliche Sportförderung.

«Den Vatikan, den Samaranch geschaffen hat, kann man zu Recht als Vatikan des Sportplatzes bezeichnen.» Prälat Nebiolo quillt zwar das Herz über, wenn er an den IOC-Boß denkt. Trotzdem dürfte er schlechte Karten haben, dessen Nachfolge anzutreten. Obwohl ihm Samaranch in vielem wesensverwandt erscheint, hofiert der ihn nur, weil er den Machtkampf mit dem Skrupellosen scheuen muß. Der Leichtathletikchef hat sich über die Ausweitung des Wettkampfkalenders einigermaßen unabhängig von Olympia gemacht. Ein lästiger Gegenspieler also, der notfalls erpressen kann.

Man läßt den Dottore walten. Die Bewegung übertrug ihm wichtige Aufgaben: Er überwachte Atlantas Sportstättenbau. Der Fuchs im Hühnerstall? Eine große olympische Idee jedenfalls zu einer Zeit, da gegen den Kontrolleur wegen der Stadionbauten in Rom eine Anklage lief. Göteborgs Zeitung «Aftenposten» bezeichnete ihn ungeniert als Mafiosi. Mit Recht? Zum Gastspiel

Wahlbetrug?
Christopher Winner, ehemaliger Sprecher des Weltleichtathletik-Verbandes IAAF, hat seinen Dienstherren Primo Nebiolo im Dezember 1995 des Wahlbetrugs bezichtigt: Nachdem die Auszählung zu den Weltleichtathleten des Jahres 1994 beendet war und Winner Nebiolo die Liste vorgelegt hatte, soll der Italiener gestöhnt haben: «O nein, nicht schon wieder diese Engländerin.» Gewonnen hatte die Hürdenläuferin Sally Gunnell. Zehn Tage später erhielt Winner 30 weitere Stimmzettel, allesamt mit einer Handschrift geschmückt, allesamt für die Amerikanerin Jackie Joyner-Kersee ausgefüllt. Obwohl der Einsendeschluß vorüber war, wurde Winner aufgefordert, die Stimmen in die Wertung zu bringen. «Dafür schäme ich mich heute», sagte Winner der Zeitung «US today». Weltleichtathletin des Jahres 1994 wurde Jackie Joyner-Kersee. IAAF-Generalsekretär Gyulai hat Winners Betrugsvorwürfe indes als «kindisch» abgetan.

111

der Berliner Philharmoniker 1993 in Lausanne erschien Nebiolo in Begleitung von Giulio Andreotti. Italiens ehemaliger Premierminister, der damals bereits unter Mafia- und Mordanklage stand, war sein persönlicher Olympia-Gast.

Nebiolos Puppen jedenfalls zittern. Sie zittern vor dem Tag, an dem er vor ihnen stehen wird und die gefürchteten Worte spricht: «Mein Freund, heute komme ich zu dir und brauche deine Hilfe.» – Marlon Brando knurrte diesen Satz in seiner Oscar-Rolle als «Der Pate». Es sieht aus, als ob die Sentenz in wesentlichen Teilen zum Geschäftsprinzip des Weltsports wurde.

Der dunkle Don – Mario Vasquez Rana

Die olympische Familie war entzückt. Zwar hat sie schon allerhand erlebt in Sachen Prunk und Pomp. Doch dieser Erlebniskonvent am sandigen, von Palmen umrankten Gestade des Pazifischen Ozeans setzte dem glanzvollen Kongreßtourismus noch eins drauf: Rosafarbene Flamingos stolzierten durch die ausufernde Pool-Landschaft des Acapulco-Princess-Hotels, Wasserfälle plätscherten, sacht schaukelte eine Hängebrücke unter den Füßen des Gastes im Schatten der drei riesigen Hoteltempelbauten. Kellner flitzten und Büffets bogen sich. Zum Barbecue mit Mexikos Staatspräsident Carlos Salinas de Gortari, der in der Privatmaschine eines einheimischen IOC-Mitglieds herbeigeschafft worden war, drehten sich Folkloretänzer im Kreise, feurig ratschten die Gitarren der Mariachis.

Den Höhepunkt dieses einwöchigen rauschenden Festes im Süden von Acapulco bildete der Besuch auf dem Anwesen eines mächtigen Gönners. In den Felsen übers Meer gemeißelt, mit silberbeschlagenen Türen und pretiosenbefrachteten Wohnsälen, deren Geräumigkeit es gestattete, 800 Menschen zu empfangen. Die Ehre gaben sich dort Olegario Rana, der stolze Hausherr, sowie dessen Bruder Mario, Mitglied des IOC und Chef zahlreicher anderer Sportgremien. Der Rest der Anwesenden staunte, schluckte und staunte weiter.

Mario Vasquez Rana
geboren am 7. Juni 1932, verheiratet, fünf Kinder. Medienunternehmer (etwa 50 Tageszeitungen, darunter die Sportzeitung «Esto»), gilt als einer der reichsten Mexikaner. IOC-Mitglied seit 1991. Olympiateilnehmer im Sportschießen 1972 in München. 1969 bis 1979 Präsident der mexikanischen und amerikanischen Schützen-Vereinigungen. Seit 1974 Präsident des mexikanischen NOK. 1975 Präsident des panamerikanischen Sportkomitees PASO. 1979 Präsident der Vereinigung der Nationalen Olympischen Komitees ANOC.

113

Auch so läßt sich wirkungsvoll Sportpolitik betreiben und sogar aufrichtig: Was zählt in diesem Geschäft, ist die Sprache des Geldes, und davon haben die mexikanischen Millionarios im Überfluß. Ein Umstand, der es Mario Vasquez Rana stets erspart hat, richtige Worte finden zu müssen. Der Latino mit der dunkelbebrillten Leibgarde kontrolliert zwar unter anderem Mexikos Medienmarkt, doch der beiden Weltsprachen Englisch und Französisch, die eigentlich vorgeschrieben sind im gehobenen olympischen Dienst, ist er nicht mächtig. Auch fand, was Mario Vasquez Rana dem Weltsport bislang in seiner Muttersprache Spanisch mitzuteilen hatte, nie gebannte Zuhörer oder Eingang in die olympischen Annalen. Aber darum geht es nicht. Mario Vasquez Rana ist ein Mann der Tat. Und reich genug, um sich die fünf Ringe über die Finger zu streifen wie Talmischmuck.

Don Mario, dem Sportbaron, huldigen mehrere Dutzend eigene Zeitungen, dazu Fernseh- und Rundfunkstationen. Olegario und die übrigen Rana-Brüder kümmern sich um weitere Familienbesitztümer, darunter eine Fluggesellschaft und eine Möbelfabrik. Viele, die nicht unmittelbar unter ihm arbeiten müssen, bezeichnen Don Mario als gar nicht so üblen Burschen. Relativ schlicht und eher kumpelhaft sei er, so klingt es meist durch. Don Mario kommt aus dem Schießsport, und Bruder Olegario ist heute der Präsident der Weltschützen-Union UIT.

Es zählt zu Don Marios Leidenschaften, im Privatjet um den Planeten zu düsen und sich unterwegs mit allerlei wichtigen Leuten auszutauschen. Weil ihm viel liegt an diesen privaten Glücksmomenten, läßt er gern auch die anderen daheim dran teilhaben. So wird er in fremder

Herren Länder von Fotografen begleitet, und Begegnungen mit den Großen der Welt läßt er in Bild und Ton festhalten. Selbstverständlich durfte Rana auch schon in Bonn seine Aufwartung machen. Der damalige Bundespräsident Richard von Weizsäcker empfing Don Mario nebst Gefolge, Berlin wollte schließlich Olympiastadt 2000 werden. Kameras klickten und Bänder surrten, dann zog die Karawane weiter. Das historische Material aber wird in Alben gebunden, zwei Bände liegen dem Vernehmen nach schon vor.

Abseits solch schwereloser Freuden macht der Don massiv Politik. Spitzenämter im mexikanischen NOK und bei den Schützen machten einst nicht viel her, doch als 1979 die Vereinigung der Nationalen Olympischen Komitees ANOC gegründet wurde, saß Don Mario flugs im Sattel. Er wurde Präsident, woran sich bis heute nichts geändert hat. Dabei greift er, wenn es um die Wiederwahl geht, auch mal in die eigene Tasche, um den einen oder anderen NOK-Vertreter aus der Dritten Welt zum Ort der Kür einfliegen zu lassen. In Benin, Togo oder Burkina Faso sind die Mittel zur Sicherstellung des Weltsports knapp. Was wiegen dagegen goldene Worte? Rana bezahlt, da wird er wohl auch bestimmen dürfen.

Das wiederum ist wichtig für Samaranch. Sportbaron Rana gilt nicht als undurchschaubarer Stratege, und er schmückt sich gerne mit allem Olympischen, dessen er habhaft werden kann. Vor allem, wenn es der IOC-Präsident persönlich ist, an dessen Seite er durch die Länder tourt. Über den treuen Don lassen sich so geschickt die knapp 200 NOKs in der Welt kontrollieren. Die nämlich drohen zunehmend bockig zu werden. Beispielsweise, als sie feststellen mußten, daß ein großer Teil von ihnen aufgrund notorisch un-

«In dieser Welt der ausufernden Ereignisse, lauten Töne, schrillen Schlagzeilen und penetranten Selbstdarsteller ist der Geist nicht erwünscht.» Hans Lenk – Olympiasieger 1960, Ordinarius für Philosophie an der Uni Karlsruhe – 1995 in der «FAZ»

Olegario Vasquez Rana
geboren am 10. Dezem-
ber 1935, verheiratet,
drei Kinder
IOC-Mitglied seit 1995,
u. a. Mitglied der Finanzkommission.
Unternehmer (Möbel-
und Elektrogerätekette,
Banken, Immobilien), soll
noch reicher sein als Bruder Mario.
Olympiateilnehmer im
Sportschießen von 1964
bis 1976, ehemaliger
Weltrekordhalter mit dem
Luftgewehr.
1975–1992 Präsident,
seither Ehrenpräsident
der Mexikanischen Schüt-
zen-Union, seit 1980 Prä-
sident des Welt-Schützen-
bundes UIT. Seit 1987
Mitglied des ASOIF-
Councils.

spektakulärer Leistungen ihrer Athleten aus dem olympischen Eliteprogramm gekegelt werden soll. Andererseits sind sie bedeutend als Stimmvieh in der olympischen Sportpolitik – was das beharrliche Bemühen des IOC erklären hilft, laufend neue NOKs von Bhutan bis zu den Jungferninseln anzuerkennen. Und schließlich verteilt das IOC den Millionen-Reibach aus den Spielen über Ranas ANOC an die einzelnen Länder. Hilfreich ist da bei Unstimmigkeiten, wenn man einen Vertrauten mit absoluter Machtfülle zur Seite hat.

Der olympische Sport unter Samaranch braucht Funktionäre wie Don Mario. Daß der wiederum den ANOC-Job nur für seine Fotoalben braucht, wäre deutlich zu tief gegriffen. Nein, Don Mario will Samaranch beerben, wie er selbst offenbarte im Herbst 1995 in Havanna. Dort, auf Besuch bei seinem alten Kumpel Fidel, sprach er zu den Reportern: «Es wäre nicht ehrlich von mir, nicht zuzugeben, daß ich gerne IOC-Präsident würde, wenn Samaranch seinen Rückzug beschließen sollte.»

Nun ist es unüblich, solche Absichten in die Öffentlichkeit zu posaunen. Mithin läßt der Vorgang nur zwei Schlüsse zu: Entweder gab Don Mario die Ankündigung in wohlüberlegter Absprache mit Samaranch, damit der wie die Spinne im Netz das Umfeld nach Reaktionen abtasten und mögliche Rivalen ausfindig machen kann, bevor er sich 1997 selbst wieder zur Wahl stellt. Oder Rana tat es wirklich ohne jedes Kalkül – es gibt nicht wenige, die ihm das zutrauen. Denn Don Marios Vertrauen in die Allmacht der Moneten dürfte ziemlich unerschütterlich sein.

Gute Gründe für diese Annahme hätte er. Zählte er einst doch zu Samaranchs Wahlhelfern hinter den Kulissen. Als Medientycoon hatte er die Mittel und den Apparat dazu. Der Dank kam mit einiger Verzögerung. Denn Don Mario wollte unbedingt ins IOC, dessen Mitglieder sich heftig dagegen wehrten. Also mußte der schnauzbärtige Mexikaner von seinem IOC-Paten regelrecht hineingeboxt werden. Der erste Versuch 1984 schlug fehl. Fürsprecher Samaranch zuckte damals eilig wieder zurück, als er der Gefahren einer Abstimmungsniederlage gewahr wurde. Doch die Aussicht, über den Medientycoon nicht nur die ANOC, sondern auch den zentralamerikanischen Markt zu beherrschen, war wohl zu verlockend. 1991 hatte es Samaranch endlich geschafft, wenn auch mit Blessuren für Rana. Das Wahlergebnis, mit dem der ins IOC eintrat, legte entlarvend Zeugnis ab für die stille Überzeugung der Mitglieder: Dreizehn Ja-Stimmen, zehn dagegen – und etwa sechzig Enthaltungen.

Er sei glücklich mit seiner Rolle in der olympischen Welt, sagte Rana nach der Inthronisation. Höhere Ziele wie die IOC-Präsidentschaft strebe er nicht an. Nun haben sich die Dinge gedreht: Don Mario will Boß werden, was kümmert ihn sein Geschwätz von gestern? Der Gipfel ist nahe, und der Don hat nur die kurzen Wege im Auge. Diplomatie überläßt er sensibleren Gemütern, dies hat er zuweilen eindrucksvoll demonstriert. Etwa, als es um die olympische Rentenerhöhung in Budapest 1995 ging. Da war er mit Nebiolo und Havelange Haupteintreiber der Unterschriften. Einige IOC-Leute gemahnte Don Marios Gebaren offenbar an die Art, in der einst wortkarge Gesellen mit Gamaschen und Borsalino ihre Schutzgelder einzutreiben pflegten. Ein südamerikanisches Mitglied klagte gar, man

Wie wichtig eine funktionierende Freundschaft ist, haben die Rana-Brüder im Ränkespiel des Weltsports nicht erst einmal bewiesen. Durch beste Beziehungen zu Samaranch sind die Mexikaner nicht nur ins IOC gelangt, sie haben auch ihrer arg darniederliegenden Sportart «Sportschießen» einen Platz im olympischen Programm gerettet. Schießen, zwar seit den ersten Spielen in Athen im Programm, drohte zu erstarren an unübersichtlichen Regeln, Wertungen und Disziplinen. Das hat sich zwar kaum geändert, aber die Gefahr der Verbannung ist längst gewichen. Olegario Vasquez Rana sicherte sich seine Wiederwahl als Weltschützenpräsident dank des Versprechens seines Freundes Samaranch: «Die olympische Zukunft des Schießsports ist für die nächsten dreißig Jahre gesichert.» Wie man hört, verstehen sich auch die Ehefrauen der Spitzenfunktionäre glänzend.

habe ihm gedroht, ihn in der panamerikanischen Sportorganisation PASO auszumanövrieren, wenn er nicht unterschreibe. Auch der PASO präsidiert Don Mario.

Nun also zielt sein Trachten auf die Machtübernahme im IOC. Und dies mit operettenhafter Dramaturgie, denn seit 1995 hat das widerspenstige IOC nun schon den doppelten Don: Nach Mario wurde plötzlich auch Olegario Mitglied der olympischen Kaste. Gern erinnert sich die IOC-Familie an jene unbeschwerten Novembertage 1992 in Olegarios Häuschen über dem Meer. Das tun auch die Ranas, die nun das Privileg genießen, erstes Familiengespann im Olymp zu sein. Don Mario und Schützenkönig Olegario, Erbkandidaten Samaranchs. Männer der Tat, die Geld machen und nicht so viele Worte.

Häuptling Ekwueme – Joao Havelange

Achtzig Jahre? Kein Problem. Nicht für den kreglen Greis. Pro Tag schwimmt er zwei Kilometer und geht zehn zu Fuß oder umgekehrt, dazu lenkt er ein weitverzweigtes Firmenimperium, betreut die Enkelkinder und opfert nebenbei 300 Tage pro Jahr fürs Ehrenamt. Allerdings wurde noch nie näher überprüft, wie viele Stunden ein Tag im Leben des Joao Havelange tatsächlich hat. Es gibt nur wenige, die sich im Leben Havelanges genauer umgesehen haben.

Liegt es an diesem ehrfurchtgebietenden Auftreten? Mehr als alle anderen Sportbarone schöpft Havelange Seriosität und Glaubwürdigkeit aus einer patriarchalischen Ausstrahlung. Ein klassischer Grandseigneur, der lange Charakterschädel mit dem kräftigen Cäsarenkinn begünstigt diesen Zug. Dazu schweres Blut. Hypnotische Überzeugungskraft wird ihm nachgesagt. Auch sein Freund und beständiger Rivale im sportpolitischen Muskelvergleich, IOC-Kollege Samaranch, hat reichlich davon profitieren dürfen. Havelange gilt als begnadeter Stimmenbeschaffer.

Der Präsident des Fußball-Weltverbandes (FIFA) lacht nie in der Öffentlichkeit. Typisch brasilianisch ist das nicht. Einer typischen Fußballerfamilie entstammt der Chef des weltgrößten Volkssports auch nicht. Im Gegenteil. Der alte Faustin Havelange, Waffenvertreter für bel-

Jean Marie Faustin Godefroid Havelange geboren am 11. Mai 1916 in Rio de Janeiro, verheiratet, eine Tochter. Rechtsanwalt, Unternehmer (Transport, Versicherungen, Medien), gilt als einer der reichsten Männer Brasiliens. IOC-Mitglied seit 1963. 1936 Olympiateilnehmer im Schwimmen, 1952 im Wasserball. Verschiedene Funktionen im Schwimmen und Radsport. 1958 bis 1973 Präsident des brasilianischen Sport-Dachverbandes. Seit 1974 Präsident des Welt-Fußballverbandes FIFA. Träger zahlreicher Doktorhüte und mehr als 50 hoher staatlicher Auszeichnungen, u.a. des vom nigerianischen Diktator Sani Abacha verliehenen Ehrentitels «Ekwueme».

Der eher wortkarge Fußballfürst Havelange gewährte im Frühjahr 1994 den angesehensten europäischen Sportzeitschriften eine Audienz. Auszüge aus dem Protokoll des Züricher «Sport»:

Reiselust: Havelange hat mit Ausnahme Afghanistans und Samoas jedes Mitgliedsland der FIFA (168) mindestens dreimal besucht.

Vaterliebe: Als kleiner Junge habe er Ohrfeigen kassiert, wenn er den Respekt vermissen ließ. Und so habe er auch dem Fußballidol Pelé eine Ohrfeige verpaßt und ihn von der WM-Auslosung 1994 ausgeladen. Doch Pelé sei nicht verloren – im Herzen Großvater Havelanges ist immer ein Platz reserviert für den größten Fußballer aller Zeiten.

gische Gewehrfabriken, wußte den kleinen Joao viel lieber in den Bädern von Fluminense, im Schatten des Zuckerhuts, beim Schwimmen und Wasserballspiel. Havelange plantschte mit solcher Hingabe, daß er es zum zweifachen Olympiateilnehmer brachte: 1936 in Berlin war er als Schwimmer dabei, 1952 in Helsinki als Wasserballer.

Im richtigen Leben studierte Havelange Jura. Er wurde Geschäftsführer einer Transportfirma in São Paulo, Jahre später Präsident einer kleinen Omnibusfirma. Nebenbei machte er als Sportfunktionär Karriere. Dank seinem Prestige als Wasserballer avancierte Havelange 1958 zum Präsidenten des brasilianischen Sportverbandes CBD. Von dem sollte sich später die CBF abspalten, der brasilianische Fußballverband.

Havelange kam im günstigsten Moment. Im Jahr, als der Stern eines gewissen Edson Arantes do Nascimento aufging, Pelé genannt, und den halben Subkontinent mit dem Gewinn der ersten Fußball-WM 1958 in wochenlange Freudentaumel stürzte. In Havelanges Ära, unter Pelés Regie gewann Brasilien auch die WM-Titel 1962 in Chile und 1970 in Mexiko. Das ermutigte zu höheren Ansprüchen. Mit diskreter Schubkraft von Adidas' Horst Dassler, der ihm Coca-Cola als WM-Sponsor besorgte, dank einer karnevalistischen Werbetournee mit Pelé und Co. durch die Dritte Welt, der er die Aufstockung der WM von 16 auf 24 Teilnehmer verhieß, nicht zuletzt aber mit Unterstützung der Militärdiktatur in Brasilia, deren Auslandsbotschaften ihn als Mann des Systems propagierten, schaffte Havelange 1974 den Sprung auf den Stuhl des FIFA-Präsidenten. Den hält er, nach Tradition der Sportbarone, bis heute inne. Bestürzung ergriff die FIFA-Funktio-

näre, als die erfuhren, daß Havelange ein Haupt-
betreiber der IOC-Rentenerhöhung bei der Session 1995 in Budapest war. Das Signal verstand
jeder: Aufgepaßt, auch meine Zeit im Sport ist
lange nicht abgelaufen.

1974, als Havelange auf den FIFA-Thron
wechselte, offenbarte die Kasse seines brasilianischen Fußballverbandes ein derart voluminöses
Millionenloch, daß einflußreiche Kräfte in Brasilia darauf drängten, ihm die bürgerlichen Rechte
zu entziehen. Militärdiktator Ernesto Geisel verhinderte den Prozeß, um das Image des Regimes
im Ausland nicht weiter zu belasten; immerhin
war Havelange nun Herr über die schönste Nebensache der Welt. Brasiliens Fußballszene aber
hat sich nie erholt. Zudem blieb ihr der Übervater
Havelange erhalten, seit 1986 in Gestalt Senhor
Ricardo Texeiras. Der ist sein Schwiegersohn.
Vor zehn Jahren, so publizierte ein brasilianisches
Magazin, habe Havelange 180000 Dollar be-
rappt, damit sich die Landesfürsten des nationalen Fußballverbandes bei der WM in Mexiko ver-
gnügen konnten, um zum Dank Monate später
Texeira ins Amt zu hieven.

1994, vor der Fußball-WM in den USA, rückte
Texeira gar in die FIFA-Exekutive auf – was er-
staunte, wenn man die Früchte seiner nationalen
Verbandsarbeit betrachtet. In Brasilien sind die
Mißstände eskaliert. Korrupte Funktionäre und
Schiedsrichter, schlägernde Profis, Mord und
Totschlag in den Stadien von Santos bis Botafogo
gehören zum erschreckenden Alltag im Lande des
vierfachen Fußball-Weltmeisters. Die Topstars
arbeiten fast alle in Europa oder Japan. Trotz der
Sonderklasse ihrer Athleten haben es Havelange
und Texeira über Jahrzehnte nicht geschafft, den
Sport aus der Umklammerung von Elend und

Freunde
Wie die renommierte Zü-
richer Wochenzeitung
«Sport» berichtete, wurde
Ricardo Texeira vor weni-
gen Monaten von Chung
Mong Joon die Hyundai-
Generalvertretung für
Brasilien übertragen. Der
Südkoreaner Chung ist
Präsident des asiatischen
Fußballverbandes und Vi-
zepräsident der FIFA, zu-
gleich rührt er die Werbe-
trommel für die WM
2002 in Südkorea. Ri-
cardo Texeira ist Schwie-
gersohn von FIFA-Präsi-
dent Havelange. Gute
Freunde unter sich.

Gegner
Brasiliens Fußballidol
Pelé, dreifacher Weltmei-
ster und Sportminister
Brasiliens, über seinen
Kampf gegen die Korrup-
tion und sein Verhältnis
zur Familie Havelange/
Texeira: «Korruption gibt
es überall auf der Welt.
An einigen Orten mehr,
an anderen weniger.
Aber es gibt sie, das ist
klar. Ich werde die Ver-
gangenheit mit meinem
neuen Amt nicht in Ver-
bindung bringen. Als
Sportminister hat für mich
ein neues Leben begon-
nen. Ich hege gegen nie-
manden irgendwelche
Rachegelüste. Wichtig ist,
daß wir in Zukunft gründ-
lich arbeiten und den
Sport moralisieren.»

Korruption zu befreien. Die Hälfte der Profis dümpelt am Existenzminimum von 160 Dollar, der Begriff Fußballspieler wurde zum Synonym für Tagdieb.

Doch für Havelange gab es Schlimmeres. Es begann mit Pelés Strafanzeige gegen Texeira. Pelés Sportvermarktungsagentur hatte sich 1993 um die brasilianischen TV-Übertragungsrechte für die WM in Amerika bemüht. Texeiras Leute hätten ihm geraten, so tat der Volksheld kund, eine Million Dollar auf ein Schweizer Konto zu überweisen, sofern er den Zuschlag wünsche. Es kam zum Eklat. Texeira drohte eine Verleumdungsklage an, auf die Pelé bis heute wartet.

Der Bruch mit Pelé, jenem Mann, in dessen Sog er zum Sportbaron aufgestiegen war, brachte auch für Havelange die Wende. Er hatte sich erstmals überschätzt, indem er sich wie ein Halbgott vor seinem Zögling Ricardo aufbaute. Havelange drohte, Pelés Namen aus den Fußball-Annalen zu tilgen. Und Ende 1993 in Las Vegas, bei der weltweit ausgestrahlten Gruppenauslosung für die WM 1994 in den USA, strich er Stargast Pelé aus dem Programm.

Das war eine Demütigung nicht nur für Brasilien, sondern für die Fußballgemeinde weltweit. Havelange hatte den Bogen überspannt. Sein Nimbus begann so heftig zu bröckeln, daß es die in der UEFA organisierten europäischen Verbände wagten, einen Gegenkandidaten auszugucken. Die Chance zum Putsch schien günstig, nur vier Monate nach dem Eklat standen Präsidentschaftswahlen in der FIFA an. Doch nun rächte sich die verinnerlichte Praxis des Kopfnickens und Applaudierens – es fehlte an einem fähigen Gegenkandidaten. Nachdem einige Verbandschefs wie der Deutsche Egidius Braun abgelehnt hatten, ließ sich der Italiener Antonio Matarrese vorschicken. In der Züricher FIFA-Zentrale war indes auch der getreue Generalsekretär Joseph Blatter auf eine verwegene Idee verfallen: Sollte er antreten gegen den Chef, sollte er den Dolch aus dem Gewand holen?

Dem Verwalter fehlte die Hausmacht. Es kam gar nicht so weit. Hinter verschlossenen Türen nahm Havelange seine Pappenheimer erst ins Gebet («Wollt ihr mich wegen Pelé aufhängen?») und dann in die Arme. Er versprach die Aufstokkung des WM-Endturniers um weitere acht auf 32 Teams. So durfte jeder der sechs Erdteilfürsten ein Geschenk mit nach Hause nehmen, während Havelange der Öffentlichkeit ein Kommuniqué verlas: «Die Präsidenten der fünf Kontinentalverbände und Ozeaniens unterstützen einstimmig die Kandidatur von Doktor Joao Havelange.» Die Lunte war ausgetreten.

Dabei hatte Havelange nur die alte Kaninchen-aus-dem-Hut-Nummer neu aufgelegt. Das Versprechen, die Endrunde der Fußball-WM weiter aufzustocken, hilft zur Not aus jeder Klemme. Schließlich sind unter den 191 Mitgliedsländern die Stimmgeber aus Afrika, Asien und Ozeanien in der Überzahl gegenüber den 49 Voten aus dem modern strukturierten Europa. Unlängst stießen Tonga, Kirgistan und die Cook-Inseln hinzu.

Wenig Zweifel herrscht daran, daß sich 1998 der dann 82jährige Havelange erneut zur Kandidatur stellen will. Die verstörten Fußballfunktionäre setzten zunächst Demokratisierungskonzepte dagegen, Verbesserungsvorschläge mit dem hoffnungsfrohen Namen «Vision». Nur müssen solche Papiere erst durchs siebenköpfige FIFA-Dringlichkeitskomitee kommen. Drei der Mitglieder gelten als Havelange-Leute, womit

123

dank der Stimme des Chefs eine 4:3-Mehrheit garantiert ist.

Doch die Alleingänge des Greises, der zu wichtigen Entscheidungen allenfalls Sekretär Blatter
und einen ergebenen Vertrauensmann, Mexikos
Fußballboß und FIFA-Vize Guillermo Canedo,
heranzieht, wollen sich einige nicht länger gefallen lassen. Das diskrete Trio hat den Verband immerhin Unsummen gekostet. 1987 verschleuder-
ten sie, an Gremien und Ausschüssen vorbei, die
Weltmeisterschaften in Italien (1990), USA
(1994) und Frankreich (1998) im Paket an Fernsehen und Vermarkter – für nur 340 Millionen Franken. Die UEFA erlöst heute allein aus ihrer jährlichen Champions League für die Landesmeister
190 Millionen Franken.

So läuft der Weltfußball Havelange allmählich
aus dem Ruder. Der südkoreanische Stellvertreter
Chung Mong Joon will ihn beerben, 1995 ging
er erstmals zum Angriff über. In Seoul düpierte er
Havelange mit sezessionistischen Reden. Weil die
Fußball-WM populärer als Olympia sei, müsse
ihre Vermarktung genau überprüft werden: «Es
hat sich eingebürgert, daß die Entscheidungsfin-
dung über Marketing- und Fernsehverträge von
sehr wenigen Leuten hinter geschlossenen Türen
stattfand. Das muß sich ändern.» Auch UEFA-
Boß Lennart Johansson sammelt seine Legionen.
Er will gegen den Patriarchen in den Ring steigen.
«Wir denken, er sollte 1998 aufhören», meinte
Johansson. «Die großen Entscheidungen sollten künftig im FIFA-Exekutivkomitee getroffen werden.» Dem nach dem FIFA-Kongreß
zweithöchsten Verbandsgremium käme bislang
kaum eine Nebenrolle zu. Man treffe sich
ein-, zweimal im Jahr, ohne Einfluß nehmen zu
können. Was Johansson, der Havelange gar als

Diktator bezeichnete, so wurmt: «Die sechs Erd-teilverbände sind die FIFA. Nicht ein, zwei Leute über uns.»

Im Finanzreport für das Jahr 1994 hat Have-lange die Tür zum Maschinenraum seiner Macht einen Spalt weit geöffnet. Rund eine Million Franken wies der Report aus für die jährlichen Aufwendungen des Präsidenten und dessen Se-kretariat im fernen Rio. Ein Büro, das äußerst un-auffällig werkelt. Auch beziffert die Million nur grob Sichtbares, ein guter Teil davon wird etwa für «Geschenke» aufgewendet. Erklärungsbe-darf besteht vor allem, nachdem sich unlängst herausstellte, daß es im Dunstkreis des Welt-verbands diverse Briefkastenfirmen und -ge-sellschaften gibt. Der angeblich unabhängige Revisor der FIFA ist nach Schweizer Veröffent-lichungen zumindest einem hohen Angestellten des Hauses geschäftlich eng verbunden.

Der Ärger begann, nachdem Zürcher Zeitun-gen die Steuermoral des Topfunktionärs Blatter untersucht hatten. Der verdient seine geschätzten 800 000 Fränkli Jahressalär zwar in der Banken-stadt, versteuert sie aber weit günstiger in Appen-zell. Daß Blatter nicht mal die Adresse seines Erstwohnsitzes genau zu nennen wußte, machte die Rechercheure stutzig. Sie fuhren gen Appen-zell. Vor einem etwas brüchigen Wohnhaus endete die Reise. Ein Schuhgeschäft im Erd-geschoß, an den Briefkästen ein Dutzend Firmen-schilder mit FIFA-bekannten Namen. Der An-blick warf Fragen auf.[37]

Einige der Firmen, so ergaben die Recherchen, werden von Erwin Schmid geführt, dem Finanz-chef der FIFA. Die Kontrollfunktion darüber ob-liegt dem Zürcher Treuhänder Bruno Sutter, der zugleich selbst Briefkästen in dem Haus besitzt.

Verteidiger
«Ob die FIFA und Herr Havelange umstritten sind, kann ich nicht be-urteilen, weil solche Ein-schätzungen immer von außen kommen. Von mei-nen Erfahrungen her sind diese Vorwürfe unbe-gründet. Zumal ich darauf verweisen muß, daß alle, die Herrn Havelange jetzt teilweise massiv kritisie-ren, ihn bei einem FIFA-Treffen Anfang April 1994 darum gebeten ha-ben, weitere vier Jahre als Präsident weiterzuma-chen, und ihn somit aufs Schild gehoben haben.»
Joseph Blatter, FIFA-Ge-neralsekretär, 1995 in der «Frankfurter Rundschau»

125

Auch Brunos Vater Emil ist Treuhänder, und auch ihm eignen Postschlitze an derselben Adresse. Das ist pikant, denn Emil Sutters «Sutter Kontroll AG» ist zugleich offizieller Kontrolleur der FIFA. Im Finanzbericht 1990/1993 verbürgt sich der Revisor Emil Sutter für Millionenrechnungen des Fußballverbandes.

Ein bemerkenswertes Geflecht tat sich so auf im Schatten von Hochfinanz und Milliardendeals: Die FIFA, der größte Sportverband der Welt, wird von einem eher kleinen Treuhänder überwacht, den wiederum der eigene Sohn kontrolliert. Zudem ist der Sohn Prüfer der FIFA-eigenen Immobilien-AG sowie diverser Firmen, die dem FIFA-Finanzchef gehören. Einen exotischen Höhepunkt auf die Geschichte setzte FIFA-Kontrolleur Emil Sutter. Interviewt zur mysteriösen Briefkasten-Vielfalt, meinte er: «Unsere Firmen sind Sitzgesellschaften für Beteiligungen oder Liegenschaften und werden von Dritten betreut. FIFA-Finanzchef Schmid sitzt seit 20 Jahren in diesen Verwaltungsräten, die Land und Liegenschaften in Brasilien und Portugal halten.»[38] In Brasilien? Ein weites, wildes Land.

Über Havelanges Geschäfte jedenfalls zwischen Zuckerhut und Amazonas ist Näheres nicht bekannt. Er besitze ein Busunternehmen, halte Beteiligungen an Versicherungs- und Medienfirmen, heißt es allgemein. Die paar Fakten, die Brasiliens Medien zusammentrugen, hellen das diffuse Bild vom zivilen Broterwerb des FIFA-Chefs kaum auf. Reichtum wird ihm allgemein in punkto Einfluß attestiert. Ein Ring aus Geschäftsfreunden und Helfern umgibt ihn.

Das erste überlieferte Histörchen datiert von 1973, als eine portugiesische Firmengruppe unter Leitung eines ehemaligen Salazar-Ministers den

Großteil der brasilianischen Sprengstoff-Hersteller erwerben wollte. Havelange, damals schon zehn Jahre IOC-Olympier, verkaufte den brasilianischen Publikationen zufolge 51 Prozent seiner Firma Orwec Quimica und stieg als Aktionär bei einem Granaten- und Raketenhersteller ein. Über den beteiligte sich der hochdekorierte Sportpräsident am Verkauf von 80 000 Granaten an das Regime in Bolivien, das Diktator Hugo Banzer befehligte. Das Bombengeschäft wurde später Gegenstand einer Regierungsuntersuchung in Brasilia.

Für rechtsextreme Potentaten hatte Havelange stets ein Faible. Selbst aufgewachsen in der brasilianischen Diktatur, empfing er 1976 einen Orden von Argentiniens Gewaltherrscher Jorge Videla. Es war die Zeit der Stadtguerilla Montoneros. Bürgerkrieg herrschte am Rio de la Plata, rund 30 000 Menschen wurden gefoltert, verschleppt und umgebracht. Havelange aber übte damals die klassische Kunst des Sportbarons: Er trennte die Dinge. Fußball habe mit Politik nichts zu tun, so entschied er locker und beließ die WM 1978 trotz scharfer internationaler Proteste in Argentinien.

Carlos Alberto Lacoste war damals Vizepräsident des WM-Organisationskomitees, sein Chef war der General Carlos Omar Actis. Den armen Actis perforierte im August 1976 eine MG-Salve. Dummerweise wurde gegen Señor Lacoste wegen Mordes und Steuerhinterziehung ermittelt. Die Mordgeschichte verlief im Sande. Aus den anderen Ermittlungen, in denen es um verschacherte Eintrittskarten, illegal erworbene Grundstücke und Wohnungen ging, half Lacoste ein befreundeter Landsnachbar: Joao Havelange. Weil er den Rechercheuren einen Bankkredit nicht nachweisen konnte, mit dem er Ländereien in Uruguay rechtmäßig gekauft haben wollte, fand er in Havelange flugs einen angeblichen Kreditgeber über 500 000 Dollar. Und nebenbei einen wahren Gönner: Junta-Vizeadmiral Lacoste stieg in der FIFA zum Vizepräsidenten auf, bis ihn 1984 die Enthüllungen aus dem Amt trieben.

Zum guten Ton im Weltsport gehört eine gewisse Rechtslastigkeit, die Barone von FIFA und IOC beweisen es eindrucksvoll. Havelange, der beiden Gremien seit Jahrzehnten angehört, pflegt aber nicht nur in der Politik seltsame Freundschaften. An jenem Apriltag 1994, als er in Zürich den Zwergenaufstand der Kontinentalfürsten niederschlug, öffnete die Polizei in Rio de Janeiro vier Tresore eines Mannes namens Castor de Andrade. Der war Kopf des illegalen Glücksspiels «Bicho» landesweit und enger Freund des FIFA-Chefs. Im Bunker des flüchtigen Andrade fand die Polizei Disketten und Namenlisten. Vom Karneval 1993 im Sambadrom Rios etwa datierte eine pikante Freundschaftsadresse: «Logen für Dr. Joao Havelange, 17 640 Dollar». Polizei- und Presseberichten zufolge befand sich Havelange in bester Gesellschaft auf der Liste der Gefälligkeiten, die über 200 Namen von Journalisten, Schiedsrichtern und Funktionären umfaßte.

Für Rios Generalstaatsanwalt Antonio Biscaia stand fest: «Havelange, der FIFA-Präsident, erhält Geld aus dem illegalen Glücksspiel.» Ein Vorwurf, den weitere Tresorfunde nährten. So hatte Falschspieler Andrade bei seinen vielen Prozeßauftritten seit 1987 gern ein Empfehlungsschreiben Havelanges vorgelegt, in dem der Fußballboß dem Glücksspielchef eine ausgeprägte Bibelfestigkeit bescheinigte. Dumm nur, daß sich in Andrades Tresoren statt der Heiligen Schrift rätselhafte Belege über Geldtransfers ins kolumbianische Cali fanden. Dort sitzt der Welt größtes Kokain-Kartell, das Kolumbiens Fußball fest im Griff hat. Der nationale Verbandschef Bellini übrigens wurde Ende 1995 als Strohmann des Kartells überführt und verhaftet.

Zurück zum Sport, der ja ein sauberes Feld ist unter den latinischen Potentaten. Mit Samaranchs Thronzeremonien mißt sich Havelange gern, seine Revers pflastern mehr als 50 Orden. 1988 wurde er gar für den Friedensnobelpreis des darauffolgenden Jahres vorgeschlagen, den dann allerdings der Dalai-Lama erhielt. Im November 1995 aber dürfte der olympische Dinosaurier letzten Claqueuren die Augen geöffnet haben. Da bekam er in Lagos von Nigerias Militärdiktatoren unter Sani Abacha ein Verdienstkreuz um den Hals gehängt und öffentlich den Namen «Ekwueme» verliehen: Der Mann, der sein Wort hält. Das tat auch Abacha: Tags darauf ließ er, wie angekündigt, den Dichter Ken Saro-Wiwa und acht oppositionelle Bürgerrechtler vom Volk der Ogoni hinrichten. Viele Länder wechselten ihre Botschafter in Lagos gegen scharfe Protestnoten aus, Nigeria wurde aus der Commonwealth-Gemeinschaft suspendiert, die Europäische Gemeinschaft verhängte einen Sportboykott. Ekwueme Havelange aber verstaute seinen neuen Blechfummel und tat genau das kund, was sich Schlächter Abacha fraglos erhofft hatte: «Die Jugend-WM 1997 findet in Nigeria statt. Politik und Sport dürfen nicht vermischt werden.» Für Mord und Sport gilt das offenbar nicht.

Havelange mußte sich im Dezember 1995 dann allerdings zähneknirschend dem öffentlichen Druck und dem Votum der FIFA-Exekutive beugen. Die Nachwuchs-Weltmeisterschaft findet nun doch nicht in Nigeria, sondern – wie vorgesehen – in Malaysia statt. Kleiner Trost: Den ihm vom Diktator Abacha verliehenen Orden brauchte Havelange nicht zurückzugeben.

Im Dämmerschein der Flamme

Wieder einmal waren es die «schönsten Olympischen Winterspiele, die es je gab». So lobte Samaranch die Gastgeber in Lillehammer bei der Schlußfeier im Februar 1994. Tatsächlich hatte das Sportfest in sonnenüberfluteter, tief verschneiter norwegischer Landschaft nach langer Zeit das Bild idealer Spiele vermittelt. Betrüblich war nur, daß manche Kollegen des schwärmerischen IOC-Bosses dieses Wintermärchen nicht miterleben konnten. Der skandinavische Traumwinter hatte einen Haken: Temperaturen bis zu 35 Grad minus.

Also suchte manches IOC-Mitglied die eine oder andere Wettkampfstätte gar nicht erst auf. Auch den Fernsehleinwänden in den offiziellen Hotels wurde wenig Beachtung zuteil. Statt dessen wuchs der Groll über die unstandesgemäße Unterbringung in zu klein geratenen Herbergen und das Fehlen üppiger Rahmenprogramme täglich an. Nach Ende der Spiele hatte Christer Persson, Mitarbeiter des notorisch erfolglosen Spiele-Bewerbers Östersund, Schwedens Chancen auf eine skandinavische Neuauflage der Winterspiele unter dem ewigen Eis begraben: «Den hohen Herren vom IOC haben die Minusgrade hier gar nicht gefallen. Sie froren und fühlten sich weit weg von jeder Zivilisation.» Der wackere Persson mag richtig beobachtet haben, doch seine Klage zeugt von Naivität.

«Der moderne Sport besitzt mehr und weniger als der Sport des Altertums. Das Mehr besteht in vollkommenen Geräten. Aber was ihm fehlt, ist die philosophische Grundlage.»
IOC-Gründer Baron Pierre de Coubertin

Robert Helmick
geboren am 5. März
1937, verheiratet, vier
Kinder.
Rechtsanwalt, spezialisiert
auf Internationales und
Finanzrecht.
IOC-Mitglied von 1985
bis zu seinem Rücktritt
1991. War Mitglied der
Exekutive und der Pro-
grammkommission. Von
1985 bis 1991 Präsident
des USOC. Generalse-
kretär (1976–1984) und
Präsident (1984–1988)
des Weltschwimmverban-
des FINA. Zahlreiche wei-
tere Funktionen im Sport.

Was den Führern der Bewegung recht ist, ist
dem Anhang billig. Die Honoratioren von einst
scheiden unaufhaltsam dahin, fleißig am Nach-
rücken ist eine Kaste gewinnorientierter Kar-
rierefunktionäre. In der Regel Leute, die mit hier-
archischen Strukturen umgehen können. Samaranch hat sein IOC-Völkchen immerhin mehr als
ein Jahrzehnt an die fettesten Futterkrippen dieser
Welt gelotst; als Gegenleistung dafür, daß sie ihn
walten lassen im Big Business und in der Politik
des Strippenziehens. Die meisten können ihr
olympisches Hinterbänklerdasein verschmer-
zen. Und für den einen oder anderen warten auch
auf der mittleren Ebene vielerlei Geschäfte zum
Wohle des Sports, im Dämmerschein der ewigen
Flamme.

Um sich dabei die Finger zu verbrennen, muß
man sich schon so tölpelhaft anstellen, wie es Robert Helmick tat. Der Anwalt aus Des Moines im
US-Bundesstaat Iowa war IOC-Vizepräsident
und für die Prüfung neuer Sportarten zuständig,
als seine olympischen Nebengeschäfte ruchbar
wurden. Fernsehmogul Ted Turner, ein Außen-
seiter im Fünf-Ringe-Busineß, sowie Firmen, die
den nichtolympischen Verbänden der Golfer und
Kegler nahestanden, hatten dem IOC-Vize Bera-
tungshonorare zugeschanzt, die sich auf mindestens 300 000 Dollar summierten. Die Deals
wurden publik, und Ende 1991 schob Helmick
seinem Chef das Rücktrittsgesuch unter der Ho-
telzimmertür durch. Die persönliche Schlußfeier
eines Olympiers, der auch lange an der Spitze des
amerikanischen NOKs (USOC) sowie des Welt-
schwimmverbands FINA gestanden hatte.

Helmick ist nicht der einzige, der bei der Ver-
eidigung auf die olympische Fahne schwor, sich
nicht vom Kommerz korrumpieren zu lassen. In

der von der BBC ausgestrahlten Fernsehdoku-
mentation «Die Herren der Ringe» tat er kund:
«Das System begünstigt ein gewisses Maß an
Exzessen und Korruption. Man wird bei den
Treffen so mit Luxus verwöhnt, daß sich kaum
noch jemand für den Sport interessiert. Sondern
nur dafür, wie man noch mehr Geld fürs IOC
scheffeln kann.»[39] Und für sich selbst, wie man
sah. Letztlich ist es eine Frage der Taktik, wie
man offenkundige Verfilzungen verpackt. Der
jugoslawische Samaranch-Freund Artur Takac
hatte den Bogen schon eher raus: Sein Sohn bot
sich Bewerberstädten als Berater an, für ein Mo-
natshonorar von 10000 Dollar.[40] Wer sagt da
nein?

Nach der Pariser Jahrhundertfeier 1994 er-
wählte sich das zwischenzeitlich auf 88 Insassen
geschrumpelte IOC ein Dutzend neuer Leute.
Vier Unternehmer, ein Bankier, ein Anwalt, ein
Politiker, zwei Mediziner und immerhin drei
Sportfunktionäre rückten in den Olymp auf. Die
Frage, ob die Loge bei der Auswahl stets auf persönliche Integrität achtete, läßt sich durch eine
kleine Einzelfallprüfung erhellen.

Einer der Frischlinge ist Mario Pescante. Der
war, als er ins IOC einzog, gerade als Präsident
des italienischen NOKs (CONI) in den Strudel
staatsanwaltschaftlicher Ermittlungen wegen
Amtsmißbrauchs geraten. Die CONI soll eine
neofaschistische Sportvereinigung mit dem be-
ziehungsreichen Namen Flamma unterstützt haben, deren Kopf die Rechtspartei MSI-Destra
Nazionale ist. Diese gilt als geistiger Erblaßver-
walter Mussolinis. 1993 waren die Flamma-Vor-
turner plötzlich out. Da kassierte eine neuge-
gründete Alleanza Sportiva den Reibach, die aus
dem gleichen politischen Winkel stammte und

Mario Pescante
geboren am 7. Juli 1938
in Avezzano, verheiratet,
drei Kinder.
IOC-Mitglied seit 1994.
1973 bis 1989 General-
sekretär des italienischen
Nationalen Olympischen
Komitees (CONI), seit
1993 dessen Präsident.
Generalsekretär des Ver-
bandes europäischer
NOKs. Hohe Funktionen
im ANOC, dem Weltver-
band der NOKs.

Jung-Olympier Mario Pescante muß sich im Frühjahr des Olympiajahres, fast taggenau zur 100-Jahr-Feier der Spiele von 1896, erneut wegen Amtsmißbrauchs vor Gericht verantworten. Mit ihm stehen der ehemalige italienische NOK-Chef Arrigo Gattai und der für Personalfragen zuständige Funktionär Vaccari unter Anklage. Pescante und seinen Funktionärskollegen wird zur Last gelegt, zwischen 1990 und 1992 insgesamt 989 Sportler in die finanzielle Förderung des Olympischen Komitees CONI aufgenommen zu haben, ohne dabei die Rangfolge und die Anzahl der gewonnenen Titel zu berücksichtigen.

der Nationalen Allianz des Gianfranco Fini zuzurechnen ist.

Die Rechtsnationalen schlugen Alarm, und Staatsanwalt Misiani in Rom, der in einer großen Parteispenden-Affäre ermittelte, wurde hellhörig. Er fand heraus, daß in den vergangenen Jahren von der CONI aus den riesigen Überweisungen des Fußball-Totos rund 40 Millionen Mark jährlich an sogenannte parteigebundene Sportvereinigungen ausgeschüttet wurden. Ermittler Misiani bemängelte nicht nur die politische Sportförderung analog zum rechtslastigen Parteienproporz, sondern auch den Umstand, daß die Beglückten keine Rechenschaft abzulegen hatten, wie sie die Gelder verwendeten. Die Frage, ob damit illegale Parteifinanzierung betrieben wurde, habe sich den CONI-Oberen unter Pescante und dessen Vorgänger Gattai – den übrigens der Evangelisti-Skandal aus dem Amt gejagt hatte – kaum gestellt. Nicht das einzige Rätsel für Staatsanwalt Misiani: «Gesichert ist nur, daß sich jemand acht Millionen Mark von CONI eingesteckt hat und daß mit diesen Geldern nicht mal ein Querfeldeinrennen bestritten wurde.»

Im Briefkasten des neuen IOC-Erwählten Pescante stauten sich zu jener Zeit die Vorladungen von Italiens Staatsanwälten. 1995 wollte ihn einer gleich für dreieinhalb Jahre ins Gefängnis bringen. Es ging um Pescantes Beteiligung an Unregelmäßigkeiten beim Bau des Olympiastadions in Rom für die Fußball-WM 1990 in Italien. Doch im Juli 1995 schlug der Richter das Marathonverfahren nieder. Intensiv ermittelt wurde seinerzeit auch gegen Pescantes Landsmann Nebiolo; so betrachtet, hat sich Italiens CONI-Boß fraglos für höhere olympische Weihen empfohlen.

Schneller und steiler bergauf ging es mit Pescantes neuem IOC-Kollegen Shamil Tarpischew. Der zählt zu den engsten Sportsfreunden des tennisbegeisterten Kreml-Präsidenten Boris Jelzin. Die Clique wird in Moskau als «Tennis-Mafia» gehandelt, weil sie ständig am Ohr des Präsidenten hängt. Die Wochenzeitung «Moskowskije Nowosti» verbreitete: «Unter dem Pseudonym Jelzin machten dessen Tennisfreunde Politik» – um sich auch über Jelzins Amtszeit hinaus Macht und Einfluß für ihre florierenden Geschäfte zu sichern. Jelzins Tennistrainer Tarpischew bestätigte nur den sportiven Teil dieser Darstellung: «Wir spielen meist Dienstag und Samstag Tennis, gehen danach schwimmen und dann zum Tischtennis.» Ein wenig Politik fällt natürlich auch ab.

Auf der IOC-Session in Budapest umgab sich Tarpischew mit einem geheimnisvollen, schwergewichtigen Anwalt, der zum Beraterstab Jelzins zählt und auch den Schachweltmeister Garri Kasparow berät. Präsident Jelzin hat den Kameraden Tarpischew zum Sportminister ernannt, die Ein- und Ausfuhrsteuern soll er seinem neuen Olympier gleich mit erlassen haben. Was der russischen Presse insofern mißfiel, als dem IOC-Mann nebenbei die Kontrolle über ein Geflecht von Untergrundfirmen nachgesagt wird, das per Im- und Export von Rohstoffen Devisen in die Taschen der Kremlherren pumpe. Üble Gerüchte?

Tarpischews olympischer Sportsgeist trat beim Daviscupskandal des deutschen Tennisteams gegen Rußland 1995 in Moskau zutage. Hatte es schon im Vorfeld diplomatisches Kleinholz gegeben, weil die Russen die Partie partout fernab am Schwarzen Meer auskegeln wollten, so gingen die Tennisspieler an der Moskwa nun erst

Shamil Tarpischew
geboren am 7. März 1948 in Moskau, verheiratet, zwei Kinder. IOC-Mitglied seit 1994. Seit 1995 Mitglied der Radio-und-TV-Kommission.
Ehemals Profitennisspieler, Trainer und Kapitän der Daviscup-Mannschaft. Sportminister Rußlands und Berater von Präsident Jelzin.

richtig baden. Die Auftakteinzel von Boris Becker und Michael Stich mußten verschoben werden, weil der Platz unter Wasser stand. Ein seltsames Mißgeschick. Zumal schon in den Monaten zuvor alles Trachten der Russen der Frage gegolten hatte, wie man den Tennisboden möglichst stumpf präparieren könne; Becker/ Stichs Stärke ist ihre Schlagkraft.

Warum der Boden also plötzlich ein Sumpf war, entzog sich Tarpischews Kenntnis. Der olympische Sportminister wies die Schuld dem Tennisweltverband (ITF) zu, der besser hätte aufpassen müssen. Trotzdem sickerte durch, daß er persönlich, auf Anregung der Trainerin des russischen Spielers Andrej Tschesnokow, die Wässerung angeordnet habe. Weil dabei nicht bedacht worden war, daß der Unterboden keine Dränage besaß, lief das verräterische Naß nicht ab.

Oberschiedsrichter Gilbert Ysern ließ den Platz mit Handföns behandeln. Am Abend wusch er Tarpischew und Co. den Kopf und stellte den Funktionären im Falle einer Wiederholung des Nachtmanövers eine längere Heimsperre in Aussicht. ITF-Vizepräsident Heinz Grimm aus der Schweiz, als Beobachter am Ort, teilte mit: «Wir hätten die Partie abbrechen und für die Deutschen werten können. Doch diese Sanktion hätte zu großen Schaden angerichtet. Schließlich geht es im Daviscup um viel Geld, wir haben TV-Verträge und Verpflichtungen gegenüber den Zuschauern.» Das moderne Fairplay-Prinzip: The Show must go on, weil der Zaster regiert – zur Not steht dahinter der infamste Betrug zurück. Der nämlich lohnt sich, wenn er nur groß genug ist. Becker, Stich und Co. scheiterten an ihren naßforschen Gastgebern. Der russische Sport aber unter dem Oberolympier Tarpischew feierte einen großen Erfolg.

Herkunft der IOC-Mitglieder
Europa 45
Afrika 19
Asien 16
Nord- und Mittelamerika 12
Südamerika 9
Australien-Ozeanien 5

Natürlich ist es peinlich für jeden olympischen Ordensmenschen, wenn man bei so wichtigen, mit Millionen gespeisten Sportevents nur ein paar Haartrockner zur Hand hat. Jeder Bahnhofsfriseur wäre besser präpariert. Richtig aufregend aber wird das Ganze erst, wenn man berücksichtigt, daß der Weltsport im olympischen Einzugsbereich eigentlich in Dollars schwimmen müßte. Schließlich streut das IOC die Millionen selbstlos unter die Sportvölker, es verhökert sein Ideal allein für deren Wohlergehen und bindet Funktionäre aus entlegensten Entwicklungsländern unablässig in vielerlei bunte wichtige Entscheidungsgremien ein. Gelebte Toleranz.

Trotzdem kommt das Bemühen, der Dritten Welt auf die Sprünge zu helfen, nur mäßig voran. Zwar dient der olympische Solidaritätsfonds als Erklärung dafür, den Sport fortwährend in neue Profitsphären hieven zu müssen. Doch drängt die Praxis die Frage auf, was die bemerkenswerte Vielzahl an IOC-Vertretern aus den Entwicklungsländern eigentlich leistet. Konkreter: Inwiefern sind Funktionäre Olympia dienlich, wenn sie trotz Ämtervielfalt und Weltläufigkeit in der Heimat wenig bis gar nichts auf die Reihe bringen?

Zu den Afrika-Spielen 1995 in Harare schwebte auch Samaranch in Simbabwe ein. Den trieb die Sorge um, Afrikas Spiele könnten der Versuchung erliegen, «Olympia zu kopieren». Das Programm sei überladen, die Athletenzahl mit 6000 Meldungen zu hoch. Die Afrikaner reagierten aufmüpfig: Die olympische Bewegung investiere nicht genügend Geld in ihren Sport,

137

warfen sie dem Ringe-Bwana vor. Der konterte heftig: «Das IOC tut eine Menge für den afrikanischen Sport. Das weiß die ganze Welt, aber niemand sagt es.» Von den Spielen an sich hat der Führer des Weltsports vielleicht nicht allzuviel mitgekriegt. Dort hätte er beeindruckende Belege dafür gefunden, daß sich der afrikanische Sport in der 15jährigen Entwicklungshilfe-Ära Samaranch kaum von der Stelle bewegt hat.

Wer die «All Africa Games» in Harare unbeschadet verfolgen wollte, benötigte ein stabiles Zwerchfell. Simbabwes Staatschef Mugabe sagte während der Spiele gar einen Staatsbesuch ab, weil er sich nicht ins Ausland traute. Er befürchtete, ausgelacht zu werden, «weil die organisatorischen Pannen einfach beschämend sind». Das waren nicht nur die Pannen, sondern auch der Zweikampf der Topfavoriten in der Medaillenwertung, Ägypten und Südafrika. Erst forderten Ägyptens Offizielle von Südafrikas Goldgewinner im Hammerwerfen, Rumen Korpivchin, den Nachweis seiner Nationalität. «Ich bin nicht sehr glücklich über die ägyptische Taktik», knurrte Südafrikas Leichtathletik-Chef Loenard Chuene, bevor er den Beweis erbrachte. Dann behaupteten Kairos Gazetten, daß 36 Boxer Südafrikas AIDS-infiziert seien und deshalb die Ägypter nicht zum Kampf antreten wollten. Es kam zu verschämten Beileidsadressen.

Bei den Boxkämpfen hätten die Ägypter viel versäumt. Am ersten Wettkampftag brach der Ring zusammen, tags darauf rissen die Seile. Abergläubische Anwohner wollten böse Geister durch einen Medizinmann aus der Halle treiben lassen. Wasserspringen fiel aus, weil Ägypten nicht antrat und damit nur noch drei Nationen am Start waren. Womöglich hätte es die Taktik der

Nordafrikaner entschärft, hätten sie da schon gewußt, daß der Medaillenspiegel wertlos war: Ein Computerfehler machte die Länderwertung zur Makulatur. Beim Korbball konnten die Organisatoren keine Schiedsrichter stellen, weil es bei der Fortbildung in Harare keine Bälle gab. Beim Volleyball gab es Bälle, aber keine Netze. Beim Fußball gab es zur Kugel jede Menge Gummiknüppel. Die Partie zwischen Algerien und Guinea endete, als Polizeieinheiten aufs Feld stürmten, um die rivalisierenden Teams zu trennen.

Einhellig gerügt wurde das Defizit an Patriotismus, das die wenigen Stars der afrikanischen Leichtathletik an den Tag legten. Viele verdiente Olympioniken waren gar nicht erst nach Simbabwe gekommen. «Wir müssen uns fragen, ob sie es überhaupt lieben, ihre Landesfahnen zu tragen», teilte Lamine Diack, Präsident der afrikanischen Leichtathletikvereinigung und Weltvizepräsident, offiziell mit.

Gespritzt und geschluckt wurde nach Kräften. Nigerias Sprinter Paul Egonye stürzte die Kollegen in der 100-m-Staffel ins Unglück, weil sie wegen seiner Vorliebe für Muskelpillen die Goldmedaillen zurückgeben mußten. Seltenes Glück hatte ein sprintender Landsmann Egonyes, dessen A-Probe zwar positiv, die B-Probe aber negativ war. Ghanas Weitsprung-Silbersieger Andrew Owusu wurde wegen Ephedrin-Mißbrauchs ebenso überführt wie dessen südafrikanische Kollegin Karen Botha, die es mit Dextropropoxyphen probiert hatte. Etwaige Schadenfreude im ägyptischen Lager währte nur kurz: Ringer-Sieger Mohy Abdel hatte Noresteron genascht. So ging es weiter.

Afrikas Chaos-Spiele hatten zwar hohen Unterhaltungswert. Doch nebenbei nährten sie den

Verdacht, daß womöglich die falschen Leute den Sport anführen: Amtsträger, die zwar im Weltsport bereitwillig installiert werden – offiziell als Beleg für internationale Einheit, inoffiziell gern als willfähriges Stimmvieh –, die aber zu Hause nicht einmal die Grundversorgung sichern können. Wohin fließen die Gelder aus der Sportförderung, wer verteilt sie, wer kontrolliert ihren Einsatz?

Eine fürsorgliche Weltsportzentrale in Lausanne lobt sich selbst für glückliche Einzelfälle seines olympischen Solidaritätsprogramms, das zum Beispiel der Mosambikanerin Maria Mutola, der weltbesten 800-m-Läuferin, einen Studienaufenthalt in den USA bescherte. Doch vor allem hortet das IOC Millionen auf den Konten, während ein ganzer Kontinent sportlich in den Kinderschuhen steckt. Von den Afrikanern hat das IOC im Familienkreis dennoch keine dummen Fragen zu befürchten. Für die meisten gilt tatsächlich das Motto «Dabeisein ist alles». Sie zählen, wie erfahrene Olympiabewerber bestätigen, zu den Empfänglichsten und werden in der inoffiziellen Sprachregelung meist als der afrikanische Block zusammengefaßt. Denn so pflegen sie abzustimmen: blockweise. Die letzten Kinder im Olymp? Man weiß jedenfalls nie, welche Streiche sie aushecken – wie das Beispiel David Sibandze bewies. Erinnern wir uns noch einmal: Sibandze war jener Olympier, der 1993 in Monaco die Olympiawahl fluchtartig verließ.

Olympias Schönfärber

Ein Polizeigericht poliert die Ringe auf

Andrew Jennings war Buchautor, bevor er eine Zeitlang nur mit Leibwächtern herumlief. Wenn er wichtige Telefonate führen mußte, tat er dies im Haus von Freunden oder aus einer öffentlichen Fernsprechzelle. Er hatte Angst vor dem Zorn eines Familienclans, er hegte die begründete Sorge, daß die Olympier seine Privatleitung beschnüffeln ließen. Immerhin hatte ihm das IOC, Hüter des Ideals, Scotland Yard auf den Hals gehetzt, Abteilung für internationale Kapitalverbrechen. Was hatte er verbrochen? Drogengelder gewaschen, Goldbarren verschoben, kleine Mädchen im Wald gejagt? Offenbar etwas ähnlich Schlimmes. Jennings hatte ein Buch geschrieben. Eines, dessen Inhalt bis heute unwiderlegt blieb.

«The lords of the rings» hieß sein Olympiabuch – in Deutschland wurde es als «Geld, Macht und Doping» verlegt –, das 1992 auf dem Markt erschien. Es war keine klassische Sportliteratur. Kein Buch von der feingebundenen Sorte, in denen sich universitäre Geister in abgewogenen Fachtermini über das Ideal verbreiten. Auch keine jener mächtigen Schwarten, in denen auf doppelseitigen Hochglanzbildern die schweißperlenden Muskelpartien chemisch getunter Wundermenschen von der Schwungkraft des Ideals künden. «Geld, Macht und Doping» handelte von nicht weniger als dem Ende der olympischen Idee – und das Buch trug auf mehr als 300 Seiten beeindruckende Beweise für diese These zusammen. Die britischen Autoren Andrew Jennings und Vyv Simson hatten sich zuvor in zahlreichen anderen Bereichen als Enthüllungsspezialisten hervorgetan. Sie hatten sich mit Machenschaften von Pharmakonzernen befaßt, Dokumentationen über die Mafia in Palermo und den Bürgerkrieg im Libanon erstellt, sie hatten über die Verbindungen des Weißen Hauses, des CIA und britischer Söldner mit den Contras berichtet, schließlich eine preisgekrönte Untersuchung über die Korruptionsaffäre zwischen Scotland-Yard-Beamten und Londoner Drogenschmugglern verfaßt.

Experten also, die es nun erstmals gewagt hatten, die Tabuzonen Olympias zu durchleuchten. Jennings und Simson legten dar, daß ein Filz aus Sponsoring und Bestechung, Machenschaften und Manipulation die schönste Nebensache der Welt überzogen hat und das größte Sportereignis in eine Marketing-Show verwandelt habe. Sie machten transparent, wie das IOC mit Samaranch an der Spitze das olympische Ideal für eigene Geschäfts- und Machtinteressen nutzt. Das Buch wurde als Illustriertenserie vermarktet, die BBC-Dokumentation lief zur besten Sendezeit in der ARD. Und es gewann auf dem New Yorker TV-Festival 1992 eine, jawohl, Goldmedaille für die beste internationale Dokumentation. Das Buch wurde vom IOC als dermaßen gefährlich eingestuft, daß sich der olympische Konzern mit seinem gewaltigen Apparat gegen die Veröffentlichung stemmte, mit Hilfe auch von Scotland Yard.

Im Februar 1993 klingelte es an Andrew Jennings' Londoner Haustür. Der Officer, der ihn aufsuchte, «grinste und fühlte sich ein wenig mißbraucht», erinnert sich Jennings. Zweckentfremdet wie die Steuergelder, die ab sofort für eine denkwürdige Gerichtsposse in der Schweiz und in Großbritannien verpulvert werden sollten. Er müsse ein Papier zustellen, erklärte der Kripomann, eine unbedeutende Sache, und empfahl sich. Detective Sergeant John Warren bat Jennings um ein Gespräch in einer Rechtsangelegenheit, die in der Schweiz anhängig sei. Jennings rief seinen Kollegen Simson an: «Das Imperium schlägt zurück.»

Der Schritt des IOC war schon aus Gründen der Öffentlichkeitspolitik nachvollziehbar. Samaranch und den Seinen wurde im Skandalbuch immerhin die Nähe zur Korruption, Vetternwirtschaft und Geheimbündlerei attestiert, aber mehr noch: Die Autoren hatten es gewagt, die enge Verbindung des Katalanen mit Spaniens Diktator Franco ans Licht der Öffentlichkeit zu zerren. Derlei Vergangenheitspflege kann nicht gutheißen, wer sich in seiner Zweitkarriere zum Vater der Weltjugend aufgeschwungen hat. Noch ungünstiger aufs öffentliche Erscheinungsbild wirkt sich der Vorgang aus, wenn man sich anschickt, als Chefapostel des Ideals nach dem Friedensnobelpreis zu greifen.

Das in 13 Sprachen veröffentlichte Buch führte erwartungsgemäß zu einem schmerzlichen Imageverfall. In Bern startete der Abgeordnete Jean Ziegler, Soziologie-Professor an der Universität Genf, eine parlamentarische Anfrage nach einem Untersuchungsausschuß. Samaranch mußte sich bei den Spielen in seiner Heimatstadt Barcelona peinlichen Fragen der Medien stellen, die er zähneknirschend beantwortete («Ich bin sehr stolz auf meine Vergangenheit. Sie geht nur

Ausgesperrt
Ist es müßig zu erwähnen, daß Andrew Jennings seit Erscheinen seines Buches keine Akkreditierungen für IOC-Veranstaltungen mehr erhält? Beim Olympischen Kongreß in Paris etwa saß der Journalist tagelang in einem Café am Eingang des Kongreßzentrums CNIT. Die nötigen Informationen wurden ihm von Freunden und Kollegen überbracht. Die olympischen Götter haben ihren prominentesten Kritiker ausgesperrt.

mich und Spanien etwas an»). Und im Winterspieleort Lillehammer Anfang 1994 beurteilten bei Umfragen zwei Drittel der Bevölkerung Samaranch als Unperson. Einen Riesenärger hatten ihm diese zwei Burschen aus Britannien eingehandelt. Gut, daß sich in dieser Situation nicht auch die Justiz als Spielverderber erwies. Jedenfalls nicht das Gericht, das am feudalen Sitz der Bewegung angesiedelt ist.

Das IOC hatte über die Jahre hinweg gute Verbindungen zu lokalen Behörden und Politikern aufgebaut, Samaranch pflegt gern herauszustellen, daß Wachstum und Wohlergehen des IOC mit dem Wohlbefinden der Stadt einhergehe. Die Stadt zeigte sich großzügig in Abgabefragen, erwarb 1984 gemeinsam mit dem IOC Traumgrundstücke am See und spendete brav fürs Olympische Museum. Natürlich fiel für die Vorsteher von Land und Kommune immer mal eine olympische Ordensplakette ab. Für den früheren Bürgermeister Delamuraz ebenso wie für Nachfolger Martin, so fand Jennings bald heraus.

Das IOC focht also seinen verzehrenden Kampf gegen die beiden üblen Verleumder nicht etwa in London aus, wo deren Verlag sitzt, oder in Ländern wie Deutschland oder Japan, wo Zehntausende Exemplare verkauft worden waren. Sondern daheim, an einem Lausanner Polizeigericht – Aktenzeichen CH.132.92. «Verschiedene Käufer, darunter das IOC», so teilte die Bewegung dem Untersuchungsrichter Roland Chatelain mit, hätten Kopien des Buchs in Lausanne erworben. Sicherheitshalber übersandte man dem Richter eine Buchladenrechnung über zehn Exemplare. Dann führten die Olympier ausführlich Klage. Mafia-Methoden und betrügerischer Mißbrauch mit dem olympischen Kapital zugunsten der Sponsoren werde ihnen vorgeworfen. So entstehe ein insgesamt höchst geschmackloses Bild, das Bild von einer geheimen, verstohlen werkelnden Organisation. Es folgte ein Sammelsurium von Textstellen, die die Anwürfe gegen die Autoren belegen sollten.[41]

Ein paar der vom IOC inkriminierten Stellen seien herausgepickt. Etwa diese: «Wenn es im Sport noch etwas Schmutzigeres geben konnte als den ‹Auftritt› Johnsons als langfristig gedopter Sportler, dann war es die Antwort von IOC und IAAF auf das Problem der Neuvergabe der Medaillen.»

Im Buch geht der Text nach dieser Stelle wie folgt weiter: «Zwei Jahre zuvor hatte der russische Sportler Tretjak Samaranch gegenüber erklärt: ‹Wenn ein Wettkampfteilnehmer, der eine Medaille gewinnt, disqualifiziert wird, sollten die wirklichen Sieger die Ehrung erhalten, die ihnen zusteht – aber dazu kommt es meist nicht.› Auch in Seoul kam es nicht dazu. Eine öffentliche Neuvergabe der Medaillen nach Johnsons Disqualifikation wurde nicht vorgenommen. Das Gebot der Stunde hieß Schadensbegrenzung. Der Skandal war für das Ansehen und den finanziellen Wert der Spiele schon schlimm genug. Das letzte, was die nervösen Präsidenten wollten, war, den Skandal durch eine zweite Medaillenvergabe noch mehr in die Schlagzeilen zu bringen. Samaranch sah weg, und Nebiolo beschränkte die ‹Zeremonie› darauf, Carl Lewis, Linford Christie und Calvin Smith die neuen Medaillen im 100-m-Lauf in der Abgeschiedenheit seines Privatbüros im Stadion von Seoul zu überreichen.»

Genau so hatte es sich zugetragen – hatte das IOC damit also im Sinne sauberen Fairplays gehandelt? Der Trick aber, einzelne Sätze aus dem

Librettist
«Das Buch war ein literarisches Äquivalent zum Fußballrandalismus und diskreditierte sich durch emotionalen Übereifer, der aus der Verbundenheit mit ‹unserer› Olympiade herrührt, wie die Autoren die Spiele nannten. Neben der Vielzahl von tatsächlichen Fehlern, falschen Prognosen und unlogischen Schlußfolgerungen übersahen die Autoren völlig die finanziellen Vorteile, die die NOKs über den Boom neuer Einrichtungen hinaus in der gastgebenden Stadt aus dem Erlös von Olympia haben.»
David Miller in seiner Samaranch-Biographie «Die Olympische Revolution» über das Skandalbuch «The lords of the rings». Miller wurde mit dem Olympischen Orden ausgezeichnet.

Sinnzusammenhang zu reißen, um sie so als blindwütige Verleumdung vorführen zu können, wiederholt sich auch an anderer Textstelle. Angefochten wurde: «Es ist an der Zeit, der langfristigen Zukunft der olympischen Bewegung Aufmerksamkeit zu schenken. Leider scheint das IOC sich für diese Frage so wenig zu interessieren wie eine Diktatur in der Dritten Welt für Wahlen.» Eine fragwürdige juristische Finte, diese Behauptung den Autoren in die Schuhe zu schieben. Beide Sätze waren im Buch klar als Zitate gekennzeichnet und gaben eine Aussage des früheren US-Finanzpolitikers Bill Simon wieder, getroffen bei den Spielen 1984 in Los Angeles. Den aber hat das IOC nicht verklagt.

Seiner Exzellenz persönlich deuchten erwartungsgemäß gewisse Analogien anstößig, die die Autoren zwischen seinem einstigen Brotherrn Franco und dem Stil zogen, wie Samaranch das IOC regiert: «Der Führer befiehlt, der Führer wählt neue IOC-Mitglieder aus und drängt sie der Bewegung auf: der Führer weiß alles; des Führers Wille geschehe; der Führer tritt bei Pressekonferenzen vor den Fahnen der Bewegung auf.» Daß der IOC-Präsident ein fast allgewaltiger Sportmonarch ist, belegt die olympische Tagespraxis. Überdies ist Samaranch der erste, der Mitglieder selbst auswählen kann: Nebiolo und Vasquez Rana hat er dem IOC quasi untergejubelt, und die erste schmerzhafte Abstimmungsniederlage überhaupt erlitt er 1994 in Paris, als er sein selbstgeschaffenes Sonderrecht, zwei Mitglieder persönlich ernennen zu dürfen, auf zehn Freifahrtscheine für Leute nach seinem Gusto ausdehnen wollte. Auch hatte er das unwürdige Abstimmungsgeschacher von Budapest 1995, bei dem das Alterslimit für IOC-Mitglieder auf

80 Jahre angehievt wurde, persönlich inszeniert vermittels einer Briefaktion unter allen Mitgliedern.

Daß sich der Ringe-Boß selbst nicht immer sicher fühlt in der unzeitgemäß ausgeübten Chefrolle, legten seine Reaktionen auf die Buchveröffentlichung nahe. Er argwöhnte im Mai 1992, er glaube, die Autoren seien von «Leuten, die selbst Präsidenten der internationalen Sportorganisationen oder des IOC werden» wollten, manipuliert worden. «Ein Haufen Ausländer» könne seinen Werdegang gar nicht beurteilen. Die Angst ums Thronamt spitzte sich zu, wenig später hatte er die Verschwörung gegen sich im britischen Raum lokalisiert: Dies sei ein Nord-Süd-Krieg, vom Zaun gebrochen «durch Angelsachsen, die keinen Spanier an der IOC-Spitze ertragen»[42] würden. Eher peinlich für den Vordenker der Universalität, der nebenbei ein auffälliges Faible für Sportpotentaten aus dem latinischen Sprachraum hegt.

Samaranch, der vor der UNO und andernorts Toleranz und Gleichheit predigt, ist ein politisches Kind der Franco-Diktatur. Teile der spanischen Sportpresse fühlen sich bis heute von ihm zensiert. Vor allem die Medien in seiner Heimatstadt Barcelona müssen den Eingriff des einflußreichen Sparkassenverbandsdirektors fürchten. Das reicht bis hin zu persönlichen Anrufen bei unbotmäßigen Redakteuren am Arbeitsplatz, von denen etwa Journalisten der Sporttageszeitung «Mundo Deportivo» zu klagen wußten.

Die hatten, kurz nach Erscheinen des Buchs der Briten, über den jüngsten IOC-Beschluß von Mai 1992 in Sevilla berichtet: Samaranch wolle die Öffentlichkeitsarbeit noch mehr bevormunden, indem er durchgesetzt habe, daß für die

Horrorfilm
«Mit der Ausstrahlung der Sendung ‹Die Herren der Ringe› am 9. Juli 1992 begaben sich das ARD-Fernsehen und speziell der programmverantwortliche Norddeutsche Rundfunk auf das unterste Niveau von unseriösem Boulevard-Journalismus. Die Einordnung dieses Tele-Pamphlets in die Reihe ‹Kulturwelt› muß zu dem Schluß führen, daß die Programmverantwortlichen längst nicht mehr zwischen Kultur im allgemeinen und der Unkultur publizistischer Diffamierung zu unterscheiden vermögen... Den für die offenbar unkundige Redaktion nicht erkennbaren Hintergrund des Horrorfilms bilden latente Bestrebungen, das IOC per Diffamierung zu zerschlagen, um dadurch sportfremden Mächten den Zugriff auf die Olympischen Spiele und deren dann wirklich rigorose kommerzielle Ausbeutung zu ermöglichen...»
Willy Ph. Knecht, Publizist, Herausgeber des «NOK-Reports», 1992 in einem Leserbrief an den «Sportjournalist». Knecht ist Träger des Olympischen Ordens.

147

IOC-Pressekonferenzen nur noch ausgewählte Themen erlaubt seien. Unbequeme Fragen sollten so abgeblockt, die Medien zu Verlautbarungsorganen gedungen werden. Zwar hatte die damalige IOC-Pressechefin Michele Verdier den neuen Kurs bestätigt. Doch offenbar wurmte es den Meister der subtilen Machtpolitik, daß er als Urheber der rückwärtsgewandten Öffentlichkeitsarbeit identifiziert worden war. Prompt rief er bei «Mundo Deportivo» an und knöpfte sich Redaktionsdirektor Santi Nolla vor. Der hielt tagelangem Druck stand – auch, als über die große Bruderzeitung «La Vanguardia» nachgehakt wurde, bei der Samaranch damals einen nicht weiter entmystifizierten Beraterstatus einnahm.

Üble Erfahrungen mit Pressefreiheit nach olympischer Art sammelte einst auch Domingo Garcia. Als Sportchef bei «La Vanguardia» veröffentlichte er 1984 Auszüge aus einem von der spanischen Presseagentur übernommenen Artikel des deutschen «Spiegel», in dem von Machenschaften zwischen Samaranch und Adidas die Rede war. Der Artikel wurde zur Sensation – und Garcia arbeitslos. Nach einem Besinnungsurlaub durfte er in die Redaktion zurückkehren. Aber nicht mehr als Leiter. Seither betreut der Mann den Motorsport.

Zu den Publizisten in Barcelona, die sich nicht einschüchtern ließen, zählt Jaume Reixach, Herausgeber des wöchentlichen Nachrichtenmagazins «El Triangle». Er ist auch spanischer Verleger von Jennings / Simson. Ende 1992 veröffentlichte Reixach einen aufsehenerregenden Artikel. Unter der Überschrift «Samaranch spielt Spion» stand zu lesen: «Die Geschichte klingt unglaublich, aber sie ist absolut wahr und sehr ernst. Am vergangenen Donnerstag erhielten wir einen

Telefonanruf im Büro von einer Person, die sich als Juan Antonio Samaranch vorstellte. Er fragte nach dem Bevollmächtigten (Madrids ranghöchster Regierungsvertreter in Katalonien/d. A.).» Der Anruf landete bei Chefredakteur Reixach, der die Stimme zweifelsfrei als die von Samaranch identifiziert haben will und das Gespräch wie folgt aufzeichnete:

«Hallo, hier spricht Juan Antonio. Ich rufe wegen einer Gefälligkeit an. Ich befasse mich mit diesen englischen Journalisten, die häufig diese Nummer hier in Barcelona anrufen. Können Sie nachsehen, mit wem diese Nummer übereinstimmt?»

«Verzeihung, Señor Samaranch, das ist ein Irrtum. Sie sprechen mit jemand anderem.»

«Sie sind gar nicht Señor Marti?»

«Nein. Ich bin Jaume Reixach von ‹El Triangle›, und Sie begehen gerade einen schweren Fehler.»

«Ah, Entschuldigung» (eingehängt).

Reixach, der Samaranchs Stimme gut kennt, schwört, daß diese Begebenheit wahr und er nicht Opfer eines dummen Scherzes geworden sei. Tatsächlich hatten Jennings/Simson das Redaktionsbüro von «El Triangle» häufig angerufen. Wenn Reixach sich also nicht irrte und der Anrufer tatsächlich Samaranch war, könnte dies bedeuten, daß jemand die Telefone der britischen Autoren überwacht und dem IOC-Chef die Nummer in Spanien zugespielt hat. Oder auch, daß der ältere Herr statt der Nummer des katalonischen Sicherheitsbeauftragten Marti versehentlich die ominöse Zielnummer in Barcelona wählte. Reixachs düstere Story wurde nie dementiert. Und Jennings ermittelte, daß Samaranch im Februar 1993 den Olympischen Orden

Danksagung
Der «Sportinformations-
dienst» hatte im Sommer
1992, knapp zwei Mo-
nate nach Erscheinen des
Buches «The lords of the
rings», allen Grund zur
Freude. Es gab lobende
Post von höchster Stelle.
Unter der Überschrift
«Samaranch: Anerken-
nung für den sid» zitierte
die Sportagentur aus
einem Brief des IOC-Prä-
sidenten an die Redak-
tion: «Ich möchte meine
Anerkennung für Ihre un-
terstützende und intelli-
gente Kommentierung
des kürzlich veröffentlich-
ten Buches ‹The lords of
the rings› zum Ausdruck
bringen. Wie Sie sicher-
lich wissen, hat das IOC in
der Schweiz rechtliche
Schritte gegen die beiden
betreffenden Journalisten
eingeleitet. Ich danke Ihnen nochmals für Ihren
Artikel und für Ihr anhal-
tendes Interesse an der
Olympischen Bewegung.»
*Karl Adolf Scherer, der
Autor der Buchbespre-
chung, ist Träger des
Olympischen Ordens.*

an Señor Francesco Marti Jusmet vergab, für dessen Verdienste um die olympische Sicherheit.

Wenn ausländische Zeitungen oder Radiosen-
der bei Spaniens Zeitungen anrufen, stoßen sie,
sofern es sich um IOC-kritische Themen handelt,
meist auf eine Mauer des Schweigens. Interviewwünsche spanischer Journalisten ans IOC werden
gern vorzensiert. In Barcelona, berichtet ein
Sportjournalist, würden manche Agenturtexte
erst mal zum Chef gebracht und dort ausgewertet. Im Zweifelsfall erfolge ein Anruf in Lausanne, ob man den Beitrag veröffentlichen dürfe.
Da paßt ins Bild, daß sich der IOC-Boß auch in
anderen Ländern seine Hofschranzen schuf.
Deutschland blieb davon nicht verschont.

Ein Nachrichtendienst hierzulande verquickt
verläßlichen Informationen zufolge seine Geschäftsinteressen mit Lausanne und singt im
Gegengeschäft das Hohelied auf die Führer der
Bewegung. Das Prinzip ist so offenkundig wie
simpel: Hohe IOC-Insider stecken ihrem Schrei-
ber exklusive Infos aus dem inneren Zirkel der
olympischen Macht, sie plaudern etwa über zu
erwartende Regeländerungen, über Personalge-
schacher in Verbänden und Sponsorfirmen oder
über die Stimmungslage in den Abteilungen des
Weltsports. So wird Presse- mit Personalpolitik
vermischt – das Ganze erhält nachrichtendienstli-
che Präzision und Intention. Der gesinnungsreine
Herold im Ausland aber posaunt des Zahlmei-
sters Willen, vermischt mit Fakten, an die Medien
weiter; der PR-Dienstleister spielt sich gar süffi-
sant als Presse-Zensor auf, und das alles zu einem
saftigen Preis.

Dieser Hang zu diskreter Machtstrategie hilft
erklären, warum sich die Bewegung von Anfang
an hütete, einen der am Skandalbuch beteiligten

Großverlage in aller Welt zu verklagen. Man hielt sich eng und persönlich an die Autoren. Und zwar in Lausanne, jener Stadt, der man Image-werte und Arbeitsplätze verschaffte, indem man ihr zu weltweiter Bekanntheit als «Olympische Hauptstadt» verhalf. Eine Hauptstadt, in der im Dezember 1994 eine interessante Art von Recht gesprochen wurde.

Jennings und Simson sahen davon ab, zur Ver-handlung zu erscheinen. Das verbat sich nach Lektüre einiger der Klageschrift beigefügter Rechtsparagraphen. Etwa dieser Passage aus Ar-tikel 173, Absatz 3 des Strafgesetzbuchs des Kan-tons Vaude zur öffentlichen Verleumdung: «Der angeklagten Person ist es nicht erlaubt, Beweise anzutreten, und sie macht sich strafbar, wenn die Aufstellung oder Verbreitung der Behauptungen ohne zwingende Berücksichtigung des öffent-lichen Interesses oder andere ausreichende Mo-tive geschah.»

Im Dezember 1994 also fuhr Samaranch beim Lausanner Polizeigericht vor. Nicht nur den Ge-neraldirektor François Carrard im Schlepptau, sondern zur Sicherheit auch noch den Senegale-sen Keba Mbaye, Vorsitzenden der Juristischen IOC-Kommission, sowie Vizepräsident Marc Hodler, der ein waschechter Schweizer ist. Da standen Olympias Honoratioren und rangen einen unsichtbaren Feind nieder. Carrard trug nach Prozeßbeobachtung der Genfer Agentur «sda» sehr überzeugend vor, daß «alle IOC-Mit-glieder freiwillig arbeiten und einzig ihre Spesen vergütet erhielten». Und: «Im weiteren präzi-sierte er, daß seit kurzem neue interne Bestim-mungen die Annahme von Geschenken von den kandidierenden Städten reglementieren.»

Anschließend habe Carrard noch «für die

Kommerzialisierung der Spiele plädiert», die «unabdingbar» sei für deren Finanzierung. Samaranch fand blumigere Worte. Er sei «der Direktor eines Orchesters», und der Kunstsinnige verneinte jede diktatorische Praktik. Er wies auch die «verletzenden» Anschuldigungen bezüglich seiner Vergangenheit zurück und die Rolle, die er während der Repression in Katalonien gespielt haben soll. Es erstaunt über die Maßen, welcher Argumentation das Gericht offenbar gefolgt sein muß: «Einzig die Spanier können diese Frage beurteilen», so behauptete Samaranch. Zeuge Hodler und Zeuge Mbaye aber lobten die Arbeit des Präsidenten an der Spitze der Sportorganisation.

Das Urteil lautete auf je fünf Tage Haft für Jennings und Simson bei drei Jahren Bewährung, zuzüglich Zahlung der Gerichtskosten von 1900 Dollar. Dem Spruch zufolge hatten die Autoren nur auf einen dicken Gewinn gezielt. Die von ihnen beschriebenen Sachverhalte hätten sich als falsch erwiesen – jedenfalls aus Sicht des Lausanner Polizeigerichts. Das IOC setzte sogleich ein Fax in Umlauf: «Nach Artikel 174 des Schweizer Strafcodes ist Verleumdung ein Vergehen, das von einer Person begangen wird, die die Unwahrheit ihrer Aussagen kennt. Solche Unwahrheit wurde vom Gericht in einem detaillierten Urteil festgestellt, das unwiderruflich die Schuld von Jennings und Simson errichtet.»

Das Urteil dürfte so detailliert ausgefallen sein, daß die Gerichtsschreiber noch heute an der Begründungsschrift arbeiten. Andrew Jennings und Vyv Simson haben ihr Exemplar trotz vieler Anfragen nie zu Gesicht bekommen. Nach Lausanne aber trauen sie sich nicht. Schließlich wartet dort der Polizeiknast auf sie.

Moneten-Mausoleum
der olympischen Idee

Ein Schatz am Genfer See. Rund 110 Millionen
Mark – offiziell – hatte das architektonische
Schmuckstück verschlungen, welches das IOC
1993 mit allem Pomp in Lausanne einweihte.
Am Quai d'Ouchy blitzen seither schneeweiße
Marmorsäulen durch den Baumpark. Auf fünf
breiten Terrassenstufen, sanft an einen Hang ge-
schmiegt, so daß der fünfstöckige Komplex nir-
gendwo weiter als ein Stockwerk aus der Erde
ragt, thront das olympische Museum. Es soll dem
olympischen Gedanken Auftrieb geben, verkünden Olympias Marktschreier in allen Sprachen.

Auf nach Lausanne. Als sich die Pforten öffne-
ten zur modernen olympischen Nabelschau, bot
sich den Gästen auf zwei Ausstellungsebenen
zwischen Bibliothek und Cafeteria ein eindrucks-
voller Anblick. Von einer zweieinhalbtausend
Jahre alten Etruskerfackel über Münz- und Brief-
markenkollektionen zu Amphoren aus der Pe-
tersburger Eremitage, von Bronzestatuen aus
Privatbesitz über antike Olympiabilder zu den
Sprintschuhen des US-Heroen Carl Lewis – ein
prallvoller Speicher olympischer Artefakte, ge-
steuert durch feinstes japanisches High-Tech.
Über Videoschirme, Tastcomputer und Multi-
medialeinwände rieselt unaufhörlich die audiovi-
suelle Flut. Wer will und kann, hat rund 7000
Stunden Filmmaterial zu betrachten. Was man,
eine 24stündige Dauerberieselung vorausgesetzt,

153

in etwas mehr als 291 Tagen schaffen kann. Auch eine olympiareife Leistung.

Der Versicherungswert «dieser schönsten Ausstellung, die es jemals in Lausanne gab, beträgt 450 Millionen Dollar», frohlockten die Betreiber. Einen beträchtlichen Teil davon hatte das IOC zur Eröffnung aus den sechs Bewerberstädten für das Jahr 2000, Sydney, Berlin, Peking, Manchester, Brasilia und Istanbul beigetrieben. Das gehört sich so für einen Olympiabewerber, der wählbar bleiben will. Peking schickte jahrtausendealte Terrakotta-Krieger, Berlin ein Originalteil der Quadriga auf dem Brandenburger Tor. Es gehöre «zu den Gepflogenheiten des Museums, daß einige Stücke in regelmäßigen Abständen ausgetauscht werden», wurde mitgeteilt. Das trifft sich: Zu Olympias Gepflogenheiten gehört nämlich auch, daß in regelmäßigen Abständen neue Bewerberstädte aus aller Welt mit allen Mitteln um die Gunst des IOC buhlen.

Das Museum sei die Verwirklichung eines Traums von Pierre de Coubertin, behaupten Samaranch und das IOC. Und natürlich ist der Spielebegründer allgegenwärtig. Inmitten seines Original-Arbeitszimmers lehnt Coubertins Wachsfigur relativ sprachlos am Sideboard, während seine Originaltexte mit den altbekannten Gebetsmühlen aus der Gründerzeit vom Band krächzen. Doch mit der Namensgebung für den steingewordenen Traum des alten Barons tut sich das IOC schwer. Warum nicht Coubertin-Museum? Man zögert. Zögert lange schon. Man mag diese bedeutende Frage nicht übers Knie brechen.

Wohin der schleppende Denkprozeß führen dürfte, ließ ein Hofbiograf Samaranchs schon mal anklingen: «Drei der symbolträchtigsten Namen in der Geschichte der olympischen Bewegung sind die von Baron Pierre de Coubertin, Jesse Owens und nun Juan Antonio Samaranch. In Anbetracht der Tatsache, daß das Museum seine Existenz beinahe völlig dem amtierenden Präsidenten des IOC verdankt, dürfte sein Name der geeignetste sein.»[43] Eine klare Einschätzung: Nicht der Urvater des Gedankens, auch nicht jener dunkelhäutige Athlet, der 1936 in Berlin mit seinen vier Goldmedaillen Rassenfanatikern schallende Maulschellen versetzte und damit wohl am eindringlichsten das olympische Ideal von der Gleichheit aller Menschen verkörperte, dürfen ihren Namen stiften. Nein – Juan Antonio Samaranch, die Personifizierung moderner olympischer Sinnstiftung: König ist, wer anschafft. Olympisch verewigt wird, wer die Millionen für Erschließungskosten, Baustoffe und High-Tech-Ausrüstung akquiriert.

Hauptsächlich japanische Großindustrielle halfen dem olympischen Wertespeicher aus der Erde, allen voran Yoshiaki Tsutsumi. Japans Hyper-Milliardär schaffte Millionen aus der eigenen Kasse und aus der von Geschäftsfreunden heran, schließlich ist er der Olympischen Bewegung eng verbunden. So eng, daß kaum ein Dollarscheinchen mehr dazwischen paßt. Als Chef des japanischen NOK gewann er die Wahl für den olympischen Wintersportort 1998, diese Winterspiele werden im Skigebiet von Nagano stattfinden. Dort verfügt Tsutsumi über umfangreiche Ländereien und Besitztümer, die nun nach infrastruktureller Erschließung mit Mitteln der öffentlichen Hand verlangen. Olympia wird dafür sorgen, daß der Milliardär sein Skigelände nicht mit eigenen Mitteln an die künftige Weltkundschaft anbinden muß. Wochenlange Fernsehwerbung rund um den Erdball gibt's obendrein. In

Dagobert Duck
«Zur Kostendämpfung wurde in bewährter Manier die olympische Werbe-Familie bemüht: IBM spendierte die Computer, Panasonic die Bildschirme, die Eintrittskarten ziert das Coca-Cola-Logo, vor dem Eingang parken die offiziellen IOC-Autos von Mercedes-Benz. Auch der Unterhalt des IOC-Museums ist gesichert: Zwölf Franken kostet der Eintritt, und im Souvenirshop, prognostiziert eine Studie, wird jeder der jährlich erwarteten 250000 Kunden im Schnitt noch einmal 50 Mark lassen. Dagobert Duck wird's freuen.»
«Der Spiegel», 25/1993

155

Nagano werden die Pisten der Skiwettbewerbe direkt an den Terrassen von Tsutsumis Luxushotels vorbeiführen. Auch dem diskreten Museumskustos Tsutsumi hat Samaranch bereits den Goldenen Olympischen Orden umgehängt. Für dessen Verdienste ums Ideal.

Stolz ruht der olympische Wertespeicher am Leman-See. Hypermodern und doch museumsreif. Oder, wie es der deutsche Altolympier Willi Daume einst vor Ort ausdrückte, ein «sehr feudaler Bau, aber der Inhalt ist leer. Da sind hauptsächlich Leihgaben aus Griechenland drin.» Zeitnah und der Jugend zugewandt ist das Museum vor allem dank seiner computergesteuerten Serviceangebote. Den selbstgestellten Auftrag jedoch, ein besinnliches Forum zur Diskussion über Historie, Ideale und Wertewandel zu bieten, läßt sich der Heile-Welt-Guckkasten nicht anmerken. Vergeblich suchte der Eröffnungsgast nach Hinweisen auf die düstere Realität Olympias: Doping, Korruption, Totalkommerz? Nie gehört.

Nichts im Geschichtsmuseum wies auf die Tatsache hin, daß es zehn Tage vor den Spielen 1968 in Mexiko zu einem Gemetzel des Militärs unter protestierenden Studenten kam. Blutlachen versickerten auf dem Platz der drei Kulturen, an die 500 Tote soll es gegeben haben. Nichts wies auf die vielen Unruhen in Seoul hin, die kurz vor den Spielen 1988 brutal niedergeschlagen wurden. Unbeleuchtet blieben die Hintergründe der Boykottspiele 1980 in Moskau und 1984 in Los Angeles. Allesamt wesentliche historische Dokumente dafür, daß die Mächtigen ebenso wie ihre Kritiker mit Olympia stets Politik gemacht haben.

Auch das historische Datum vier Jahre später in München, das Massaker an der israelischen Olympiamannschaft, fiel nicht ins Auge an der offiziellen olympischen Mahnstätte. Übrigens fand Samaranch im September 1995 auch keine Zeit, bei der Enthüllung des Gedenksteins für die Olympiaopfer in München dabeizusein. Dafür war er einen Monat zuvor an der Isar gewesen, als Stargast zur Sportartikelmesse ISPO.

Olympias Kernproblem, das Doping, blieb nicht ganz ausgespart. Es wurde beschönigt, indem Ben Johnson, der berühmteste Lebenslängliche unter den Dopern, im ersten Stock als jubelnder Olympiaheld über die riesigen Bildschirme preschen durfte. Dabei war die Wunderkeule zum Zeitpunkt der Museumsgründung längst ein zweites Mal erwischt und endgültig aus dem Verkehr gezogen worden.

So entpuppt sich das Museumsprojekt mehr als Computercockpit für ein olympisches Gesamtblendwerk. Ein Hort der Selbstbeweihräucherung, das merkantil aufgebrezelte Gegenstück zu einer gewissenhaften Analytik – wogegen nichts spräche, würde der Betrieb auch so verkauft. Wer Disneyland in Florida betritt, sucht Unterhaltung, Scheinwelten, will staunen und abschalten. Mickey wird zur schlausten Maus, Donald zur tolpatschigen Ente, die Trickfiguren sprechen, kichern, machen Purzelbäume. Eine nette Show, Spaß für die ganze Familie.

Mit der Realität sollte sorgsamer umgegangen werden, zumal, wenn sie für höchste Tugenden stehen soll. Entlarvend verdeutlichte die museale Heuchelei ein internes Positionspapier, das zur Eröffnung unter Mitarbeitern in Lausanne kursierte. Unter der Rubrik «Information für die Medien» beantwortet sich das IOC mögliche unangenehme Fragen höchstselbst – und mit verräterischen Argumenten. Gleich eingangs taucht im betriebsinternen Hearing die Frage auf:

Das Olympische Museum in Lausanne wurde mit dem Europäischen Museumspreis 1995 ausgezeichnet. IOC-Präsident Samaranch durfte die Auszeichnung im Juni 1995 in Västeras (Schweden) entgegennehmen. Die Auszeichnung wird seit 1977 von der Jury des «European Museum of the Year Award» verliehen. Nach Angaben des IOC hat die Jury vor allem die gute Zusammenarbeit zwischen den Architekten und den Museumspädagogen in Lausanne gelobt. In den ersten zwei Jahren seines Bestehens wurden im Olympischen Museum über 400000 Besucher gezählt.

– «*Warum zeigt das Museum nicht Ben Johnsons Dopingspritze und Präsident Samaranchs Faschistenuniform?*»

Die als «IOC-Position» vermerkte Ausweichantwort: «Das Museum enthält viele Dinge mit direktem Bezug zum Olympismus und dem olympischen Sport. Die Dopingfrage wird natürlich mit abgehandelt, aber nicht auf sensationelle Art.»

– *Frage: «Wäre es nicht besser gewesen, das Geld für dieses Museum in den Sport zu stecken, zum Beispiel in die Sportentwicklung ärmerer Länder oder in die Dopingbekämpfung?*»

IOC-Position: «Die Gesamtkosten betragen 70 Millionen Dollar, 50 Millionen kommen von Gönnern. Diese 50 Millionen wurden speziell für das Museum gespendet und waren nicht für andere Zwecke verfügbar... Jedes Jahr verteilt das IOC Geld für die Sportentwicklung in aller Welt und alle wichtigen Aufgaben, inklusive natürlich der Dopingbekämpfung.»

– «*Tragen sich die laufenden Kosten von allein? Wieviel zahlt das IOC dafür? Wäre das Geld nicht besser für den Sport ausgegeben?*»

IOC-Position: «Das IOC rechnet nächstes Jahr mit rund sieben Millionen Schweizer Franken Ausgaben für die laufenden Kosten. Das stellt eine gute Investition in den Sport dar, es wird helfen, das Ansehen des olympischen Sports und des Olympismus weltweit zu stärken, und hoffentlich wird es das kapitalschaffende Potential in vielen Ländern erhöhen.»

– «*Luxus-Frage: Ist all der Marmor und das High-Tech nicht eine Geldverschwendung?*»

IOC-Position: «Der weiße Marmor ist ein Geschenk der griechischen Regierung, alle High-Tech-Einrichtungen wurden gespendet.»

– «*Ist dies ein Museum zur Selbst-Glorifizierung des Präsidenten?*»

IOC-Position: «Die Originalidee für das Museum hatte Pierre de Coubertin, und das IOC ist glücklich, es rechtzeitig vor der Jahrhundertfeier im nächsten Jahr fertiggestellt zu haben.»

– «*Bedeutet die Tatsache, daß 70 Prozent der Museumskosten von Sponsoren erbracht wurden, nicht, daß die olympische Bewegung kommerziellen Interessen ausgeliefert wurde?*»

IOC-Position: «Nein. Das bedeutet, daß der Sport in einer stärkeren Position ist dank der Generösität der Sponsoren und Gönner, die die Einnahmen durch Besucher und Regierungen ergänzen.»

Erhellend, daß sich die Olympier der Kernfragen zum dollarprallen Wertespeicher bewußt waren und daß sie auf alle Fragen mit Ausflüchten, Lobhudeleien und Floskeln zu reagieren vermochten. So liefert die Selbstbefragung ein eindrucksvolles Geständnis dafür, daß man «möglichen Kritiken» nichts Stichhaltiges entgegenzusetzen vermag. Daß die Betreiber selbst in Momenten der Wahrheit nicht gewillt sind, ihren gesunden Geschäftssinn aufzugeben, demonstrieren zwei andere Dialoge.

– «*Sponsoren-Frage: Wieviel Geld haben Schweizer Multikonzerne gespendet?*»

IOC-Position: «Die größten internationalen Schweizer Unternehmen sind nicht unter den Firmen, die den Stapellauf des Museums ermöglichten. Aber wir hoffen, daß sie eines Tages der vornehmen Liste von Sponsoren und Gönnern beitreten werden.»

– «*Warum sind nicht alle TOP-Sponsoren unter den Spendern? Bedeutet das, daß sie nicht alle zustimmen?*»

159

IOC-Position: «Nein. Alle Sponsoren sind für diese Initiative, und es kann sein, daß das Museum noch Spenden erhält von jenen Sponsoren, deren Budgets bisher nur das reine TOP-Programm abdeckten.»

So läuft Olympias Werbegeschäft. Das Positionspapier lieferte ein Schulbeispiel für diskrete öffentliche Pression. Man versetze sich in die Stimmungslage der Schweizer Großindustrie, die im eigenen Land «vornehmes» Gönnertum verweigert, oder in die Position jener knickrigen TOP-Sponsoren, die über ihre 40-Millionen-Zahlungen hinaus nichts für Olympias Sinnstiftung lockermachen wollen.

Weil den Betreibern offenbar selbst nicht geheuer war beim Blick ins eigene Edelgemäuer, fragten sie sich:

– «Warum ähnelt das Ganze hier mehr einer Kathedrale als einem Museum?»

IOC-Position: «Das neue Olympische Museum und Studierzentrum ist tatsächlich sehr beeindruckend. Es soll helfen, weltweite Aufmerksamkeit auf die Spiele und den Olympismus zu lenken. Es will besonders die Verbindung zwischen Sport und Kultur verstärken, die eines der fundamentalen Prinzipien der Olympischen Bewegung ist.»

Sport und Kultur? Bei den Tauffeierlichkeiten in Lausanne waren die Protagonisten Olympias, die Athleten, wie üblich nur Staffage. Der deutsche Biathlon-Olympiasieger Fritz Fischer, der mit einer Handvoll anderer Spielegewinner geladen war, beklagte sich, daß sich am Genfer See zwar «viel Schickimicki, aber so gut wie keine Sportler» einfinden durften. Mehr Beachtung fanden die kritischen Worte einer deutschen Eislaufdiva.

Zur peinlichen Überraschung für die Berlin-Bewerber trat urplötzlich Katarina Witt in die Bütt. Niemand im deutschen Kreis will darüber informiert gewesen sein, daß sie von Samaranch persönlich als Rednerin geladen war, und als Kulturdozentin Kati eher schüchtern den politischen Mißbrauch der Spiele seit Berlin 1936 geißelte, stürmte der Essener Großindustrielle Berthold Beitz aus der Vollversammlung. «Es steht ihr nicht zu, darüber zu reden», schimpfte das IOC-Ehrenmitglied, nachdem es einen Wassergraben im Museumstempel direkt genommen hatte. Grummelnd hockte sich der Altolympier in die wärmende Sonne vor der Sinnstätte. Dann traf ihn eine ideale Erleuchtung. Er wrang die nassen Socken aus.

Samaranch jagt den Friedensnobelpreis

Wer jeden Tag was Gutes tut, wer die Menschheit mit Idealen der Fairneß, Gleichheit und Demokratie überhäuft und das Hohelied auf sich selbst sogar vor der UN-Vollversammlung anstimmen darf, sollte sich zum Ausgleich etwas Besonderes gönnen. Etwas Angemessenes aus der höheren Preislage. Sind es nicht humanitäre Vordenker wie Marquis de Samaranch oder Doktor Kim, die ihren Landsleuten jahrzehntelang das olympische Ideal der Toleranz vorlebten? Waren es nicht sozialökonomische Pioniere wie Nebiolo, Rana oder Havelange, die den Reichtum der Sportvölker mehrten, indem sie Fernsehreklame und Werbelogos erfanden? Stehen nicht die Spiele für ein wahrhaft völkerverschwägerndes Ereignis, bei dem ein jeder die Siege der anderen bejubelt, besonders, wenn die unter fremder Flagge starten? Steht nicht das IOC für eine Welt kerngesunder Athleten, an denen sich die von Drogen bedrohte, schlappe Restjugend was abschneiden kann? Reines Familienglück, eine Bewegung der Vorbilder. Eine, die ihren Preis kennt: nobel muß er sein, von Friedenstauben umgurrt.

Der Countdown läuft seit Jahren, 1996 soll es endlich klappen. Wenn das IOC den Friedensnobelpreis nicht zum hundertsten Geburtstag der Spiele erhält, dürfte der Traum vorerst abgeschrieben werden. Getan hat man jedenfalls alles dafür. Zumindest hinter den Kulissen.

In Norwegen obliegt es der «Storting» genannten Volksvertretung, ein eigenes Komitee zur Verleihung des Friedensnobelpreises zu berufen. Über sämtliche Nobelpreise für die Verdienste ums Menschengeschlecht befinden die Königlich-Schwedischen Akademien in Stockholm, einzig der Frieden wird in Oslo proklamiert. Mag ja Zufall gewesen sein, daß die Winterspiele im Jahr des 100. IOC-Geburtstages ausgerechnet im norwegischen Lillehammer stattfanden, obwohl nicht einmal die norwegischen Öko-Außenseiter selbst bei der Kür 1988 in Seoul damit gerechnet hatten, daß die Wahl auf sie fallen könnte. Mag ja kein cool kalkulierter Werbefeldzug gewesen sein, der Samaranch zu Spielebeginn kurz in die zerstörte Olympiastadt von 1984, Sarajevo, führte, um dort vor kopfschüttelnden Passanten und den Kameras der Welt um Frieden für die Dauer der Sportsause in Lillehammer zu bitten. Gewiß sind es beste Absichten im Dienste der Menschheit, die das IOC beständig antreiben, endlich Sitz und Stimme in den Vereinten Nationen zu ergattern. Und doch. Es gibt da eine Kleinigkeit, die nicht so recht ins Bild edler Selbstlosigkeit paßt.

1991 schloß das IOC in Birmingham einen Vertrag mit der weltweit operierenden Werbeagentur Grey Advertising und deren PR-Ableger GCI ab. Selbst der traditionelle IOC-Vermarkter ISL zeigte sich damals überrumpelt. Grey indes machte die neue Liaison stolz publik: «Grey / GCI wird auch für die internationale Vision des IOC und dessen Verpflichtung werben, über die Sportarena hinaus einen positiven Einfluß auszuüben... Zusätzlich wird Grey spezielle Kommunikationsprogramme durchführen für ausgewählte IOC-Projekte, die bestimmt sind,

Die Verleihung des Friedensnobelpreises an das IOC hält der deutsche NOK-Präsident Walther Tröger für angemessen. «Aber das IOC sollte in dieser Frage nichts selbst unternehmen», erklärte das IOC-Mitglied im Juni 1995 im «Deutschlandfunk». Mutter Theresa einerseits und das IOC andererseits als Nobelpreisträger sieht Tröger nicht als unvereinbar an: «Das ist kein Widerspruch. Das IOC steht für Fairneß, für Begegnung, für alles das, was die Werte des Sports ausmacht, und dies ist preiswürdig.»

163

ein besseres internationales Verständnis und menschliche Harmonie zu fördern.»

Von ferne klingt durchs Weltverbesserungsgeschwafel, was vornehmliche Aufgabe des marktbeherrschenden Werbetycoons mit 260 Büros in aller Welt ist: die Förderung der Nobelpreiskandidatur des IOC. Aber peinlich wurde der Vorgang erst, als er in dieser Deutlichkeit publik wurde. Zwei Jahre später posaunte IOC-Pressechefin Michele Verdier das freudige Ereignis voll argloser Indiskretion in die Welt: Bon, ganz richtig, der Vertrag sei mit diesem Ziel geschlossen worden. Danach kam es zu verwirrenden Dingen, die sich in summa so umschreiben lassen: Die Bewegung lief schamrot an. Das IOC streitet seither die Nobelpreisambitionen ab oder vermeidet konkrete Statements zum Thema.

Es war das Verdienst des norwegischen Journalisten Frank Brandsaas vom «Arbeiderbladet», für umfassende Aufklärung gesorgt zu haben. Brandsaas hatte bereits erste Gerüchte über die Nobelpreisbemühungen aufgeschnappt, als im Juli 1992 ein Artikel im «Atlanta Journal & Constitution» erschien. Darin packte der wegen olympischer Geschäftsverfilzungen ausgestiegene IOC-Vizepräsident Robert Helmick über die ehrenwerte Gesellschaft aus. Er meinte: «Als er (gemeint ist Samaranch / d. A.) die PR-Firma Grey Advertising anheuerte, sagte er, deren Erfolg wird sich daran messen, ob wir den Nobelpreis gewinnen oder nicht. Er will ihn für das IOC, aber das ist er selbst. In diesem Punkt betrachtet er sich selbst als das IOC.»[44] Anfang 1993 suchte der Journalist aus Norwegen das IOC in Lausanne auf. Madame Verdier bestätigte ihm und seinem Kollegen Einar Odden das Zitat, ohne Helmicks Namen selbst zu erwähnen. Mehr noch, so bezeugen es die Journalisten: «Sie machte die Sache größer, indem sie sagte, daß die PR-Aktionen für den Nobelpreis die eigentliche Hauptaufgabe für Grey Advertising sei.» Bevor Brandsaas die Geschichte publizierte, versicherte er sich bei Helmick persönlich. Der Anwalt aus Iowa bestätigte die Aussage nicht nur, er wiederholte sie.

Mit Blick auf die Allmachtpolitik des IOC, das im Ernstfall sowohl Helmick als auch Verdier mundtot machen würde, fahndete Brandsaas nach weiteren Informationsquellen. Er wurde fündig bei einer in Oslo ansässigen Firma namens Jensen Grey A / S. Firmenchef Ingar Andresen erwiderte auf seine Frage («Was haben Sie bisher unternommen, um Grey und das IOC bei der Kampagne für den Nobelpreis zu unterstützen?») ausweichend: Man habe noch nicht begonnen, zudem sei diese Arbeit nicht offiziell. Am selben Abend druckte «Arbeiderbladet» die Nobelpreisgeschichte über die gesamte Titelseite.

Brandsaas erhielt eine Einladung, die Story im nationalen Fernsehsender NRK zu debattieren. NRK teilte dazu mit, daß Ingar Andresen alles bestritten habe. Brandsaas rief Andresen an. Der stritt ab, was er zuvor angeblich NRK gesagt hatte. Brandsaas hakte nach, erkundigte sich, wie er, Andresen, wohl reagieren würde, wenn er in einem der bekanntesten TV-Programme per Tonband der Lüge überführt werde? Der PR-Mann lud ihn daraufhin in sein Büro ein, um einige Papiere vorzulegen. Brandsaas ging hin und erfuhr von Andresen, daß ihn Grey / IOC angewiesen hätten, nichts mehr zu dem Thema zu sagen.

Derweil hatte NRK ein Team nach Lausanne geschickt. Aus der Verabredung mit Madame

Reaktionen
Die Norweger reagierten im Februar 1993 mit reichlich viel Unverständnis auf die Nachricht vom Vorhaben des IOC, den Nobelpreis zu akquirieren:
Jurymitglied Hanna Kvanmo: «Absolut lächerlich. Ich habe nie von so etwas vorher gehört.»

Jurymitglied Odvar
Nordli:
«Natürlich gibt es immer
wieder Kampagnen zu-
gunsten von Kandidaten,
aber das mit der PR-
Agentur ist völlig neu.
Ziemlich heftig für meinen
Geschmack.»

Verdier wurde nichts, der Reporter hatte es statt
dessen mit IOC-Generaldirektor François Carrard zu tun. Überhaupt ist von Madame Verdier
seither nicht mehr viel zu sehen. Sie nennt sich
zwar noch Informationsdirektorin des IOC, bei
Pressekonferenzen aber führt zumeist Carrard
das Wort. Frau Verdier teilt die Fragesteller ein,
ansonsten sieht man sie vorwiegend mit Stößen
kopierten Pressematerials im Arm durch die Ar-
beitssäle huschen.

Doch selbst des gewiegten Carrards Aus-
flüchte retteten damals nichts mehr. Inzwischen
erinnerte sich auch der Sportdirektor des norwegischen NOK, Bjorge Stensbol, gegenüber
«Arbeiderbladet», daß Samaranch schon drei,
vier Jahre zuvor eine von Stensbol begleitete norwegische Besucherdelegation in Lausanne gefragt habe, ob einer der Gäste vielleicht Mitglieder im Nobelpreiskomitee kenne. Wofür braucht
man die Bekanntschaft von Nobelpreisjuroren?
Einen zum Kegeln, zwei zum Skat? Mit einer Melange aus Heiterkeit und grimmiger Empörung
wurde in Norwegen reagiert, auch Komiteemitglieder kommentierten böse die olympische PR-
Offensive.

Besonders schmerzlich für das IOC dürfte eine
Darstellung des Vorgangs durch die angesehene
«Neue Zürcher Zeitung» gewesen sein, die quasi
vor der eigenen Haustür erscheint und bis ins
Hinterstübchen rumpelte.

Das Blatt schrieb im Februar 1993: «Schon die
Tatsache, daß sich zwei Komiteemitglieder öffentlich äußerten, kann als Ende aller IOK-Ambi-
tionen gewertet werden. Die drei Männer und
zwei Frauen des Komitees pflegen sich für gewöhnlich in absolutes Schweigen über alle vorge-
schlagenen Kandidaten zu hüllen, so daß die Em-

pörung über das dreiste IOK-Gebaren in Oslo sehr groß gewesen sein muß. Aber auch ohne den jetzt entstandenen schalen Geschmack wäre wohl nichts aus dem Vorhaben geworden. Aud-Inger Aure, norwegisches Parlamentsmitglied der Christdemokraten, hält Samaranch selber für ein Hindernis. Seiner Meinung nach wäre es ein Hohn, den Friedenspreis an das IOK, eine ‹Organisation selbsternannter Bonzen› mit zum Teil schlimmer politischer Vergangenheit, zu vergeben. In der Tat würde Samaranch mit der hauptsächlich von ihm betriebenen Kommerzialisierung der Spiele schwer etwa zur letzten Friedenspreis-Trägerin Rigoberta Menchu passen, einer Indianerin aus Guatemala, die gegen das dortige Militärregime gekämpft hat, das ihre Eltern und einen Bruder ermorden ließ.»[45]

Der Vorgang bereichert die Nobelpreisgeschichte um ein Novum, denn Marketingstrategien waren zur Kür von Persönlichkeiten wie Mutter Teresa oder Erzbischof Desmond Tutu bislang nicht erforderlich. Doch darf nicht verwundern, wenn das von Großindustriellen, Bankern und Advokaten dirigierte Weltsportimperium auch solche Ziele mehr nach den Gesetzen von Druckerpresse und Big Business verfolgt.

Friedensorganisationen und Menschenrechtskommissionen haben den Eindruck, daß Toleranz und Humanität vorwiegend unter merkantilem Aspekt Berücksichtigung finden im Tagwerk des superreichen IOC. Kaum eine von ihnen hat es geschafft, das IOC zu selbstloser Unterstützung ihrer Arbeit zu gewinnen. Gutes im stillen tun zahlt sich nicht aus. Für Insider wie Richard Dicker von der Menschenrechtsorganisation «Human Right's Watch» in New York, der die subtile Machtpolitik des IOC aus nächster

Ski-Olympiasieger Vegard Ulvang: «Das IOC steht in vielem für das Gegenteil des Friedensnobelpreises. Zuletzt hat das die Frage der jugoslawischen Teilnahme bei der Olympiade in Barcelona gezeigt.»

167

Nähe studieren konnte, verkörpert die olympische Riege schlicht ein diktatorisches Gebilde,
«zum Glück ohne direkten Zugriff auf ein Volk
und auf die politische Macht». Der weitgereiste
Tibet-Experte Dicker hatte über Jahre verfolgt,
wie das IOC die Kandidatur Pekings für die Sommerspiele 2000 begünstigte und wie die Nobel-
preisjäger die massiven Proteste der von China
unterdrückten Tibeter zu ignorieren versuchten.

Eine Ausgrenzung von Randgruppen paßt offenbar eher ins Bild, das für die Praktiken des IOC
steht. Aus Sorge ums werbeträchtige Image gingen die Ringemakler in den vergangenen Jahren
gar auf Distanz zu den Behindertenspielen, den
Paralympics. Bei deren Fest gleich nach den Lille-
hammer-Spielen 1994 wurden zur Eröffnungsfeier erstmals zwei Fahnen gehißt: Eine mit fünf
und eine mit drei Tränen. In Nagano, dem Austragungsort der Winterspiele 1998, wird es nur
noch die Flagge mit drei Tränen sein – die mit den
fünf Zähren ist dann für immer verschwunden.

Sie hatten mal zusammengehört, die Ringe und
die Tränen. 1960 in Rom fanden die ersten Paralympics statt, bis 1980 in den Niederlanden war
daraus ein Großereignis geworden, das internationale Aufmerksamkeit auf sich zog. Mit dem
neuen IOC-Boß Samaranch änderten sich die
Zeiten. Alles drehte sich fortan um das Markt-
symbol der fünf Ringe – und um die meistbietend
verhökern zu können, war natürlich absolute Exklusivität geboten. 1983 lud Samaranch die Be-
hindertensportler, die die Ringe jahrzehntelang
genutzt hatten, nach Lausanne. Der Däne Jens
Bromann von der Sportbewegung der Behinderten nahm an der Zusammenkunft teil und berichtete dem Journalisten Andrew Jennings darüber
folgendes: «Das IOC beschloß, den Mißbrauch,

wie sie es nannten, der olympischen Termini zu
beenden. Samaranch hatte drei Forderungen. Erstens sollten wir nie wieder den Begriff Olympische Spiele für Behinderte verwenden dürfen.
Zweitens sollten wir nie wieder die Symbole, die
mit dem IOC in Verbindung stehen, oder ähnliche Symbole verwenden dürfen. Und drittens
sollten wir nie darum nachfragen, zum offiziellen
IOC-Sportprogramm zu gehören. Wir erklärten
uns zum Verzicht auf den Ausdruck Behinderten-
Olympiade bereit und gaben auch die Ringe auf.
Denn wir hatten ein fürchterliches finanzielles
Defizit und damit keine andere Wahl.»[46]

Samaranch habe den Behindertensportlern
für zwei Jahre jeweils 50000 Dollar geboten.
«Aber wir wollten nie den Anspruch aufgeben,
zum offiziellen IOC-Programm zu gehören.
Für viele Sportler ist die Teilnahme das Größte,
was sie erreichen können. Er erklärte, er wolle
alles mögliche tun, um dem Behindertensport
zu helfen, und bot eine Schauveranstaltung 1984
in Los Angeles an.» Zwei Rollstuhlrennen liefen
in Los Angeles ab, doch die Verwendung des
Wortes «olympisch» wurde verboten, und die
weiteren Wettkämpfe fanden unter der Bezeichnung «Internationale Spiele für Behinderte» in
New York statt. Vier Jahre später in Seoul erhielten die Behinderten das Emblem mit den
fünf Tränen.

Tröstliches floß über die Bankkonten. 112500
Dollar überwies das IOC dem «International Pa-
ralympic Committee» (IPC) anno 1991. 66415
Dollar waren es im Jahr darauf, und 1993 gab es
eine Viertelmillion Dollar.[47] Was zusammenge-
nommen die Summe nur unwesentlich überstieg,
die eine Textilfirma aufbrachte, um die rund 90
IOC-Mitglieder mit neuen Luxus-Wintermän-

teln für die Winterspiele in Lillehammer auszu-
statten.

Doch der Ärger mit den Behinderten riß nicht
ab. Schon 1990 hätten die NOKs von England,
Australien und den USA beim IOC vorgetragen,
daß die fünf Tränen das Vermarkten der fünf
Ringe erschwerten. Das IPC widerstand zunächst dem Begehr aus Lausanne, sein Zeichen
erneut zu verändern. Noch beim Werbematerial
für die Paralympics 1994 in Lillehammer wurden
die fünf Tränen benutzt, dabei war die Situation
längst zum Heulen. Auf Nachfrage teilte IPC-
Generalsekretär André Reas mit: «Uns wurde
deutlich gemacht, daß wir kein Geld mehr erhalten würden, falls wir an den fünf Tränen festhielten.» Im Juni 1993 habe das IOC zwar noch
bestätigt, daß es in Lillehammer aus Kostengrün-
den bei dem Logo mit den fünf Tränen bleiben
dürfe. Doch es stellte klar, daß dies das letzte Mal
sei.

Zurück nach Oslo. Die Nobelpreisjury lacht
über die guten Menschen vom IOC, und die
Oberolympier fühlen sich wieder gründlich miß-
verstanden. Hatten nicht sie, die Hundertschaft
der olympischen Gralshüter, Sinnstiftendes am
Menschengeschlecht vollbracht? War es ihnen
nicht gelungen, spätestens in Barcelona alle mal
wieder zusammenzutrommeln? Haben sie Südafrika nicht zeitig wieder die Hand geboten?
Hatten sie 1992 nicht die Athleten des kriegfüh-
renden Serbien mit einer IOC-Sondermaschine
einfliegen lassen (gegen den Willen der UN und
während sich andere Teilnehmer aus dem von
Serbien terrorisierten Rest-Jugoslawien irgendwie per Bus oder Autostopp nach Barcelona
durchschlagen mußten)?

IOC-Generaldirektor Carrard hatte am Vorabend der Eröffnungsfeier in Barcelona vor der versammelten Presse mit einer denkwürdigen Adresse an die widerspenstige UN triumphiert: «Das IOC hat eine Schlacht gewonnen!» Die Metaphorik deutet an, daß im olympischen Buhlen um den gewissen «human touch» wenig heilig ist. Die Ziffern zählen. Teilnehmerkontingente, Fernseh-Milliarden, Sponsorzahlungen. Und Rekorde.

Sinnentleerte Jahrhundertfeier

Angemessen präsentiert wird Seine Exzellenz, der Marquis de Samaranch, vor allem in totalitären Staaten. Etwa in China, wo ihm 1993 tatsächlich als «Gottheit» gehuldigt worden war. So etwas hört man nicht alle Tage. Samaranchs Wünsche seien für Chinas Olympia-Bewerber Gesetz, eröffneten ihm die regierenden Herrschaften an just jenem Platz des Himmlischen Friedens, auf dem sie Hunderte von Studenten hatten erschießen lassen.

Nun aber, vier Jahre nach dem Massaker, stiegen Luftballons und Flugzeuge auf, und sie sprühten Olympias Insignien in Leuchtschrift an den Himmel.

Von Samaranch war keine Kritik zu vernehmen. Der Mann ist schließlich kein Friedensengel, sondern Sportfunktionär. Das ist womöglich das Schönste am Amt: Gewaltige Macht, null Verantwortung. Schier grenzenlos erscheinen die Möglichkeiten, wenn einer mal Gott, mal einen winzig kleinen Verbandschef spielen darf. Denn wenn es um konkretes humanitäres Engagement geht, wird Olympia plötzlich zu einer unpolitischen Sache. Und die Ringeherren zu harmlosen Funktionären, die sich hinter Platitüden verschanzen können.

Daß der politischen, vor allem aber der geistigen Nomenklatura diese Chamäleon-Taktik in den letzten Jahren wenig imponiert hat, trat zutage, als das IOC im September 1994 seinen 100. Geburtstag feierte. Ein Festkongreß in Paris sollte zelebriert werden, wie ihn die Welt selten sieht. Auf dem Programm standen die Positionierung der olympischen Bewegung in der modernen Gesellschaft, Umweltprobleme, Medienfragen, Fehlentwicklungen dank Kommerzialisierung und Gigantomanie sowie die unermüdliche ethische Sinnsuche.

Heraus kam eine Luftblase. Eine Wortmesse wurde abgespult, ein Redemarathon in babylonischer Sinnverwirrung. Nicht nur deutsche Teilnehmer wie der Leichtathletik-Präsident Helmut Digel («Das war ungenügend für einen Kongreß an dieser Schwelle, es gab fast nur vorgefertigte politische Deklarationen») und IOC-Vertreter Thomas Bach vermißten Selbstverständliches: «Persönlichkeiten aus anderen Gesellschaftsbereichen, die dem Sport neue Impulse vermitteln können.» Bachs IOC-Kollege Walther Tröger, Präsident des Nationalen Olympischen Komitees für Deutschland, kennt den Betrieb länger und vermutete, dies sei gar nicht erwünscht gewesen: «Hier war wohl geplant, daß der Sport unter sich bleibt.»

So wie immer. Kein namhafter Inspirator, kaum eine wichtige gesellschaftliche Instanz fand den Weg ins pompös ausgeflaggte Kongreßzentrum CNIT von La Defense. Dafür aber jede Menge geschmeicheltes Mittelmaß unter den gut 400 geladenen Referenten, die ihre Beiträge dem IOC häufig Wochen vorab hatten vorlegen müssen und die nun in jeweils dreiminütigen Reden munter aneinander vorbeipalaverten. Manch einer wußte gar nicht, weshalb und worüber er reden sollte, andere, wie der deutsche Ski-Olympiasieger Markus Wasmeier, ließen sich von der

Der Mann der großen Worte war in Paris fehl am Platz. IOC-Ehrenmitglied Willi Daume redete sich seinen Frust über die «enttäuschende Veranstaltung» vom Leibe, doch seine Rede vom «liebenden Kampf» großer Athleten wollte nicht so recht passen zum öden Einheitsbrei, der in Paris serviert wurde. Daume jedoch versuchte klarzumachen, daß Olympische Spiele mehr sein könnten, als das von Samaranch gelenkte Milliardengeschäft. Daume: «Liebender Kampf, das ist auch Weltkultur, dahin zeigt die Nadel des Kompasses in das nächste Jahrhundert».

173

Rednerliste streichen – daß er auch was sagen soll, hatte er erst vor Ort erfahren. Hätte sich der alpine Held allerdings «vernünftig vorbereiten» können, so hätte er die Olympier «gerne daran erinnert, daß bei den Spielen endlich der Athlet im Mittelpunkt stehen» müsse – ganz so, wie es Samaranch auch in seiner Eröffnungsrede in Atlanta im Juli gewiß wieder beteuern wird.

Das IOC und seine Gäste bewohnten die besten Hotels, empörte sich Wasmeier, aber «die Sportler, die für das Spektakel sorgen und Höchstleistungen erbringen müssen, hausen auf dreieinhalb Quadratmetern. Ich denke, es müßte eigentlich genug Geld für alle dasein dank der vielen Sponsoren». Wer wohl ans Rednerpult trat, war der ehemalige Hürdenläufer Harald Schmid. Doch leider wurde ihm nicht gestattet, über die Gefahren des Dopings zu sprechen. Ein Hauptreferat zu diesem Thema hielt der Chef der Welt-Leichtathletik, Primo Nebiolo, der mit der Leistungsmanipulation ja auch recht gut vertraut ist.

Es wäre gelogen zu behaupten, das IOC habe den Sportlern zum Festkongreß den Mund verboten. Nein, einige meldeten sich zu Wort. Etwa Katarina Witt, der Samaranch seit langer Zeit wie ein väterlicher Freund zugetan ist. Oder Edwin Moses, der frühere Hürden-Olympiasieger aus den USA, der seither als Festredner in Sachen Sport um den Globus jettet. In Paris trat er «im Namen der Athleten der Welt» auf, forderte die übliche Mitbestimmung und zentrale olympische Dörfer für alle Sportler und versäumte es nicht, in seinem Kurzreferat vier Dankeschöns an Samaranch unterzubringen. Dabei war Moses noch zurückhaltend, gemessen am Vortrag des früheren französischen Fechters Philip Riboud.

Das Mitglied der IOC-Athletenkommission nutzte die werbeträchtige Chance, in seine gewichtsfreien Sportbetrachtungen auch «meine Doktorarbeit über die Thesen des Olympismus» einzuweben.

Als die viertägigen Wortkaskaden des Jahrhundertkongresses in der Seine versickert waren, hatte auch das Projekt der sinnstiftenden Erneuerung den Geist aufgegeben. Das Bemühen der Ringe-Vermarkter, sich mit Hunderten Kurzvorträgen im 3-Minuten-Takt als familiärer Werteverbund zu präsentieren, zeitigte ein gegenteiliges Erscheinungsbild: das einer sektiererisch wirkenden Gruppe, deren Führungsanspruch auf Wirtschaftspower, TV-Milliarden und der Zahlungsmoral ihrer Sponsoren gründet.

Zu Beginn der Pariser Sinnsuche hatte Samaranch gesagt: «Wir müssen uns vor Gigantismus hüten.» Als die Party vorbei war, stand fest, daß auch Taekwondo, Triathlon und Snowboardfahren olympische Weihen erfahren. Zum Kummer der künftigen Ausrichter, die das aus den Zeitungen erfuhren.

Fest stand auch, daß das um Transparenz im Olymp bemühte IOC Überlegungen anstellt, die Spiele künftig mit einer eigenen Fernsehgesellschaft zu vermarkten. Ein Thema, von dem seither nicht mehr viel zu hören ist. Kein gutes Zeichen, so steht zu vermuten.

Einen langen, da mehr als viertelstündigen öffentlichen Auftritt hatte Journalist David Miller. Als Samaranch-Günstling bekannt, durfte der Brite seine Biographie Samaranchs vorlegen. Der umfassende Schmöker sei nur in dessen Schlußsatz zusammengefaßt: «Das IOC unter der Führung von Samaranch ist das universalste gesellschaftliche Werkzeug des Friedens in unserer Zeit.» In La Defense wurde das Buch zum noblen Friedenswerk gleich tausendfach an die Kongreßteilnehmer verschenkt, sicherheitshalber viersprachig: englisch, französisch, spanisch, deutsch. Eine norwegische Version lag zu diesem Zeitpunkt noch nicht vor.

Doping

Im Rausch des Goldes

Spritzen, schlucken, sprayen. Alle vier Jahre geht's um den schnelleren Dollar, den höheren Marktwert, um neue Verträge mit Klubs und Sponsoren. Zugleich verschärft sich die Rivalität unter den Athleten, weil immer mehr an den Spielen teilnehmen wollen, diese aber immer weniger Aktiven einen Platz bieten. Der für Olympias Geschäftemacher hochwillkommene publikumswirksame Andrang läßt sich nur über zunehmend verschärfte Qualifikationskriterien steuern. Das bedeutet für viele Athleten, daß sie eine zweite, fast schon olympiareife Wettkampf-phase vor die eigentlichen Spiele schalten müssen – und für viele auch, daß sie einen zweiten Doping-Zyklus ansetzen müssen.

Muß man Doping erklären? Das künstliche Heraufsetzen der Leistungsgrenzen im Sport mit Hilfe von Drogen, Aufputsch- und Arzneimitteln ist im olympischen Spitzengeschäft immer noch die Regel, nicht die Ausnahme. Die Bedeutung des Dopings liegt überdies in der Verformung charakterlicher Integrität: Doping meint Betrug. Es steht für eine Ideologie der ungehemmten Leistung und macht den Spitzensport zur ethikfreien Zone. Das ist zuvorderst die bittere Frucht des Milliardenspiels Olympia. In der Realität nämlich sorgt der moderne olympische Sport dafür, daß die Persönlichkeit vieler Athleten ausgehöhlt wird.

177

Dopingproben bei Olympia

1968	Grenoble	86	positiv keine
	Mexico	667	–
1972	Sapporo	211	1
	München	2079	7
1976	Innsbruck	390	2
	Montreal	1786	11
1980	Lake Placid	440	–
	Moskau	1645	–
1984	Sarajevo	424	1
	Los Angeles	1507	12
1988	Calgary	492	1
	Seoul	1598	10
1992	Albertville	522	–
	Barcelona	1848	5
1994	Lillehammer	529	–

(Quelle: «100 Jahre Olympische Spiele» von Karl Adolf Scherer)

Natürlich reisen die Athleten nicht bis in die Fasern vollgepumpt zu den Spielen und hoffen dort, nicht überführt zu werden. Dieses Risiko wäre zu groß, denn bei Olympia gelten dieselben Wettkampf-Nachkontrollen für Medaillengewinner und Endkampfteilnehmer wie bei anderen hochkarätigen Wettkämpfen. Gedopt wird also in den Wochen und Monaten zuvor, während der Trainingsphase, in der es gilt, Muskel- und Ausdauerkraft aufzubauen. Pillen, Ampullen, Spritzen, Stimulantien für Geist und Fleisch, Eigenblut und Fremdurine wandern da von Hand zu Hand und manchmal auch woanders hin. Immense Schwarzmärkte versorgen den olympischen Sport. Und längst nicht überall werden die umfänglichen Aufbau- und Übungsprogramme von Kontrolleuren gestört.

Katrin Krabbe war das in Südafrika passiert. Deutschlands Sportlerin der Jahre 1990 und 1991 wäre mit einem Olympiasieg in Barcelona 1992 vielleicht in ähnliche Verdienstdimensionen vorgestoßen wie Ben Johnson. Kanadas Wunderläufer wurden für seinen Olympiasieg in Seoul 30 Millionen Dollar prognostiziert. Der Unterschied zwischen Johnson und Krabbe auf der einen und vielen anderen Spitzenathleten auf der anderen Seite: Die beiden wurden erwischt. Wiederholt erwischt bei einem Kavaliersdelikt, für das sich viele Athleten auch in Atlanta wieder bestens präpariert haben werden – für das Abräumen der Medaillenregale im olympischen Supermarkt. Um jeden Preis. Der ganze Idealkram taugt nur zum Ladenhüter für Hobbysportler.

Daß das Geschäft in vielen Rekordbereichen nur noch mit unlauteren Hilfsmitteln zu betreiben ist, hat sich bei vielen Sportlern als Denkmuster eingebrannt. So äußerte sich der einzige deutsche Klassesprinter bei der WM 1995 in Göteborg, Marc Blume: «Da kauerst du in den Startklötzen und wirkst trotz aller scharfen Dopingkontrollen deplaziert. Rechts von dir Muskelpakete, links ebenfalls. Ich weiß, mit welch ausgeklügelten Methoden diese kräftigen Männer ihre Körper verformt haben. Aber solange keine Beweise vorliegen, darf ich nichts sagen.»[48] Blume schied im Vorlauf aus, seine Bezwinger, zumeist rennende Muskelberge, wurden negativ getestet. Vielleicht war einer von ihnen tatsächlich «sauber», ein Anti-Doping-Paß mit den Daten regelmäßiger Trainingskontrollen hätte Skeptiker möglicherweise überzeugt. So aber dominiert das Mißtrauen den olympischen Sport.

In einer Gesellschaft, die den Zweiten als Verlierer betrachtet, geraten Athleten schnell in Versuchung. Doch fällt die letzte Schranke in der Regel erst, wenn ein Athlet das olympische Geschäftsprinzip an den Körpern und Rekordleistungen der Gegner ablesen kann. Er beginnt zu dopen, weil er es von Kameraden und Trainern so eingeflüstert bekommt, weil er Ärzte kennt, die engagiert oder achselzuckend mitmachen, weil die Funktionäre angestrengt wegschauen, obwohl sie alles mitkriegen. Er dopt, weil sich die Gesellschaft mit der Entwicklung arrangiert zu haben scheint.

Die nämlich, so führen Dopingverharmloser gern ins Feld, sei selbst zunehmend von Alkohol, Nikotin und Pharmaka abhängig. Ein dummes und gefährliches Argument. Vor allem, weil sich der Athlet freiwillig einem Regelwerk unterwirft und sich im olympisch geprägten Sport zu einer Grundhaltung verpflichtet: Die Leistung, für die er bekränzt, bezahlt und bewundert wird, hat die seines eigenen Körpers zu

Doping

Folgender Grundsatz läßt sich als pragmatische Doping-Definition bezeichnen:

Doping ist die Verwendung von Substanzen aus den verbotenen Wirkstoffgruppen und die Anwendung verbotener Methoden.

I. Verbotene Wirkstoffgruppen

A   Stimulantien (Aufputschmittel, Amphetamine, Ephedrin u. a.)
B   Narkotika (schmerzstillende Mittel)
C   Anabole Wirkstoffe (Steigerung von Muskelmasse und -kraft)
D   Diuretika (harntreibende Mittel, um Gewicht zu verlieren und den Nachweis anderer verbotener Substanzen zu erschweren)
E   Peptidhormone und Analoge (u. a. Wachstumshormone HGH)

II. Verbotene Methoden

A   Blutdoping (künstliche Zuführung von roten Blutkörperchen)
B   Pharmakologische, chemische und physikalische Manipulation (u. a. Urinaustausch, Katheterisierung, Verdünnen von Urin)

III. Wirkstoffgruppen, zugelassen nur mit gewissen Einschränkungen

A   Alkohol
B   Marihuana
C   Lokalanästhetika
D   Kortisteroide
E   Beta-Blocker

Die unter III. genannten Wirkstoffgruppen sind in manchen Sportarten gestattet, bzw. muß Dosis und Art der Anwendung den Dopingkontrolleuren schriftlich mitgeteilt werden.
Die Wirkstoffgruppen und verbotenen Methoden werden regelmäßig durch die medizinischen Kommissionen des IOC und der Sportverbände aktualisiert. In den Dopinglisten sind alle verbotenen Reagenzien verzeichnet.

(Quelle: «Dopingkontrollen», herausgegeben vom Bundesinstitut für Sportwissenschaft, 1993) sein. Nicht die von zusätzlichen Hormonschüben aus dem Labor.

Doping im Sport ist nicht einfach gleichzusetzen mit obwaltendem Drogenmißbrauch in der Gesellschaft. Überforderte Manager, die sich mit Stimulantien aufputschen, depressive Künstler, die sich an Koks und anderen Stoffen aufrichten, Trendsetter, die sich aus Eitelkeit mit Kraftfutter im Bodystudio mästen, oder Verzweifelte, die sich mit Alkohol und Nikotin betäuben, richten sich eigenverantwortlich zugrunde. Es gibt niemanden, der sich an diesem Raubbau orientieren muß. Sie haben nichts gemein mit einem körperlich gesunden Berufsathleten, der arzneigedopt zum umjubelten Olympiasieg flitzt. Der Millionen dafür kassiert, daß er Millionen täuscht.

Was aber bringt ein sauberer Sport, außer weniger Rekorden? Die Antidoping-Übungen des IOC und seiner Hintersassen sind entlarvend exorzistisch: Man bekämpft mit frommen Regeln, Phrasen und Kampagnen vor allem eine skandalöse Außenwirkung, nicht die Ursachen. Es ist zwar ein olympischer Gerichtshof installiert – den fast niemand anruft –, aber es fehlt an einer entschlossenen Strategie, einem einheitlichen Strafkatalog, einem weltweit dichten Kontrollnetz. Das IOC hätte die Macht, diese Punkte von den olympischen Sportverbänden einzufordern. Das Geld zur Finanzierung des Plans hat es sowieso, notfalls über demonstrative Umverteilungen. Der sogenannte «Medical Code», 1994 in Paris verabschiedet, der all diese Punkte enthält, sollte bahnbrechend in der Dopingbekämpfung sein. Doch nicht alle Verbände halten sich daran, obwohl doch der Belgier Prinz Alexandre de Merode, IOC-Vizepräsident und Vorsitzender der medizinischen Kommission, in Paris erklärt hat,

Alle klagen über die teuren Tests. Wer soll weltweite Trainingskontrollen bezahlen?
«Das IOC. Die scheffeln doch das Geld. Da bauen sie sich ein Museum hin in Lausanne – sie sollten das Geld für Dinge einsetzen, die wichtig sind. Das würde mehr Glaubwürdigkeit schaffen. Das IOC könnte viel mehr machen, wenn es denn wollte. Zwanzig Jahre lang ist nicht gewollt worden.»
Bis dahin sind Sie offensichtlich nicht vorgedrungen?
«Ach wo. Selbst Herr Daume hat doch schon damals zu meinem Buch gesagt: So ein Machwerk, das lese er nicht.»
Brigitte Berendonk, 1994

181

Helmut Digel, der Präsident des Deutschen Leichtathletikverbandes, hat zum «entscheidenden Kampf» gegen Doping-Dealer im Umfeld von Athleten und zur lebenslangen Sperre von Sportmedizinern und Trainern, «die sich schuldig machen», aufgerufen. Digel erklärte: «Bislang ist es uns lediglich gelungen, die Athleten zu kontrollieren. Alle anderen haben wir mit unserem Kontrollsystem bis heute nicht erfaßt.» Die Methoden der Doper seien teilweise wissenschaftlich raffiniert, erklärte Digel, es gebe in Deutschland einen erheblichen Markt von Wachstumshormonen. Es sollten endlich jene bestraft werden, die als «Dealer in den Sportorganisationen im Hintergrund mitwirken».

wer von den Verbänden nicht mitzieht, «nimmt nicht mehr an den Olympischen Spielen teil». De Merode hat sogar über einen einheitlichen Dopingpaß fabuliert, der im Jahr 2000 Voraussetzung für eine Olympiateilnahme sein könnte.

Große Worte, schnell vergessen. Vorerst wird das Schwungrad bis Atlanta weitergedreht:

– mit Reinheits-Gelöbnissen gedopter Athleten,

– mit skrupellosen Praktiken von Trainern und Medizinern, die zwischen ethischem Vakuum und juristischer Grauzone arbeiten,

– mit den glitzernden Krokodilstränen der Funktionäre, die von allem nichts wissen und die um Verständnis dafür bitten, daß sie es irgendwann leid sind, immerzu bösen Gerüchten nachspüren zu müssen,

– mit Journalisten, die sich an den Siegen ihrer Helden laben und die Öffentlichkeit im Irrglauben lassen, indem sie – wider besseres Wissen – gewisse Leistungen nicht durchleuchten.

Auch die älteren Herren im Olymp tun gern so, als wüßten sie nicht recht, daß sie einer gigantischen pharmazeutischen Liga präsidieren. Dabei wären sie als erste vom sportiven Artensterben bedroht. Dies behauptet jedenfalls Samaranch: «Doping ist der Tod des Sports!» Er vergißt selten, diese Sentenz ins Zentrum weltumspannender Moralbetrachtungen zu rücken, und verweist dabei gern auf eine in der Praxis durch nichts gestützte aktive Vorreiterfunktion des IOC in der Dopingbekämpfung.

Es ist zwar nicht die nächstliegende Adresse, doch vielleicht hätte sich Samaranch über die Dopingentwicklung in der Sportwelt einmal bei Richard von Weizsäcker informieren sollen. Schon Ende 1985 hatte der damalige Bundespräsident bei der Versammlung des deutschen NOK vor Entwicklungen gewarnt, die eigentlich in die Verantwortung der Weltsportführung IOC fallen: «Die Gefahr, daß spezifische Körpertypen für spezifische Sportarten entwickelt werden, ist nicht länger Science-fiction. Aus diesem Grund können wir am Horizont bereits die Gefahr erkennen, daß spezifische Sportlertypen mittels mehr oder weniger versteckter oder gar genetischer Manipulationen gezüchtet werden.»[49]

Damals experimentierten etwa in sibirischen Trainingslagern russische Wissenschaftler im Teamwork mit ostdeutschen Kollegen an Kaderathleten herum, darunter vielen Minderjährigen. Bei diesen Genmanipulationsprojekten kam es zu bösen Pannen – und auch zu Todesfällen. Erforscht wurde nach Insider-Berichten kaum Vorstellbares wie die Implantierung von Wachstumshormonen, gentechnische Fensteröffnungen und Laserbehandlungen im menschlichen Rückenmarkskanal. Die Brutalität, mit der dabei vor allem sowjetische Wissenschaftler vorgingen, hat sogar die DDR-Genossen verunsichert. Der langjährige Chef-Doper des DDR-Sports, der Mediziner Dr. Manfred Höppner, berichtete der Staatssicherheit unter seinem Decknamen «IM Technik» über ein brüderliches Teamwork mit «Geräten zur Reizstrombehandlung an bestimmten Muskelsystemen», die höchste Risiken bargen: «Bei falscher Behandlung zum Beispiel über Kreuz u. a. kann Herzflimmern bzw. Herzstillstand bei dem Sportler eintreten.»[50]

Doktorspiele mit Tod und Teufel, Menschen als medizinische Verfügungsmasse – dokumentiert auf Papieren der Stasi und des KGB. Jahrelang jagten Staatsanwaltschaften, Geheimdienste und ehemals involvierte Wissenschaftler zwi-

Ahnungslos
Die durch unzählige Dokumente und Zeugenaussagen längst erwiesene Existenz eines flächendeckenden Dopingsystems in der DDR bestreitet Ex-Sportchef Manfred Ewald bis heute. Ewald sieht sich als Verlierer des Klassenkampfes, folglich als Opfer der von DSB-Präsident Manfred von Richthofen angeführten bösen Mächte. Ewald schrieb 1994 in seinen Memoiren: «Herr von Richthofen hat seine Antwort schon erhalten: Mit 89:9 stimmte der internationale Sport gegen Olympia in Berlin, unter anderem wegen seiner Sportpolitik. Die Behauptung, von mir oder seitens der Sportleitung der DDR sei ein flächendeckendes Doping angeordnet worden, ist unwahr und unsinnig. Sie zeugt außerdem von einer völligen Unkenntnis des Sports in der DDR.»

Walter Kusch, Schwimm-
Weltmeister von 1978,
über den Beginn des Do-
pingzeitalters in der Bundesrepublik: «Es gab also
Zeiten Anfang der siebzi-
ger Jahre, wo diese Sa-
chen auch zu kriegen wa-
ren bei den großen
Sportartikelherstellern.
Die sagten dann mal:
Mensch, habt ihr das
schon gehört, da gibt's
noch was ganz Neues.
Haben wir zufällig noch
'n paar da, wenn ihr mal
ausprobieren wollt. Das
war also wie ein Bauchla-
den, so wurde das teil-
weise verkauft.»

schen Berlin und dem thüringischen Erfurt einen
Aktenfundus, den ein beteiligter Sportmediziner
beiseite geschafft hatte. Der Arzt Jürgen Stanzeit
hatte über viele Jahre menschliche Versuchsrei-
hen mit sowjetischen und ostdeutschen Olym-
pia-Athleten in entlegenen Militär- und Trai-
ningscamps in Minsk und Nowosibirsk verfolgt.
Betreiber des teuflischen Gefummels am
menschlichen Gen war das Moskauer Sportinsti-
tut unter Mithilfe des DDR-Dopingfabrikanten
Jenapharm. Aus Stanzeits Tagebuchaufzeich-
nungen geht hervor, daß er Mitte der achtziger
Jahre ausstieg, weil er die psychische Belastung
nicht mehr aushielt. Er selbst kann dazu nicht
mehr befragt werden. Im April 1991 ist er unter
mysteriösen Umständen vom Dach des Berliner
Europacenters gestürzt.[51]

Die Schaffung einer neuen menschlichen Su-
perrasse war vor allem im Sport der Ostblock-
staaten kein Traumgespinst. Der Sport hatte die
wahnwitzige politische Aufgabe, die Überlegenheit des sozialistischen Systems zu demonstrieren. Funktionäre forderten deshalb vehement die
«Superpille» – ein Klima, das einer besessenen
Subkultur von Medizinern Auftrieb gab. Und
das nicht nur in Labors hinter dem Ural. Wer
Schöpfer spielen will, darf vor keinem Tabu zu-
rückschrecken, selbst wenn er vor der Aufgabe
steht, «mit profanen Fingern die gewaltigen Geheimnisse der menschlichen Struktur zu stören».
Mary Shelley schrieb diesen Satz in ihrem Buch
«Frankenstein».

An Doktor Frankensteins Kreaturen wird sich
die Welt erinnern, sobald die ersten Unfälle mit
dem neuen Renner der olympischen Saison be-
kanntwerden. Mit HGH, dem menschlichen
Wachstumshormon, das nur über Bluttests nach-

zuweisen ist. Auch das IOC hat den Trend schon spitzgekriegt. 1995 kündigte Chefmediziner Alexandre de Merode eine «neue Etappe im Dopingkampf» an. Dem IOC lägen Berichte vor, wonach besonders das Wachstumshormon im olympischen Sport weit verbreitet sei.

Die Berichte könnten aus der US-Bibel für Fachdoper, dem «Underground Steroid User's Handbook», stammen. Das Buch steht auf dem Index der US-Drogenfahnder, doch der Verkauf floriert unterm Ladentisch. Ein Auszug zum Thema Wachstumshormon:

«Wow, ist das ein starker Stoff! Es ist die beste Droge für anhaltende Muskelgewinne. Es ist das Basishormon der Hirnanhangsdrüse, die für dein Körperwachstum sorgt. Benutzer dürfen 30 bis 40 Prozent Muskelzuwachs in zehn Wochen erwarten, wenn sie mehr als 10000 Kalorien pro Tag essen können... ein paar Nebeneffekte können natürlich eintreten. Es könnte dein Kinn, deine Hände und Füße verlängern, aber das endet mit dem Absetzen der Droge. Teenager können Diabetes bekommen. Es kann auch deinen Brustkasten und den Hüftumfang vergrößern. Massive Gewichtszunahmen über so einen kurzen Zeitraum können dir auch Herzprobleme bescheren. Wachstumshormone sind das größte Glücksspiel für einen Athleten, weil die Nebeneffekte irreparabel sind. Trotz allem, wir LIEBEN diesen Stoff.»

Womöglich nicht nur jener Autor. Vor allem unter US-Leichtathleten stieg seit 1992 der Gebrauch von Zahnspangen und Geräten zur Kieferkorrektur auffallend an. Bei ausgewachsenen Menschen, wohlgemerkt.

Ob Weizsäcker von künftigen Perversionen ahnte, als er Deutschlands Olympiern 1985 die

Im Olympiajahr 1996 werden in Deutschland 4000 Dopingtests vorgenommen. An den Olympischen Spielen kann nur teilnehmen, wer sich dem nationalen Kontrollsystem, mit Trainingskontrollen zu jeder Zeit, unterzieht. Bis Anfang 1996 hatten auch hochbezahlte Profis wie Steffi Graf, die Radfahrer Olaf Ludwig (Olympiasieger 1988) und Erik Zabel (zweimaliger Etappensieger der Tour de France) sowie die noch in der Qualifikation befindliche Fußball-Nachwuchsauswahl ihre Bereitschaft zum Dopingkontrollsystem erklärt. Von 6 bis 24 Uhr müssen deutsche Sportler jederzeit für Kontrollen zur Verfügung stehen. Bei Abwesenheit vom Wohnort von mehr als drei Tagen unterliegen die Athleten zudem einer Meldepflicht, so daß die Fahnder jederzeit darüber informiert sind, wo sich die Sportler aufhalten.

Leviten las? Die Lösung sah er «in einer klaren und verbindlichen Ethik des Sports». Eine solche einzuführen und strikt zu überwachen müßte indes die originäre Aufgabe des IOC sein. Wichtiger, als die fünf Kringel alle paar Jahre aufs neue an Coke, Mars und NBC zu verhökern? Ja, würde Weizsäcker meinen: «Der weltweite Erfolg befreit den Sport nicht von der Verpflichtung, seine tiefsten Prämissen zu untersuchen. Im Gegenteil.»

Olympiazyklen

Auf fruchtbarem Boden landeten die Worte des Staatsoberhauptes nicht. Die Bundesrepublik führte damals noch den Ersatzkrieg mit dem Klassenfeind, und daß hinterm Eisernen Vorhang geschluckt und gespritzt wurde, was die Giftküchen der Wissenschaft hergaben, war bekannt. Mediziner und Funktionäre West gingen den Sportsfreunden Ost deshalb schnurrend um den Bart und hofierten sie, um die letzten Geheimnisse zur Erlangung olympischen Goldes in Erfahrung zu bringen. Aus diesem Grund funktioniert das internationale Schweigebündnis der Funktionäre und Wissenschaftler auch heute, Jahre nach dem Fall der Mauer, vorbildlich: Wenn alle dichthalten, läßt sich keiner herauslösen, der wiederum andere verpetzen könnte. Pech nur, daß doch einer gepetzt hatte. Und zwar lange vor der Wende – gegenüber der Stasi, die alles säuberlich niederschreiben ließ.

Der bereits erwähnte Manfred Höppner, stellvertretender Leiter des Sportmedizinischen Dienstes der DDR und zugleich Stasi-Spitzel, hatte natürlich nicht damit gerechnet, daß seine Berichte einmal im Licht der Weltöffentlichkeit landen könnten. Über ein Jahrzehnt pinselte Höppner unter dem Decknamen «IM Technik» ein Sittengemälde des Weltsports, das alle Ahnungen übertraf und einen herausragenden Platz im olympischen Museum verdient hätte.

«Es ist eine Barbarei. Junge Mädchen wurden in diesem Lande ohne Information, was sie bekamen – erst recht ohne Aufklärung über Nebenwirkungen –, gedopt. Die Eltern wußten es nicht, ja sie wurden sogar durch Maßnahmen, sozusagen Sprachregelungen, belogen nach Strich und Faden, was sie denn bekämen, was das anderes sei. Die Ärzte, die das gemacht haben, haben gegen ihre Standesethik verstoßen, die haben gegen Strafgesetze verstoßen. Nicht Sportdoping als Betrug ist also für mich das Thema, sondern die staatliche Manipulation junger Menschen durch persönlichkeitsverändernde Medikamente – von der Regierung praktisch angeordnet, gegen die Gesetze eben dieser Regierung.»

Prof. Werner Franke, Molekularbiologe aus Heidelberg, Dopingaufklärer, über Doping an Minderjährigen in der DDR.

Ein olympiahistorisch wertvolles Dokument beispielsweise ist Höppners Treffbericht mit seinem Stasi-Führungsoffizier «Norbert» vom 7. November 1974. Das dringliche Treffen fand im Auto statt. Der hochrangige Sportmediziner berichtete dem Stasi-Offizier brühwarm über eine Regierungsvorlage, die die DDR-Leistungssportkommission kurz zuvor erarbeitet hatte. Konkret ging es dabei um «die Vorlage ‹unterstützende Mittel›» – es war die Geburtsstunde des Systemdopings. Die Vorlage «unterstützende Mittel» wurde später vom Zentralkomitee der SED zum Doping-Staatsplanthema 14.25 abgesegnet. Ein Staatsplan immerhin, der das Interesse der DDR an einem pharmakologisch gepuschten Spitzensport mit allen gesellschaftlichen Blendwirkungen regierungsamtlich machte. Die überragende nationale Bedeutung, die man der Schmuddelwissenschaft beimaß, fand angemessenen Ausdruck in der Bezeichnung, die für die einzelnen Etappen des Dopingplans verfügt wurde: «Olympiazyklen». Dopingzyklen im Namen Olympias, unter der Regie des olympischen Ordensträgers Manfred Ewald.

Es ist ein Verdienst der Heidelberger Oberstudienrätin Brigitte Berendonk, einer ehemaligen Leichtathletin, und ihres Ehemanns, des Molekularbiologen Prof. Werner Franke, in den Jahren 1990 / 91 geheime Unterlagen über diese Olympiazyklen vor dem Reißwolf gerettet zu haben. In Berendonks Buch «Doping-Dokumente – von der Forschung zum Betrug» sind auch die Namen derjenigen aufgelistet, die in die Projekte eingebunden waren. Berendonk und Franke haben sich überdies, was in der ehemaligen DDR gern ignoriert wird, auch dezidiert mit den Dopern in der Bundesrepublik auseinandergesetzt. Die Stasiakten vervollkommnen nur das Bild.

Manfred Ewald kämpfte offenbar von Beginn an mit gewaltigen Gewissensblähungen, das Betrugsprojekt konnte gar nicht heimlich genug eingefädelt werden. Sein Handlanger Dr. Höppner informierte die Stasi über jene richtungweisende konspirative Sitzung im November 1974: «Soweit vorhanden, wurden die nicht mehr gültigen Erstausfertigungen eingezogen. Das Exemplar des IMV (Höppner, d. A.) blieb in dessen Händen, da er es noch für die Ausarbeitung einer Sicherungsbestimmung im Umgang mit unterstützenden Mitteln benötigt. Zu einem späteren Zeitpunkt wird auch dieses zur Vernichtung übergeben.»

Heidenangst vor Entdeckung trieb Ewald um. Er muß damals bereits eine unwägbare Zukunft gefürchtet haben, und so ließ er alles einstampfen, was sein gewissenloses Treiben hätte belegen können. Höppner an die holprig notierende Stasi: «Die anläßlich der Sitzung ausgegebenen Neuausfertigungen wurden zum Schluß wieder eingezogen, nachdem Ewald den Vorschlag unterbreitete, lediglich ein Protokoll über die Sitzung anzufertigen, und begründete die Maßnahme damit, daß es besser wäre, wenn über diese spezielle Frage kein unnötiges Material vorhanden ist, man könne nie wissen, wie alles einmal kommt.» Ein Wende-Trauma schon 1974?

Damals ging's erst mal bergauf mit den Sporthelden der DDR. Zur Unterstützung zogen deren Sportmediziner als fünfte Kolonne in die Medizinkommissionen von IOC und IAAF ein. Insider wie der frühere Schwimmcoach Michael Regner erkannten, daß der Spitzensport in der

DDR «genauso organisiert sei wie die Armee».[52] Rigoros wurde der Talent-Darwinismus zur Methode, angefangen bei einer wissenschaftlich gesteuerten Massenhaltung in Kinder- und Jugendsportschulen. Im Parteiauftrag wurden auch Minderjährige gefüttert, ohne Wissen der Eltern.

Das «Anti-Dopinglabor» in Kreischa bei Dresden führte vor internationalen Wettkämpfen sogenannte Ausreisekontrollen durch: Nur Athleten, deren Körper die Drogen rechtzeitig abgebaut hatten, wurden ins Ausland geschickt. So kam es, daß bei internationalen Meisterschaften lediglich zwei Betriebsunfälle zu verbuchen waren: Die Kugelstoßerin Ilona Slupianek hatte es 1977, den Radfahrer Norbert Dürpisch ein Jahr später erwischt. Andere positive Fälle wie die des Turnweltmeisters Ralf-Peter Hemmann (1981) oder der Sprinterin Marlies Oelsner-Göhr (1975) wurden im Verein mit den Doperfreunden aus Ost und West unter den Teppich gekehrt.

So krempelten ehrgeizige Apparatschiks und gewissenlose Mediziner den Weltsport zum Tummelplatz ihrer Selbstsüchte um. Betrug war an der Tagesordnung. 1978 bei der Leichtathletik-EM in Prag waren laut Stasi-Papier 19 Sowjet-Athleten positiv, doch erfolgte «keine öffentliche Auswertung» (IM Technik alias Höppner). Bei der Hallen-EM im Jahr darauf in Wien wurde erneut eine Russin ertappt. Doch laut Höppner verfügte Sportdiktator Ewald, die Athletin «nicht preiszugeben», weil er bis zu den Sommerspielen 1980 in Moskau «Material sammeln will, um die Freunde gegebenenfalls zu zwingen, bei positiven Befunden unter DDR-Athleten Nachsicht zu üben».

Derlei konspirative Deals erklären, wie es 1980 in Moskau zu den offiziell «ersten dopingfreien

Spielen» Olympias kommen konnte. Unter den Augen des neugewählten IOC-Chefs Samaranch wurde nicht ein einziger Sünder überführt. Wäre es ehrlich zugegangen, hätte Moskau 1980 ein Desaster erlebt. Zahllose Dopingbefunde wurden unterdrückt, oder es wurde gezielt nach den falschen Mitteln gesucht, nach Resten von Borschtsch und Käsekuchen. Erst lange nach der Schlußfeier erfolgte Aufklärung darüber, wie schmutzig die Moskauer Spiele wirklich waren.

Eine Urinprobe wird in A- und B-Probe unterteilt. Ist die A-Probe negativ, ohne Befund einer verbotenen Substanz, kann die B-Probe nach einer Aufbewahrungszeit vernichtet werden. Nach den dopingfreien Boykottspielen schlummerten also Hunderte eingefrorener B-Proben in den Labors von Moskau und Leningrad. Manfred Donike, der mit den boykottierenden Deutschen ausgesperrte führende Dopingfahnder aus Köln, machte sich auf den Weg. Kollegen, denen er bei der Einrichtung ihrer biochemischen Institute behilflich gewesen war, überließen ihm sorglos die olympischen B-Proben zur wissenschaftlichen Nachbestimmung, und im Biochemischen Institut an der Kölner Sporthochschule wurde bald fleißig ausgewertet.

Was Donikes Stab ermittelte, wird vermutlich nie Eingang ins olympische Museum finden. Festgehalten ist es dafür in der Doktorarbeit des mit der Analytik befaßten Donike-Schülers Johann Zimmermann. Der stellte fest, daß bei der Moskauer Olympiade – noch zum Zeitpunkt der Wettkämpfe – allein 7,1 Prozent seiner weiblichen Testpersonen stark überhöhte Werte des männlichen Geschlechtshormons Testosteron aufwiesen.[53] Eine erschreckende Dopingquote, die nach Donikes inoffiziellen Ermittlungen noch übler ausfiel: Er fand zwölf positive Urin-Befunde und weitere vier Dutzend mit anabolen Resten. Solche Resultate passen nicht ins saubere Bild von Olympia. Ein Glück also, daß sie damals nicht bekannt wurden und daß es bei späteren Spielen immer mal wieder zu rätselhaften Urinprobenverlusten kam.

Natürlich wurde exzessiv weitergedopt. Am abenteuerlichsten trieben es die Sowjets, die 1988 in Seoul gar ein richtiges Doping-Schiff vor der koreanischen Küste liegen hatten. Das KPdSU-Organ «Znema» gab 1989 zu, daß sich an Bord der «Michail Scholochow», 60 km entfernt von Seoul, eine 2,5 Millionen Dollar teure Einrichtung für Dopingtests befand, mit deren Hilfe die Sowjets ihre Olympioniken bis Stunden vor dem Startschuß klarmachen konnten.

Dagegen ging's in der DDR wissenschaftlicher zu. Winfried Schäker vom Forschungsinstitut für Körperkultur und Sport (FKS) in Leipzig experimentierte an Sportlern mit Kombinationen aus Steroiden und Neuropeptidhormonen, die angeblich Lern- und Konzentrationsfähigkeit förderten. Andere verfütterten die mysteriöse «Substanz P», ein aus elf Aminosäuren bestehendes Protein, um dessen angebliche Fähigkeit zur Angstunterdrückung zu testen. Erfreut stellte man fest, daß das Mittel bei Kontrollen nicht nachgewiesen werden konnte.

1988, nach Seoul, erhielt die Hormonabteilung der Sporthochschule Leipzig einen Nationalpreis. «Warum die?» empörte sich die Ostberliner Pharmakologin Else Ackermann. Als CDU-Abgeordnete nahm die frühere Insiderin 1993 kein Blatt mehr vor den Mund: «Die Wissenschaftler sind doch nicht selbst bei Olympia gerannt. Sie waren aber für das exakte Timing des

Dopings zuständig und dafür, daß die Mittel rechtzeitig vor Wettkampfkontrollen abgesetzt wurden. Sie erhielten modernste Gerätschaft wie Gas-Chromatographen. Andere Pharmakologen lechzten nach solchen Dingen, aber wir arbeiteten mit alten Apparaten aus den sechziger Jahren. Wichtig war nur, daß im Sport die Fahne möglichst oft hochgezogen werden konnte.»[54]

Kein Preis war dafür zu hoch. «Schon in den siebziger Jahren», so berichtet Else Ackermann, «lag hier in Berlin eine ganze Reihe von Leistungssportlern mit Leberschäden in den Krankenhäusern. Ärztekollegen vom Krankenhaus Berlin-Buch erzählten von jungen Mädchen, die wie ausgeflutschte Zitronen im Inneren Klinikum landeten.» Hormonelle Körpermast wirkt wie eine Zeitbombe, warnt Ackermann: «Hepatitis kann eine Anlaufzeit von bis zu 20 Jahren haben.» Aber so weit wird im Sport nicht vorausgeplant.

Das Betrugssystem boomte, überforderte ehrenamtliche Tugendwächter wie das IOC duldeten es, der kriminellen Energie vermochten sie nichts entgegenzusetzen. Doch war die Betrugsmentalität keineswegs nur im Osten am Wuchern; die Kollegen aus West und Ost hielten guten Kontakt und trafen sich in vielen Gremien, auf Sitzungen, am Rande zahlloser Wettkämpfe.

So kam es, daß sich der DDR-Oberdoper Höppner gegenüber der Stasi schon früh seiner angeblich engen Bande zum langjährigen westdeutschen Olympiaarzt Joseph Keul rühmte. Der süddeutsche Universitätsmediziner habe ihn mal an die Bar, mal aufs Hotelzimmer und sogar in seine Freiburger Villa eingeladen. Immer öfter beauftragte die Stasi ihren Spitzel Höppner, «den Kontakt zu Prof. Dr. Keul zu aktivieren». Was

Höppner gern tat, der den Freiburger Duz-Kollegen in seinen Stasi-Berichten fast schon auf Linientreue sah: «Das einzige, was ihn an seiner Tätigkeit in der DDR stören würde, ist, daß er nicht nebenbei Geld verdienen kann.»[55] Ob das so war?

Nicht nur Höppners Berichte zeichnen ein merkwürdiges Bild von dem führenden deutschen Olympiamediziner der letzten zwei Jahrzehnte. Der weißhaarige Arzt, der sich gern im telegenen Abglanz der deutschen Tennishelden um Boris Becker und Steffi Graf tummelte, fiel auch hierzulande einschlägig auf. Offiziell gab sich Keul zwar stets als Antidoping-Hardliner. Sein Credo: «Ich war immer ein Gegner der pharmakologischen Leistungssteigerung im Sport. Deshalb setze ich mich seit 1969 konsequent dafür ein, daß die Dopingbestimmungen und Überwachungstechniken verbessert werden. Das muß ich tun, da ich als Arzt um die Gefährlichkeit vieler Medikamente weiß.»

Laut Höppner, dem Kollegen in der Ärztekommission der IAAF, hatte Keul das fromme Credo in der Praxis nicht überbewertet. Die Stasi-Unterlagen führen Keul bei verschiedenen Kommissionsauftritten sogar als Dopingbefürworter, und Ende 1976 in Amsterdam, berichtete Höppner, lagen gar «Materialien von Prof. Dr. Keul vor, nach welchen die Anwendung anaboler Steroide nicht gesundheitsschädigend sei». Das österreichische Kommissionsmitglied Ludwig Prokop, vormals Präsident des Sportärzte-Weltverbandes, bestätigte generell: «Ja, das weiß ich, daß Keul das gesagt hat – daß bei geringen Dosierungen nichts passieren kann.»

Lügt Prokop? Belog Informant Höppner die Stasi permanent, ohne erkennbaren Grund? Als absurd tat Keul diesbezügliche Publikationen ab.

Doch Klage führte er gegen diese Enthüllungen nicht vor Gericht, sondern dort, wo er sich vielleicht mehr Unterstützung versprach. Beim Staat. Bundestagspräsidentin Rita Süssmuth jedenfalls beantwortete Keuls Schreiben vom 13. Mai 1994 zum Thema «Aufarbeitung von Stasi-Unterlagen durch Journalisten und Professor Dr. Franke», mit einer betrüblichen Mitteilung: «Zu Ihrer generellen Frage, ob diese Veröffentlichungen Anlaß zu einer Gesetzesänderung sein sollten, weise ich darauf hin, daß sich der Deutsche Bundestag entschlossen hat, bei Stasi-Unterlagen über Persönlichkeiten der Zeitgeschichte eine Abwägung zwischen dem berechtigten Informationsinteresse der Öffentlichkeit und dem Persönlichkeitsschutz vorzuschreiben.» Süssmuth verwies auf die näherliegende Möglichkeit, das Gericht anzurufen, «so daß ich im Augenblick keine Notwendigkeit für eine Gesetzesänderung erkennen kann».

Es mag nicht von ungefähr kommen, daß sich der in Bedrängnis geratene Bundesverdienstkreuzträger Keul direkt an die Obrigkeit wandte. Immerhin hatte er einst selbst mit dem als Dopingmittel weltweit verbotenen männlichen Geschlechtshormon Testosteron herumexperimentieren dürfen – dank Bonner Finanzmitteln in Höhe von satten 300000 Mark. Der teure Forschungsvorgang wurde bis zur Enthüllung schamhaft vor der Öffentlichkeit verschwiegen.

Natürlich kam das nicht von ungefähr: Die DDR-Erfolge wirkten traumatisierend auf den westdeutschen Sport. So ordnete 1987 das dem Bundesinnenministerium unterstellte Bundesinstitut für Sportwissenschaft in Köln eine praktische Versuchsreihe mit Testosteron an. Kapazitäten der westdeutschen Sportärzteschaft wirkten

195

Die Betreiber der Regenerationsstudie des Bundesinstituts für Sportwissenschaft behaupten, sie hätten nur den Nachweis für die Effektlosigkeit von Testosteroneinsatz im Ausdauersport führen wollen – war das mithin ein Beitrag zur Dopingaufklärung?

Nein. Das wäre ja auch eine unwissenschaftlich vorgefaßte Verwertungsabsicht gewesen. Nein, das war offenkundig eine auf Anwendung zielende Forschung. Testosteron, dessen Wirkung damals schon längst bekannt war, erforscht man doch nicht detailliert in einzelnen Sportarten, wenn man das Ergebnis nicht hinterher auch anwenden will. Das ist eine Gesetzmäßigkeit in der Naturwissenschaft wie in der Medizin, leider: Was bekannt ist, wird auch angewandt. Es sei denn, es würde verboten oder kontrolliert.

Sie glauben nicht an die seriöse Absicht?

Nicht, wenn behauptet wird, man habe nur geforscht, um bestimmte Argumente zu gewinnen. Es wurde festgestellt, Testosteron-Injektionen bringen bei dieser Sportart keine Vorteile. Gut, aber hätte sich das Gegenteil herausgestellt – wäre das dann ignoriert worden? Das glaubt doch niemand

bereitwillig mit. Natürlich nur, weil das Unternehmen streng seriös war: Erprobt werden sollte die Einwirkung von Testosteron auf körperliche Ausdauer- und Regenerationsfähigkeit.[56] Kurioserweise wollte man den Athleten durch Doping beweisen, daß Doping keine Erfolge zeitigt.

Die Studie lief unter Projektleiter Keul und der Beteiligung von Uni-Medizinern in Freiburg, Paderborn und Saarbrücken von 1987 bis 1989. Gedopt zu Forschungszwecken wurde in den Ausdauersportarten Skilanglauf, Radsport, Leichtathletik, Rudern. Zumindest im Langlauf wurden auch Kader-Athleten des Deutschen Skiverbandes gespritzt. Einige weigerten sich standhaft, sie machten die Geschichte Jahre später publik.

Es wurde peinlich, zumal kein angemessenes öffentliches Interesse für diese 300 000-Mark-Studie vorlag. Bonn ist bis heute Hauptgeldgeber des olympischen Sports, mithin trägt der Bundestag die rechtliche und moralische Verantwortung für jegliches Doping, das der Steuerzahler unterstützt. Der Staat aber hatte daraus eine Art Verfügungsanspruch über gesunde junge Menschen abgeleitet. Denn er ließ verbotene Praktiken hochoffiziell, aber nichtöffentlich ausforschen. Die Gelehrten folgten diesem Begehr wie die Lemminge, und am Ende blieben untaugliche Erklärungsversuche. Das half nicht gerade den Verdacht zerstreuen, daß es sich im Nebeneffekt um einen Versuch gehandelt haben könnte, neue, DDR-ähnliche Erfolgsrezepte zu ermitteln, und daß die Medizin für eine stille Marktforschung herhielt.

Was wäre eigentlich passiert, wenn sich der Testosteroneinsatz als leistungssteigernd erwiesen hätte (was er angesichts der umfänglichen gängigen Praktiken auch sein dürfte), und wie hätte sich dies auf die angebliche Aufklärungsarbeit ausgewirkt? Man stelle sich den Ablauf vor:

Sportarzt: «Junger Mann, unsere Studie hat gezeigt, daß dich Testosteron als Trainingshilfe ganz nett vorwärtsbringt. Aber laß trotzdem die Finger davon, weil es verboten ist.»

Athlet: «Aha. Das Zeug wirkt also wirklich?»

Sportarzt (seufzend, aber standhaft): «Leider. Es ist so.»

Athlet: «Na ja. Egal. Auch wenn's der ganze Osten nimmt – ich niemals. Ist schließlich verboten. Lang lebe der olympische Geist!» (Geht leuchtenden Auges ab.)

Wie die Realität aussah, machte 1992 der westdeutsche Nationalschwimmer Dirk Braunleder in einem Leserbrief publik. Der frühere WM-Zweite mit der Staffel antwortete damit auf ein Interview, das Keul im März jenes Jahres einem Sport-Magazin («Doping bringt gar nichts») gegeben hatte. Der Athlet schrieb: «Ich kann mich noch gut an den Tag erinnern, als Sie, Professor Keul, mir im olympischen Dorf (nach Aufzeigen etwaiger Repressalien der Funktionärsgilde im Weigerungsfall) mit euphorischen Äußerungen ob der Wirkung die Spritze setzten. Also nicht gleich mit Verleumdung klagen, lieber dazu stehen, damals ein bißchen probiert zu haben.»

im Ernst. Zumal die betreffenden Sportmediziner, Keul, Liesen, Riedel, sich früher schon als ausgesprochene Freunde des Anabolika-Dopings erwiesen haben.
Prof. Werner Franke, 1991 in der «Süddeutschen Zeitung»

Die Blinddarmarmee

IOC-Chef Samaranch hält sich zwar mehr in Hotelsuiten und Sitzungssälen auf als in den engen Wohnkartons der Olympiadörfer. Trotzdem geißelt er nicht nur gern die große Dopinggefahr, zuweilen weist er sich auch als profunder Kenner des schlüpfrigen Metiers aus. Aufsehenerregend war seine Klarstellung im Herbst 1994 in Japan: «Chinas großartige Athleten sind frei von Doping!»

Da der Finanzmagnat nie Chemie studierte, leitete er seine Unbedenklichkeitserklärung für Chinas Muskelprotze nicht aus wissenschaftlicher Erkenntnis, sondern aus dem Reich der Zahlen ab: Ein Land mit über 1,2 Milliarden Menschen, so Samaranchs Medaillen-Arithmetik, produziere eben mehr Topleister als eines mit nur wenigen Millionen. Ernst gemeint hatte er das Rechenstück wohl nicht. Sonst hätte er die DDR zu ihren besten Dopingzeiten, etwa bei Olympia 1988 in Seoul, ohne nähere Prüfung rausschmeißen müssen. Damals räumte der 17-Millionen-Kleinstaat mit dem großen Staatsplanthema satte 102 Medaillen ab. Chinas 1,2-Milliarden-Volk aber kam auf popelige 28 Plaketten.

Fast postwendend wurde offiziell, daß Samaranch seinen Vertrauenskredit einem Bund gewiefter Dopingbetrüger erteilt hatte. Die internationalen Fahnder, die wie er in jenem Herbst 1994 bei den Asienspielen in Hiroshima weilten, wußten besser, was so ablief im Reich der Mittel. Chinas Sportler waren kaum in die Quartiere eingerückt, da hielt man ihnen schon die Fläschchen entgegen: Grüß Gott, bitte hier hinein. Wer sich sträubte, durfte einpacken und noch vor Eröffnung heimfliegen. Der Überfall war notwendig: Geschulte Fachdoper vermögen ganz knapp an die Wettkämpfe heranzudopen – je früher man testet, um so größer ist die Wahrscheinlichkeit, noch verräterische Spuren zu entdekken. Chinas großartige Athleten fügten sich zähneknirschend. Eine kollektive Abreise der Delegation wegen unangekündigter Dopingkontrollen hätte zu viele Fragen aufgeworfen.

Es kam zum Eklat. Pekings Spritzensportler sahnten zwar auch in Hiroshima mächtig ab, wenig später aber lagen die Testergebnisse vor: elf Sportler positiv, allen war das anabole Steroid Dehydrotestosteron nachgewiesen worden. Zufall? Nicht nur der 1995 verstorbene Biochemiker Donike hatte die Chinesen früh beschuldigt, zumindest im Schwimmen systematisch zu dopen – unter den elf Sündern waren allein sieben Schwimmer, darunter zwei Weltmeisterinnen.

Chinas Muskelspiele hatten Methode. Viele osteuropäische Fachdoper haben nach dem Zusammenbruch ihrer alten Horste im fernen Reich der KP-Mandarine Unterschlupf gefunden. Hier konnten sie im verborgenen weiterforschen, hier ließen sie einen neuen Wundersport in den anabolen Sparten erblühen. Trainingskontrollen, wie sie in Deutschland und wenigen anderen Ländern an der Tagesordnung sind, drohten nicht. Wer in Länder wie China, Rußland und andere einreist, muß umfängliche Visaprozeduren absolvieren. Bis dahin sind alle Spuren verwischt.

Ewalds Träume
Die Doping-Praktiken in China erinnerten auch Manfred Ewald, den Architekten des DDR-Sportsystems, an alte Zeiten. Im Vorwort von Ewalds Buch «Ich war der Sport» berichtet Koautor Reinhold Andert über die Sehnsüchte Manfred Ewalds: «Er sagte mir einmal, wenn er zehn Jahre jünger wäre, würde er auswandern. Er war daran, aus 17 Millionen die stärkste Sportnation der Welt zu machen. Ginge er nach China, das über 1000mal mehr Einwohner hat, und würde dort sein System anwenden, bekäme in spätestens zehn Jahren keine andere Nation der Welt in irgendeiner Sportart noch eine Medaille.»

Am Anfang des Booms standen die Gewichtheberinnen, die bei der WM 1988 alle neun Klassen gewannen. Dem kleinen Mißstand, daß sie allesamt gedopt bis in die Haarspitzen waren, begegnete der Internationale Gewichtheberverband mit einer strengen, doch ebenso diskreten Ermahnung. Sonst geschah nichts. Chinas Damen durften erblühen.

1990 schafften es nur Chinesinnen, die Vier-Kilogramm-Kugel über die 20-Meter-Marke zu wuchten. Bei der Leichtathletik-WM in Tokio 1991 gewannen Pekings Lotusblüten Kugelstoßen und Speerwerfen. Das Karussell rotierte schneller. Erste Wunderläufer tauchten auf, unbekannte Teenager schwammen der Weltspitze davon. Bei der Leichtathletik-WM in Stuttgart 1993 gewannen die Chinesinnen drei Titel, kurze Zeit später katapultierten sie sämtliche Weltrekorde auf den Mittel- und Langstrecken in neue Sphären. Sie waren die neue Weltspitze, und ihr Trainer, der General Ma Jun-Ren, durfte sich für eine Weile feiern lassen ob seiner famosen Trainingsmethoden. Täglich ließ er die Mädchen, bekannt geworden unter dem Sammelbegriff «Mas Armee», Marathonstrecken absolvieren. Er fuhr per Motorroller nebenher und schlug zu, wenn eine schlappmachte. Auch erfuhr die Welt von Mas speziellem Krafttrunk, dessen Herstellung er stolz fotografieren ließ: Schildkröten wird der Kopf abgehackt, das Blut wird in ein Gefäß gelassen und dann, noch warm, den Wunderläuferinnen eingeflößt.

Kaum wurden die Tests verschärft, lahmten die Wunderdamen deutlich. In Hiroshima bot Ma nur eine Erklärung für den kollektiven Leistungskollaps: «Alle wurden gerade am Blinddarm operiert.» Alle zehn, die ganze Armee. 1995 waren sie aus der Weltspitze verschwunden, bei der nächsten WM in Göteborg trat eine einzige Chinesin an, die allerdings den Endkampf nicht erreichte. Nachwehen der Appendix-Eingriffe oder Resultat der ersten unter weltweitem Druck eingeführten Testverfahren im Lande?

Dopingexperten wie Samaranch hätten es schon 1994 besser wissen können: 1993 hatte es 24 chinesische Dopingfälle gegeben, 1994 kletterte die Zahl dank der Outcomings von Hiroshima auf 31. Ohne jeden Zweifel kann in einem Land wie China nur mit Wissen vorangeschalteter Stellen gedopt werden. Jedenfalls, wenn dort plötzlich die komplette Damenwelt explodiert. Denn China besitzt keine Drugstores und Fitneßstudios wie die USA, wo sich jeder Pennäler mit Muskelpillen versorgen kann. Es gibt keine Sportärzte wie in Deutschland, die abgestempelte Rezeptblöcke herumliegen lassen, mit deren Blättern findige Sportler zur nächsten Apotheke spurten können.

Weil in Chinas Sport Zucht und Ordnung herrscht, fiel die Reaktion der Funktionäre erwartungsgemäß erbärmlich aus: Sie versuchten nach der Massenenttarnung, einzelne Schulmädchen persönlich verantwortlich zu machen. Das IOC aber würdigte den Fall auf bewährte Art. Anfang Dezember 1994 entquoll den Faxgeräten in aller Welt folgender Pressetext: «Das IOC freut sich, eine klare und feste Position vermerken zu können, die von Chinas Sportführung bezogen wurde, speziell vom chinesischen Olympischen Komitee; sie haben in jeder Phase der Prozedur voll mit den internationalen Gremien zusammengearbeitet; sie haben das IOC eindeutig über ihre Absicht informiert, die wahren Schuldigen ausfindig zu machen und zu bestrafen. Dieser Zwi-

Was sagen Sie zum Ausschluß der Chinesinnen von den Pan-Pazifik-Spielen, nachdem elf Chinesinnen des Dopings überführt worden waren?
«Das haben sie verdient. Es kann doch nicht sein, daß unsereiner manchmal elfmal im Monat kontrolliert und sogar im Urlaub in Übersee morgens um sieben Uhr aufgesucht wird. Und die Chinesen lassen die Kontrolleure einfach nicht ins Land.»
Ist solch eine Sperre eine Abschreckung?
«Das weiß ich nicht. Aber solange es so ist, daß man in Amerika Dinge einnehmen kann, die bei denen erlaubt sind, die bei uns aber auf der Dopingliste stehen, kann man das Problem sicher nicht lösen. Wenn ich das Zeug nehme und sie erwischen mich, werde ich zwei Jahre gesperrt. Das ist doch irgendwie nicht gerecht.»
Deutschlands Schwimmdarling Franziska van Almsick, 1995 in der «Welt am Sonntag»

201

Es war schon kurios, was der Weltschwimmverband FINA da im März 1995 nach einer Untersuchungsreise in China mitteilen ließ: Man habe keine Anzeichen für ein systematisches Dopingprogramm in China gefunden. Und das nur fünf Monate nachdem sieben Weltklasseschwimmerinnen bei den Asienspielen geschlossen des Hormondopings überführt wurden. Manche Funktionäre werden wohl nie aus dem Dämmerschlaf erwachen. Sagte doch der schwedische FINA-Delegierte Gunnar Werner nach einem Besuch in China und Gesprächen mit Ärzten, Trainern und Athleten hilflos: «Es scheint, als wenn nichts vor uns verborgen worden ist. China ist ein so großes Land, da ist es sehr schwierig, die Trainingskontrollen von Nord nach Süd und in jeder Ecke zu regulieren.»

schenfall ist sehr ernsthaft, man sollte jedoch keine generellen Schlüsse daraus ziehen.»[57]

Die Konkurrenz zog die Schlüsse trotzdem. Und sie hält ihre Meinung nicht länger zurück. Als Deutschlands Schwimmdarling Franziska van Almsick ihrer chinesischen Kontrahentin Jingyi Le im Frühjahr 1994 verstecktes Doping unterstellte – «diese Muskelberge, diese Pickel» –, wurde sie noch zurückgepfiffen und mußte sich kleinlaut entschuldigen. Ende des Jahres jedoch, nach dem Skandal von Hiroshima, war sich die Schwimmwelt einig. «Wir wollen bei einer Veranstaltung inmitten des Dopingnestes nicht dabeisein», hatte der deutsche Schwimmwart Ralf Beckmann in ungewöhnlich scharfer Form einen Boykott des Weltcups in Peking begründet. Doch bevor es zum Eklat kam, ließen die Chinesen selbst das Wasser aus den Becken und sagten die Wettbewerbe «aus organisatorischen Gründen» ab. Im Grunde habe man die Entscheidung wegen «finanzieller Probleme» bereits ein Jahr zuvor getroffen, teilte Yuan Jiawei, Generalsekretär des chinesischen Schwimmverbandes, einer erstaunten Weltöffentlichkeit mit.

Nahezu zeitgleich verlangte IOC-Präsident Samaranch auf einer Tagung in Atlanta endlich reinen Tisch von den Chinesen. Der oberste olympier hatte offensichtlich Sorge um dauerhaften Imageschaden für seinen sportiven Zirkus, wurde in zahlreichen Nationen doch schon ein Ausschluß Chinas von den Spielen in Atlanta diskutiert. Das Umfeld des Dopings müßte untersucht werden, forderte Samaranch, «und nicht nur die Sportler», auch deren Hintermänner sollten bestraft werden.

Wundersame Fügung: Drei Monate nach den relativ klaren Worten des Oberdompteurs brachen Chinas Sportfunktionäre endlich ihr Schweigen. Zunächst meldete sich Weiming Yuan, Sportdirektor des nationalen Sportverbandes, zu Wort: «Es gibt eine Anzahl von Athleten, die auf der Suche nach Ruhm und Wohlstand verbotene leistungssteigernde Mittel nehmen.» Die staatliche Nachrichtenagentur «Xinhua» setzte nach, zitierte einen Schwimmfunktionär mit den Worten, der chinesische Sport sei «vom Dopingkonsum infiziert». Erste Maßnahmen wurden ergriffen: die Strafen für Ersttäter auf zwei Jahre angehoben – und das für alle Beteiligten, Sportler, Ärzte, Trainer, Funktionäre. Als Konsequenz aus den 31 Dopingfällen von 1994 wurden zunächst neun Trainer gesperrt, allerdings doch wieder nur für ein Jahr.

Die Antidopingmaßnahmen sollen dann Ende 1995 auch auf Regionalwettkämpfe in der Volksrepublik ausgedehnt worden sein. Die Chinesen also zeigten Regung – dafür verharrten internationale Funktionäre wie das Kaninchen vor der Schlange: China sei einfach zu groß, es habe keinen Sinn, gegen das Dopingunwesen zu kämpfen, gab der Schwede Gunnar Werner, Topfunktionär des Weltschwimmverbandes (FINA), schon mehrfach zum besten.

Das Beachboy-Syndrom

Im Kampf gegen Chinas Schwimm-Armada taten sich Australiens Schwimmer besonders hervor. Sie konterten den Scheuklappenerlaß des IOC und riefen dazu auf, Chinas Sportler, wann immer die in Atlanta aufs Treppchen steigen, den Handschlag zu verweigern. Auch die Sportsfreunde im Olympialand Amerika agitierten kräftig mit, sie sperrten die Wasserathleten aus dem Reich der Mitte von den Pan-Pazifik-Spielen im Sommer 1995 in Atlanta aus. Doch vier Monate später ließen sie selbst die Maske fallen: Das NOK der USA, USOC genannt, konnte sich, angeblich aufgrund dramatischer Mittelverknappung, nicht auf Trainingstests bei den eigenen Sportlern vor den Olympischen Spielen einigen. Erst in diesem Frühjahr wollte man erneut über die Einführung von Trainingstests beraten. Zu einem Zeitpunkt, an dem die Doper erfahrungsgemäß die ersten Kuren der Saison hinter sich haben. Einem Medaillenrausch der Stars and Stripes scheint demnach in Atlanta nichts im Wege zu stehen.

Damit nicht genug. Im Herbst letzten Jahres platzte die Dopingaffäre der 15jährigen US-Schwimmerin Jessica Foschi. Die Minderjährige hatte das Anabolikum Mesterolon benutzt. Daddy Robert und Coach Dave Ferris erklärten, jemand habe dem Backfisch Dopingmittel in einen Trunk gemixt. Der Fall war erledigt. Der

US-Schwimmverband verhängte zwei Jahre Sperre – natürlich auf Bewährung. Eine Strafe, die es gar nicht gibt und die dem verbindlichen Regelwerk hohnlacht: Gar vier Jahre ohne Bewährung machte der Weltverband FINA zur Pflicht.

Wochen nach dem positiven Test wurde Everybodies Darling Foschi Highschoolmeisterin in New York. Australiens Trainer Don Talbot platzte fast vor Wut: «Ich denke, in China fallen sich die Funktionäre gerade in die Arme und klatschen begeistert Beifall!» Ob das IOC auch klatschte? Foschi bringt Dollars in die Fernsehkassen, Amerika will Jessy in Atlanta sehen.

Das IOC erträgt eine Menge schweigend. Duldsam war es stets, wenn es um den Sport der Großen ging: um werbewirksame Rekordler aus dem Ostblock, aus China oder dem Big-Spender-Land USA. Nimmt man die Spiele 1984 in Los Angeles als Rollenmodell für Atlanta, darf sich die Welt auf eine Fülle vollgedröhnter Muskelprotze freuen – die vermutlich nicht erwischt werden.

Vielerlei Erhellendes über die Machenschaften im amerikanischen Olympiakomitee verdankt sich dem Umstand, daß dort 1989 der Chefarzt Robert Voy ausgestiegen ist. Empört über die von den US-Sportfunktionären installierte Dopingszene, schrieb Voy 1991 den Insider-Report «Drogen, Sport und Politik». Darin schildert er die Arbeitsweise des mit einem Jahresbudget von über 100 Millionen Dollar ausgestatteten USOC: «Ich weiß, daß es im USOC Leute gibt, deren einzige Aufgabe darin besteht, Firmenchefs um ihr Geld zu erleichtern. Sie bringen Geschäftsleute nach Colorado Springs, ziehen Flaggen und Banner hoch, schaffen bekannte Athleten herbei und

Was sagen Sie zur Erklärung des amerikanischen Nationalen Olympischen Komitees, es könne kein Geld für ein Trainingskontrollprogramm auftreiben?
«Ich bewundere die Vereinigten Staaten, aber manchmal ist es nicht einfach, die Amerikaner zu verstehen. Da gibt es Vereinbarungen zwischen dem IOC und dem USOC, um die Einkünfte aus dem Verkauf der Fernsehrechte auszuteilen. Das amerikanische NOK profitiert am meisten vom IOC.»
Müßte das IOC dann nicht mehr Druck auf das USOC machen?
«Ich weiß nicht. Darüber müssen Sie mit den IOC-Führern sprechen.»
Das tue ich doch.
«Ich? Ich bin nur ein normales Mitglied. Alles, was ich da sage, wäre sehr kritisch. Und ich möchte niemanden kritisieren.»
Primo Nebiolo, 1995 in der «FAZ»

Die kanadische Polizei hat im Oktober 1995 in der Nähe von Oshawa ein Lager für anabole Steroide entdeckt und die Materialien beschlagnahmt, meldeten Nachrichtenagenturen. Bei einer Durchsuchung eines Unternehmens in der Nähe von Toronto fanden die Beamten eine Menge, die für rund 5000 Dosen des verbotenen Aufputschmittels gereicht hätte. Sie war nach Polizeiangaben für den Schwarzmarkt in Nordamerika bestimmt.

zeigen die olympischen Videos. Sie erzählen ihnen, wie großartig die nächste Athletengeneration sei und wie viele Goldmedaillen die gewinnen werden; wenn dann die patriotischen Säfte fließen, zeigen sie den Gästen die gestrichelte Linie, auf der sie unterschreiben sollen.»[58]

Voys Enthüllungen sind schockierend. Er erlebte eine hitzige Dopingphase aus nächster Nähe mit. Schon kurz vor seinem olympischen Dienstantritt 1984 hatten sich die kalifornischen Spieleveranstalter gegen Dopingkontrollen ausgesprochen. Nachdem man vier Jahre zuvor erstaunt von den ersten «sauberen» Olympics in Moskau hatte erfahren müssen, ging verständliche Panik vor schmutzigen Heimspielen um. Daß das IOC Kontrollen ansetzte, war allerdings kein Anlaß zur Besorgnis, denn der Test allein ist noch keinerlei Gewähr, daß Sünder wirklich überführt werden: Alle Proben werden mit Codes chiffriert, die Chemiker ermitteln also nur anonyme Ergebnisse. Diese reichen sie an die Medizinkommission des IOC weiter, die dann im Falle positiver Befunde anhand codierter Namenlisten die Sünder persönlich zuordnet. Erst das IOC befindet also über einen Dopingfall, macht ihn öffentlich und damit amtlich.

Anders ausgedrückt: Dopingfälle, die das IOC nicht amtlich macht, haben schlicht nicht stattgefunden.

Seit mehr als einem Jahrzehnt hat sich vor allem die USA zu einer bunten Bühne leidenschaftlicher Anabolika-Freaks gewandelt. Die Hälfte aller US-Leichtathleten würden es nehmen, soll Weltrekordler Edwin Moses über die Muskeldroge behauptet haben. Doch nicht nur die Athleten. Eine Studie von sechs renommierten Sportmedizinern, 1989 veröffentlicht im «Journal of

the American Medical Association», ergab, daß
6,6 Prozent aller Highschool-Abgänger landesweit anabole Steroide benutzten. Mehr als zwei
Drittel von ihnen hatten es probiert, als sie noch
nicht 16 Jahre waren. 26,7 Prozent nutzten es nur
für ein athletischeres Erscheinungsbild – das
Beachboy-Syndrom. Die Folgeuntersuchung
des Hochschulverbandes ergab ein Rekordergeb-
nis in South Plantation, Florida: 18 Prozent der
Highschool-Besucher dort nahmen Anabolika.

Die Harvard-Absolventen Harrison Pope und
David Katz ermittelten Konkretes zum großen
Muskelmacher: Unter 41 Anabolikanutzern, die
sie getestet hatten, waren 12 Prozent übermä-
ßig psychotisch, zehn Prozent unterschwellig
psychotisch, 30 Prozent litten an großen Stim-
mungsschwankungen, 12 Prozent hatten mani-
sche Phasen durchlitten. Denn Steroide machen
nicht nur Arme und Beine prall, sie gehen auch
auf den Geist. Sie sorgen für eine gesteigerte Li-
bido bis hin zu sexueller Perversion, für Brutalität
und unkontrolliertes Verhalten, für die gerichts-
bekannte «anabole Verrücktheit», die sich nach
Wettkampfende nicht abschalten läßt. Zudem
macht das Zeug abhängig: Bei Einnahme beendet
der Körper die Hormonproduktion der Hirnanhangsdrüse Hypothalamus. Werden die Steroide
abgesetzt, benötigt der Körper eine Anlaufzeit,
um wieder eigenes Testosteron zu produzieren.
Bis dahin kommt es zu Krämpfen, Lethargien,
Kopfschmerz und Depressionszuständen.

Nicht nur Beach- und Collegeboys, ein großer
Teil der US-Olympioniken liebt den Stoff. Bis
zum August 1983 hatten sie sich in Massen un-
gestört mit Steroiden für ihre Wettkämpfe präparieren können, während die Sportärzte auf Sitzungen über den Mißbrauch plauderten, ohne

«Alles, was man im Westen sagen kann, haben wir geschrieben. Wir haben dann ja auch genug vor Gericht zu tun gehabt. Das kann ich immer nur wieder denen aus dem Osten sagen, die klagen und schimpfen. Ich hätte Fakten über Florence Griffith-Joyner genauso veröffentlicht. Wir wissen, aus welcher Apotheke Griffith-Joyner etwas bekommen hat. Aber es gibt keine Hard-facts. Gerade weil es so ungerecht ist, würde es allen wohltun, wenn jemand aus der anderen Hemisphäre mit denselben Erfolgen erwischt würde. Es ist bitter, aber man kann doch nicht sagen: Weil ich es von den anderen nicht weiß, soll ich es bei den DDR-Leuten auch nicht sagen. Wenn man von etwas weiß und es nicht sagt, macht man sich schuldig.»
Brigitte Berendonk, 1994

ernsthafte Gegenmaßnahmen zu planen. Dann aber, vor Beginn der Panamerika-Spiele in Caracas, entsandte der Ärztestab der USOC eine Delegation nach Venezuela, um dort die Verhältnisse zu prüfen. Olympia-Teamarzt Daniel Hanley entdeckte dabei zufällig im Dopinglabor ein neues Prüfgerät des Kölner Analytikspezialisten Manfred Donike: eine hochmoderne Apparatur zur gaschromatographischen Rückbestimmung fast sämtlicher verbotener Substanzen, inklusive Anabolika und Testosteron. Ein Teufelsding, das die Welt noch nicht kannte. Die Amerikaner, berichtet Voy, waren alarmiert. [59]

Zurück in den Staaten, informierten die Mediziner das USOC sowie Trainer und Athleten über das neue Wundergerät. Doch viele glaubten die Story nicht. Vor allem Gewichtheber, Leichtathleten und deren Ärzte verweigerten sich der Erkenntnis, daß es ab sofort ein unkalkulierbares Risiko der Entdeckung geben sollte. Schon damals nahmen praktisch alle Gewichtheber Anabolika. Manche setzten erst Tage vor dem Wettkampf die Kur ab. Das USOC geriet in Panik um das eigene Image, falls die Heberfreunde massiv auffällig würden. Direktor Don Miller verfügte, daß ein Sicherheitscheck nach der neuen Methode gemacht werden solle, bevor es zu den Spielen ging.

Die Heber durften ihre eigenen Proben codieren und einschicken, so konnte sich jeder selbst ein Bild machen, wie groß die Gefahr war. Doch die Zeit war knapp geworden, und so erfuhren viele Athleten ihre vertraulichen Testergebnisse erst, als sie bereits ins Mannschaftsquartier in Caracas eingerückt waren. Prompt kam es zu einem Massenexodus von US-Sportlern, laut UPI nahmen allein zehn namhafte Leichtathleten Reißaus.

Andere blieben, weil mit den Verbänden verein-
bart worden war, daß nur Medaillengewinner getestet werden durften. Amerikas teils hochfavori-
sierte Heber, bei denen neun von elf im internen
Dopingcheck positiv aufgefallen waren, blieben
alle deutlich unter den Medaillen-Leistungen. Bis
auf Jeff Michels. Der nutzte die vermeintliche
Gunst der Stunde, räumte drei Goldplaketten ab –
und mußte sie wenig später wieder herausrücken.
Insgesamt wurden in Caracas 21 Medaillen wegen Dopings aberkannt, darunter elf goldene.

Ein Segen für das IOC und die internationale
Doping-Gemeinde, daß das neue Verfahren nicht
erst im Jahr darauf in Los Angeles eingeführt
wurde. Ein Segen vor allem für das USOC, das
die Prozedur der vertraulichen Schutztests gleich
beibehielt – mit der Begründung, die Athleten auf
das neue Testsystem vorbereiten zu wollen. Als
ob man das Wasserlassen verlernen könnte.

Das USOC veranstaltete informative Dopingtests für seine Sportler. Die durften codierte
Urine einschicken und im Selbstversuch die
durch Donikes Gerät verkürzten neuen Absetz-
zeiten erproben. Während die Sowjets in Moskau
und ostdeutsche Athleten in Kreischa Ausreisekontrollen vornahmen, schuf sich so auch Amerika seine Doping-Clearingstelle.

Die Amerikaner waren guten Mutes, in Los
Angeles als sauber durchzugehen. Sie hatten mit
allen Mitteln aufgerüstet, und als die Eröffnungsfeier näher rückte, dopten sie mit noch nicht verbotenen Methoden weiter. Olympische Novizen
wie der Sportarzt Thomas Dickson glaubten, sie
seien auf der falschen Veranstaltung. Dickson
war zu den Radsportlern abkommandiert worden. Zwei Tage vor Beginn der Rennen öffnete er
im Mannschaftshotel «Ramada Inn» die falsche

Zimmertür: Zwei Olympioniken hingen dort am Tropf, Teamarzt Herman Falsetti überwachte das Blutdoping. Dabei wird dem Körper bis zu einem Liter sauerstoffreiches Eigen- oder Fremdblut zugeführt, um die Ausdauerleistung zu erhöhen. Blutdoping, eine skandinavische Betrugsvariante, war zum olympischen Renner geworden.

Das IOC setzte das Blutdoping zwar erst 1986 auf die Verbotsliste, doch Dickson handelte sofort. Nicht im olympischen, sondern im hippokratischen Geist: Er machte Meldung beim USOC. Arglos schickte er eine Kopie an den US-Radsportverband. Nach den Spielen schoben sich die Funktionäre monatelang den Ball hin und her, bis sich der Radverband zu einer drakonischen Maßnahme entschloß: Alle Beteiligten wurden für 30 Tage gesperrt.

Eine Medaille kostete das Blutdoping in Los Angeles lediglich den Finnen Martti Vainio. Der hatte Silber über zehntausend Meter gewonnen und wurde nach dem Wettkampf positiv getestet – mit Anabolika. Vainio stritt dies so vehement ab, daß weiterermittelt wurde, bis herauskam, was wirklich passiert war. Vainio hatte vor dem Langstreckenlauf blutgedopt – dummerweise mit Eigenblut, das ihm entnommen und eingefroren worden war, als er Monate zuvor mitten in einem Anabolikazyklus steckte. Ein Anfängerfehler.

Die wahren Skandale der 84er Spiele spielten sich im noblen «Biltmore Hotel» ab. Dort war das IOC abgestiegen, dort besaßen Alexandre de Merode, Chef der IOC-Medizinkommission, und IAAF-Boß Primo Nebiolo ihre Zimmer, dort kam es zu richtungweisenden olympischen Entscheidungen.

Weil sich das IOC nie inhaltlich dazu erklärte, gibt es keinen Anlaß zu der Annahme, daß sich an den Sitten etwas ändern sollte. Die Situation in der olympischen Königsdisziplin Leichtathletik hatte sich während der Spiele in L.A. arg zugespitzt, Dopingbefunde häuften sich, und nachdem ausgerechnet der italienische Hammerwerfer Gianpaolo Urlando überführt worden war, platzte Nebiolo der Kragen. Er rief Professor Donike auf sein Zimmer. Der olympische Dopingfahnder schilderte das Gespräch später so: «Nebiolo wollte mich beeinflussen, daß mit den vielen Dopingbefunden jetzt Schluß sein müsse. Ich lehnte dies ab.»

Der Pate der Leichtathletik sann auf Tricks, Donike kaltzustellen. DDR-Spitzel Höppner, damals als Mitglied der medizinischen Kommission hautnah am Geschehen, berichtete im September 1984 der Stasi: «Zu Donike wurde bekannt, daß sich dieser anläßlich der Olympiade in Los Angeles mit dem Präsidenten der IAAF, Nebiolo, überworfen habe. Daraufhin habe Nebiolo von Kirsch (August Kirsch, damals Chef der deutschen Leichtathleten, d.A.) verlangt, Donike als Vertreter der BRD aus der medizinischen Kommission der IAAF herauszunehmen. Aus diesem Grunde wurde die Neuwahl der Kommission nicht vorgenommen, sondern erfolgt mit Beschluß auf der nächsten Council-Tagung.»

Nicht genug damit. Nebiolo und seine olympischen Mitstreiter schafften es ganz offenkundig, das Gros der Dopingbefunde unter den Teppich zu kehren. So, wie sie das bei der Leichtathletik-WM im Jahr zuvor in Helsinki geschafft hatten, als Donikes neues Laborgerät erprobt wurde. In Caracas gab es 21 Sündenfälle; nur eine Woche zuvor aber in Helsinki, wo es eine Reihe von Welt-

Im August 1994 hat Prinz Alexandre de Merode, Vorsitzender der Medizinkommission des IOC, bestätigt, daß 1984 in Los Angeles «fünf bis sechs» positive Dopingproben zusammen mit anderen Unterlagen und den Codenummern aus seinem Hotelzimmer verschwunden sind. Das de Merode als Büro dienende Zimmer soll am Tag nach der Schlußfeier verschlossen gewesen sein. Mitarbeiter des Organisationskomitees (OK) hätten ihm erklärt, das OK habe das Zimmer zur Kostenersparnis räumen lassen. Dabei, so de Merode, sei viel Papier als Abfall angesehen und vernichtet worden. Der Belgier glaubt aber nicht, daß dahinter eine böse Absicht gestanden hat.

rekorden gab, wurde kein Athlet überführt. Olympiaarzt Voy verriet, daß die Sportler in Helsinki nur verwarnt worden seien.[60] Donike bestätigte dies später vor dem Untersuchungsausschuß des kanadischen Richters Dubin zur Ben-Johnson-Affäre.

Bei den Spielen von Los Angeles im Sommer 1984 kam den Olympiafunktionären, die durch Donike nervös geworden waren, ein wahrer Götterbote zu Hilfe: Im «Biltmore Hotel» tauchte ein Urin-Fetischist auf. Dieser große Unbekannte klaute doch tatsächlich neun Positivproben aus dem Zimmer von IOC-Chefmediziner de Merode. Die zugehörigen Dokumente nahm der seltsame Hoteldieb auch gleich mit, wohl im frohen Glauben, es handele sich um Wertpapiere. Betrübt bestätigte das IOC den Verlust der heißen Sore. Ein paar Skeptiker gab es trotzdem, die nicht an die olympische Version vom vertrottelten Hoteldieb glauben wollten. So meinte der Londoner Dopingexperte Arnold Beckett, der damals im Einsatz war: «Jemand hat veranlaßt, daß bestimmte Ergebnisse nie ans Licht des Tages kamen.» Aber wer? Der Vorfall bleibt aktuell, weil noch immer dieselben Leute am Hebel sitzen: Samaranch, Nebiolo, de Merode.

Die Dopingfälle hätten natürlich verfolgt werden können. Schließlich lagerten noch die B-Proben im Labor, und Craig Kammerer, der US-Dopingkontrolleur in Los Angeles, wartete nur auf Anweisung, sie zu öffnen. Er wartet bis heute. Kammerer hatte es ohnehin nie leicht. Gegenüber Fernsehreportern der britischen BBC offenbarte er die olympische Vertuschungspraxis: Er wollte nach den Spielen das Ergebnistableau – neunmal Nandrolon, siebenmal Testosteron u. a. – wissenschaftlich auswerten. Doch vom IOC kam die

Order, das Dokument sei vertraulich und dürfe nicht veröffentlicht werden. Vertraulichkeit nach IOC-Geschmack.

Das USOC hat sich seither zahlloser weiterer Dopingfälle entledigen können, mit und ohne olympische Unterstützung. Die Sprinterin Diane Williams berichtete dem US-Justizsenator Joseph Biden in öffentlicher Anhörung 1989, wie sie, gedopt bis in die Haarspitzen von ihrem Coach Chuck DeBus, nach den olympischen Ausscheidungskämpfen für L. A. freigepaukt worden war: «Eine Woche später erhielt DeBus einen Anruf von Dr. Clarke vom USOC. Ich sprach dann mit Dr. Clarke, der mir mitteilte, daß meine A-Probe für die verbotene Substanz Nr. 19 ein positives Ergebnis erbracht hätte. Ich sprach deswegen mit Cubie Seegobin, der damals Werbevertreter von ‹Puma USA› war, und ich machte ihm klar, daß es um meine positive A-Probe ging. Er sagte, ich solle mir nur keine Sorgen machen, er würde mit einem Anwalt reden, der meinen Fall vertreten würde. Ich erinnere mich, wie ich eine Woche später einen Brief von Dr. F. Don Miller bekam, dem Direktor des USOC, und darin stand: Liebe Miss Williams, ich freue mich, Ihnen versichern zu können, daß die Analyse Ihrer B-Probe negativ war.»[61] Aus Schwarz mach Weiß – die Kosten trägt der Ausrüster?

Sportartikelfirmen stellen sich gern hinter ihre Vertrags-Athleten. Der Sportschuhgigant Nike wurde in einem Buch einer ehemaligen Nike-Managerin sogar beschuldigt, seinen Athleten Betrugshilfe gegeben zu haben.[62] Eindrucksvoll betätigte sich Nike auch in Deutschland, 1992 im ersten Fall Krabbe. Während eine Formfehlerfindungskommission des DLV den faktisch bewiesenen Dopingbetrug der Athletin in Südafrika

«Im Juli beginnen die Olympischen Sommerspiele – erwarten Sie eine weitere Welle von Anabolika-Fällen?
Athleten sind sehr pfiffig und stellen sich schnell auf unsere neuen Möglichkeiten um. Außerdem ist gar nicht sicher, ob das neue Verfahren (hochauflösende Massenspektrometrie / d. A.) in Atlanta überhaupt eingesetzt wird.
Sie meinen, das Internationale Olympische Komitee verzichtet auf den technischen Fortschritt, um weniger Dopingfälle zu haben?
In Atlanta ist die Dopinganalytik an ein privates Labor vergeben worden. Ob die mit der verbesserten Methode arbeiten, ist ein finanzielles Problem. Die bisherigen Geräte kosten unter 200000 Dollar, die neuen 800000 Dollar. Das Organisationskomitee wird sich sicher gegen die Mehrkosten sträuben.»
Wilhelm Schänzer, Leiter des Dopinglabors Köln, im «Spiegel», 1/1996

glattbügelte, ging die Presse intensiv der Frage nach, inwieweit sich Krabbes Sponsor Nike an den Anwaltskosten beteiligte. Erst nach dem zweiten Sündenfall ging der Sponsor auf Distanz zu dem Millionenmädel.

Diane Williams aber war 1989 vor den Senatsausschuß gezogen, weil Anabolika-Doper De-Bus sie gesundheitlich zugrunde gerichtet hatte. Anfangs habe er ihr vorgeschwärmt, daß sie «weltberühmt wie ein Filmstar als schnellste Frau der Welt» würde, das Ende schilderte sie unter Tränen: «Meine Periode blieb aus. Bestimmte männliche Erscheinungen traten auf, ein Schnauzbart und Flaum am Kinn. Meine Klitoris, die ähnlich groß wie ein Penis ist, begann in erschreckendem Ausmaß zu wachsen...»

Der Fall Williams belegte nicht nur, wie Doping einen gesunden Körper zugrunde richten kann. Er stellte zudem klar, daß der Betrug im US-Sport durchaus vernetzt ist. Und daß Doping die Regel ist im olympischen Sport, nicht die Ausnahme. Auch Dianes neue Trainerin Pat Connolly packte aus, als dreimalige Olympiateilnehmerin kannte sie die Szene genau. Bei den 84er Spielen hätten aus einem 50köpfigen Olympiateam «ungefähr 15 Steroide benutzt, einige davon gewannen Medaillen». Vier Jahre später in Seoul hätten «mindestens 40 Prozent des Leichtathletik-Frauenteams Steroide in der Vorbereitung benutzt».[63]

Unerwartete Schützenhilfe erfuhr sie von Doktor Robert Kerr aus Kalifornien. Der Guru der US-Leichtathleten gestand vor dem kanadischen Dubin-Ausschuß, er habe 20 Medaillengewinnern der Spiele 1988 in Seoul Steroide verschrieben. Und Spitzensprinterin Evelyn Ashford gab bekannt, daß ihr zwei amerikanische

214

Goldgewinnerinnen von Seoul persönlich als Doperinnen bekannt seien. Gegenüber US-Justizsenator Biden sagte sie: «Wenn das IOC und das USOC den Kopf wegdrehen, gehören sie genauso bestraft für das Doping. Meine Tochter wird niemals rennen. Schon in Barcelona werde ich, falls ich ins Finale komme, vielleicht die einzige Saubere sein.»[64]

1988, nach dem Dopingskandal des Sprintwunders Ben Johnson, stand Olympia am Abgrund. Man stelle sich vor, es hätte außer den beiden Olympiasiegern im Gewichtheben, einer Randsportart, weitere spektakuläre Entdeckungen gegeben. Es gab zwar keine, aber Fragen sind seither nicht verstummt. Zum Beispiel die, warum sich Johnsons damaliges Fabel-Double im Frauen-Sprint, Florence Griffith-Joyner, nach Seoul geradezu fluchtartig aus dem profitablen Sportgeschäft zurückzog.

Amerika nannte die Lady mit den extravaganten Rennoutfits und ellenlangen Fingernägeln patriotisch bewundernd «Flojo». Im Olympiajahr 1988 tauchte Flojo wie eine Supernova auf. Es geschah ein blaues Wunder, das Ben Johnsons Dopingcoach Charlie Francis so kommentierte: «In nur einem Jahr brachte sie die geschichtliche Leistungskurve durcheinander. Ihre Zeiten waren dem Zeitplan 50 Jahre voraus.» In der Tat. In Seoul holte Flojo drei Goldmedaillen und lief dabei zwei heute noch gültige Weltrekorde. Danach verglühte die Supernova: Sie lief nie wieder.

US-Kollege Carl Lewis warf öffentlich die Dopingfrage auf, aber Flojo wollte nicht «Zeit und Geld an eine Klage hängen». Ein deutsches Magazin veröffentlichte Behauptungen des 400-m-Läufers Darrell Robinson, der erklärte, Flojo habe ihm 2000 Dollar für ein Fläschchen mit

Multitalent
Immer wenn es auf Olympische Spiele zugeht, plaudert Florence Griffith-Joyner ein bißchen über ihre Pläne. 1992 wollte sie den Marathon laufen, gesehen ward sie nie. Für Atlanta hat sie wieder einmal ein Comeback angekündigt. Sie trainiere hart für die Spiele, plauderte Flojo im November 1995 anläßlich ihrer Aufnahme in die Ruhmeshalle der US-Leichtathletik in Indianapolis. Im Sommer wolle sie wieder dabeisein und Gold gewinnen — nur sei noch nicht klar, auf welcher Strecke. Die Fabelweltrekordlerin mit dem zweifelhaften Ruf wird sich wohl doch lieber auf weniger anstrengende Dinge konzentrieren, die auch noch anständig bezahlt werden: auf ihre Fingernagelkosmetik, auf eine für den japanischen Markt entworfene Kleidungskollektion, auf das Fitneßprogramm Bill Clintons, auf das Design von Kreditkarten und auf ihre erste Filmrolle in einem japanischen Thriller.

Wachstumshormonen gezahlt. Flojo beließ es dabei, Robinson in einem TV-Interview einen «verlogenen Geisteskranken» zu nennen. Eine Journalistin des US-Fachblatts «Sports Illustrated» hatte vor den Spielen von Barcelona mehr als ein Jahr Arbeit nur damit zugebracht, den Background der dreifachen Olympiasiegerin auszuleuchten. Am Ende stand angeblich die Enthüllungsgeschichte. Sie wurde allerdings nie gedruckt. «Sports Illustrated» zählt zu den TOP-Sponsoren des IOC.

Ob IOC und USOC noch einmal Glück hatten, Dusel, wie es der Olympiaarzt Voy in seinem Buch beschrieb? In Seoul sei ein US-Olympionike «mit überhöhtem Testosteronquotienten positiv getestet» worden. «Weil er ein Mannschaftssportler war», so der Mediziner weiter, «stand das ganze Team vor dem Ausschluß. Doch irgendwie waren die US-Offiziellen in der Lage, die Kontrolleure des IOC davon zu überzeugen, daß dieser Athlet einen natürlichen Testo-Quotienten von über sechs hat – höher als jeder, den ich persönlich jemals gesehen habe. So kam er davon. Nicht, weil er erwiesenermaßen unschuldig war oder der IOC-Test seine Schuld nicht zweifelsfrei bewiesen hätte. Sondern wegen zwei anderer sehr wichtiger Faktoren: Er war Amerikaner, und die US-Offiziellen wollten nicht, daß ihr Team disqualifiziert wird. Sie sehen, oft ist die Schuldfrage weniger wichtig als die, woher du kommst. Wäre der fragliche Athlet aus Polen oder Japan gewesen, wäre das Team vermutlich disqualifiziert worden. Doch weil sein Team eine olympische Macht war, schlüpfte er durch.»

Olympia und die Deutschen

Das Nazi-Trauma

Was war das für ein schönes friedvolles Fest damals im Sommer 1936 in Berlin. Volle Stadien, fröhliche Menschen, Singen, Lachen, Heiterkeit. Der Amerikaner Jesse Owens schrieb Sportgeschichte. Der Führer verwand's und schlug sich bei anderen Gelegenheiten vor Freude gar mächtig auf die Schenkel. Seine prächtigen Deutschen hatten die Länderwertung klar dominiert.

Es war ein schöner Sommer. Bei Oranienburg, gar nicht weit entfernt von den olympischen Schießanlagen, ließen sich Menschen bei der Arbeit die Oberkörper bräunen: Sie errichteten das Konzentrationslager Sachsenhausen. In einem Lager in Berlin-Mahrzahn schmorte ein anderes buntes Völkchen in der Sonne: Hunderte Zigeuner, die man für die Zeit der Spiele aus dem Straßenbild eliminierte. Im Olympischen Dorf in Döberitz hatte bis kurz vor den Spielen eine Gruppe junger Männer trainiert: Deutsche in Uniform, die unter dem Namen «Legion Condor» ein halbes Jahr später das spanische Dorf Guernica in die Steinzeit bombardieren sollten. Einer von ihnen, so erinnerte sich der 36er Eidsprecher Rudolf Ismayer, kam noch einmal für ein paar Urlaubstage nach Berlin, in die Stadt des «olympischen Friedens»: Der Oberleutnant Gotthardt Handrick absolvierte den Modernen Fünfkampf, zu dessen Disziplinen auch der gezielte Pistolenschuß zählt, bravourös, gewann

Weg zum Krieg
«Für die Nationalsozialisten war es eine politische Olympiade, aber wir haben das damals nicht gleich gemerkt. Die Spiele boten dem Regime die Gelegenheit, sich international hoffähig zu machen und sich nach den Erschütterungen der Röhm-Krise 1934 auch im Inneren zu konsolidieren. Das ist Hitler damals gelungen – zum Schaden aller, denn es hat ihn bestärkt, den Weg zum Krieg zu beschreiten.»
Walter Scheel, ehemaliger Bundespräsident, 1972 in der «Süddeutschen Zeitung»

Gold für Deutschland und setzte sich danach sofort wieder Richtung Front in Bewegung.

In Berlin aber wurde weiter gefeiert. Der
Sportfunktionär Carl Diem, Generalsekretär des
Organisationskomitees und später Urvater westdeutschen Nachkriegssports, war Erfinder,
Komponist, Regisseur und Organisator in
einem. Show und olympische Rituale wurden
maßgeblich von ihm geprägt – vom olympischen
Fackellauf bis hin zum oft kopierten Lichtdom
aus Scheinwerfern der Flakartillerie. Diem ver-
knüpfte im Sommer 1936 nachhaltig das Faszinosum Olympia mit dem Faszinosum der NS-
Ideologie. Man mag es abwägen und drehen und
wenden, am Ende machte sich Diem zum Handlanger der Diktatoren.

Bis heute schwärmen Zeitzeugen von den Berliner Spielen. Bis heute schwärmen manche auch
von anderen perfiden Inszenierungen, den
Reichsparteitagen. Es war kein Zufall, daß Joseph
Goebbels jene Dame, die seine Parteitage so ver-
führerisch auf Zelluloid gebannt hat, für die Produktion des offiziellen Olympiafilms auserkor.
Goebbels war übrigens mit 1,5 Millionen Reichsmark[65] auch der Sponsor des Streifens, nicht etwa
das IOC oder das Organisationskomitee, wie es
oftmals verbreitet wird. Das ist erwiesen, wird
von Leni Riefenstahl dennoch konsequent anders
dargestellt.

«Fest der Völker» und «Fest der Schönheit»
sind wohl die Prototypen eines medial inszenier-
ten olympischen Heldenepos. 60 Jahre danach
werden die Streifen von zahlreichen Cineasten als
Meisterleistung verehrt. Auf der neuesten Liste
der 100 wichtigsten deutschen Filme aller Zeiten,
veröffentlicht von der Stiftung Deutsche Kine-
mathek, rangieren die beiden Teile auf Rang 57,

immerhin einen Platz vor Veit Harlans Machwerk «Jud Süß». Riefenstahl erhielt für ihre Olympia-Verherrlichung neben zahlreichen Auszeichnungen – wie einem «Grand Prix» der Weltausstellung oder dem «Goldenen Löwen» der Biennale von Venedig (vor Walt Disneys «Schneewittchen») – 1938 den Olympischen Orden des IOC. Natürlich wurde diese Ehrung auch dem Olympiaregisseur Carl Diem zuteil, wenngleich mit zwanzigjähriger Verspätung.

Es heißt, der Sport wurde mißbraucht. Aber hat er sich nicht oftmals den Nazis regelrecht aufgedrängt? Führende Sportfunktionäre haben den Sport in den Dienst nationalsozialistischer Propaganda gestellt und profitierten von Körperkult und Heldenverehrung der Nazis. Die Selbstgleichschaltung vieler Sportverbände (allen voran Ruderer, Turner, Fußballer und Schwimmer) haben Historiker wie Hajo Bernett und Hans-Joachim Teichler eindrucksvoll und umfänglich dokumentiert. Dennoch werden in Kreisen des ach so unpolitischen Sports nicht nur Carl Diem oder der letzte Reichssportführer Karl Ritter von Halt als grandiose Funktionäre verehrt.

Es heißt, die Sportführer waren Opportunisten. Willi Daume glaubt das, der Großvater des deutschen Olympismus. Die Person Diem hat auch die Person Daume gespalten. Daume hat sich 1972 in München gegen die Benennung einer Straße nach Carl Diem ausgesprochen. Zehn Jahre später bezeichnete er seinen langjährigen Mitstreiter Diem an dessen 100. Geburtstag als «Mr. Olympics». Ob stimmt, «was da so berichtet wird» über Carl Diem, den «bedeutenden Wissenschaftler und guten Freund», und andere seiner Kollegen, habe Daume jedoch «nie nachgeprüft».

Friedensspiele
«Im unmittelbaren zeitlichen Zusammenhang mit den Olympischen Sommerspielen erfolgten die entscheidenden Weichenstellungen für den Krieg: Während die nur zwei Wochen nach Abschluß der Spiele von Göring im Ministerrat verlesene Denkschrift zum Vierjahresplan (1. die deutsche Armee muß in vier Jahren einsatzfähig sein, 2. die deutsche Wirtschaft muß in vier Jahren kriegsfähig sein) inzwischen Eingang in die Schulbücher gefunden hat, ist noch niemandem aufgefallen, daß die entsprechende Zuarbeit des Heeresamtes für den Oberbefehlshaber des Heeres, die von einem Kriegsbeginn am 1.10.1939, von jährlichen Rüstungskosten von 9 Milliarden Reichsmark und einem prognostizierten Verlust von 2,25 Millionen Mann pro Kriegsjahr ausging, ausgerechnet am 1.8.1936, dem Tag der feierlichen Eröffnung der Spiele, vorgelegt worden ist.»
Prof. Hans-Joachim Teichler, Vortrag im Gropius-Bau Berlin, 1995

Carl Diem
Lebte von 1882 bis
1962. Sportjournalist,
Sportfunktionär und
Hochschullehrer. War
u. a. Generalsekretär des
Organisationskomitees
der Olympischen Spiele
1916 und 1936. Von
1917 bis 1933 General-
sekretär des Deutschen
Reichsausschusses für
Olympische Spiele. Ab
1934 Berater des Reichs-
sportführers Hans von
Tschammer und Osten,
betraut mit der Erstellung
der Satzung des Deut-
schen Reichsbundes für
Leibesübungen.
1938–1944 Direktor
des Internationalen
Olympischen Instituts.
1939 Führer des Gaues
Ausland im NS-Reichs-
bund für Leibesübungen.
Ab 1949 Funktionen in:
Rheinischer Turnerbund,
NOK, Deutsche Olympi-
sche Gesellschaft. 1949
bis 1953 Sportreferent
des Bundesinnenministe-
riums. Mitbegründer und
Rektor der Deutschen
Sporthochschule Köln.

Daume hat ihnen nach dem Krieg eine neue Chance gegeben und Kritik daran ertragen, weil er überzeugt war «von der Wandlung dieser Leute». Leute wie Diem seien ein genaues Abbild vieler Deutscher: erst den Kaiser bejubeln, sich nach dem Ersten Weltkrieg zu großen Demokraten wandeln, im Dritten Reich einiges für die Bewegung tun, nach dem Zweiten Weltkrieg schließlich erneut zu großen Demokraten mutieren. «Aber Nazi-Mörder waren sie nicht», sagt Daume, «auch der von Halt nicht.» Sie waren Opportunisten, das sei es dann auch gewesen. Wirklich nicht mehr?

Berlin, Reichssportfeld, Frühjahr 1945. Vom Glanz olympischer Friedenstage war nicht mehr viel geblieben. Carl Diem jedoch hatte noch viel zu sagen. Der Ernstfall trat ein auf jenem Platz, auf dem 1936 noch das Tanzspiel «Opfertod» inszeniert worden war. Mit markigen Worten rief Diem Hitlerjungen, Burschen und Kinder, zum «Opfertod für Volk und Vaterland». Reinhard Appel, früherer Chefredakteur des ZDF, hörte Diems Rede als 17jähriger Angehöriger der HJ-Division «Großdeutschland». Appel verglich den Auftritt des Brandredners Diem mit der berüchtigten Sportpalastrede von Joseph Goebbels (Wollt ihr den totalen Krieg?). «Leute wie Diem haben ihre Autorität im Sport genutzt, um uns in den Kugelhagel zu schicken.» Während der Gefechte auf dem Olympiagelände starben später etwa 2000 Hitlerjungen oder wurden verwundet. In der Murellschlucht hinter dem Stadion wurden etwa 400 Minderjährige wegen Desertation und Wehrkraftzersetzung erschossen.

Die Heldenpredigt Carl Diems bezeichnete Joachim Mester, Rektor der Kölner Sporthochschule, fast sechzig Jahre später als «menschenverachtend». Im Herbst 1995 war das, und Mester bekam im eigenen Haus nicht nur Beifall dafür. An der Sporthochschule – deren Vorgängerin in Berlin von Carl Diem gegründet wurde – brach ein lang schwelender Konflikt offen aus. Eine kritische Studentenschaft auf der einen – Lehrkräfte, die festhalten am unantastbaren Bild ihres großen Olympiers, Wissenschaftlers und Lehrmeisters, auf der anderen Seite. Diem sei «eine typische Täterfigur unter den Nazis» gewesen, hieß es in der Studentenzeitschrift «Carpe Diem». Daraufhin soll der Sporthistoriker Karl Lennartz, Leiter des Diem-Instituts, den Herausgebern mit Strafanzeige gedroht haben.[66]

Arrogant würgte Lennartz die Kritik der Studenten ab: «Das funktioniert wie bei der stillen Post. Jeder schreibt vom anderen ab und packt noch einen Schlag obendrauf.» Lennartz stellte sogar die Erinnerungen des Zeitzeugen Reinhard Appel in Frage. Dieser solle seinen Bericht «mehrfach verändert und dem Bedürfnis des jeweiligen Zuhörerkreises angeglichen» haben.[67] Auch Carl-Jürgen Diem, der Sohn des Altolympiers, hat den Zeugen Reinhard Appel angegriffen. In einem Leserbrief an die «FAZ» stellte Diem Ende Dezember 1995 die eher rhetorische Frage: «Wie ist die Qualität des Zeitzeugen Appel zu bewerten, wenn er mindestens sechs verschiedene Versionen über den Inhalt abgegeben hat – sie liegen dem Diem-Archiv vor.»

Aussagen, über die sich Hans-Joachim Teichler, Leiter des Instituts für Zeitgeschichte des Sports an der Universität Potsdam, nur wundern kann. Der Historiker legte im Frühjahr des letzten Jahres die entsprechenden Redenotizen Diems vor. «Schön ist der Tod, wenn der edle Krieger für das Vaterland fällt», hatte Diem für den

Wunderbar ist der Tod
«Widersprüchliche Faktoren führen dazu, daß über Carl Diem und seine Rolle in der NS-Zeit heftig gestritten wird. Völlig unstrittig ist aber seine Rede vor Hitlerjungen auf dem Reichssportfeld in der Endphase des Krieges. Diem hat den Dichter Tyrtaios von Sparta zitiert: Wunderbar ist der Tod, wenn der edle Krieger für das Vaterland fällt. Wer mit einer solchen Rede Kinder in eine bereits verlorene Schlacht schickt, handelt aus heutiger Sicht menschenverachtend; ein solches Verhalten ist durch nichts zu rechtfertigen.»
Prof. Dr. Joachim Mester, Rektor der Deutschen Sporthochschule, 1995 im «Sportinformationsdienst»

221

«Volkssturmlehrgang» am 18. März 1945 no-
tiert.

Carl Diem war eine Schlüsselfigur des Nachkriegssports, war Sportreferent im Bundesinnenministerium, Präsidialmitglied des NOK und der
Deutschen Olympischen Gesellschaft und Hono-
rarprofessor. Diem lebt fort im Diem-Archiv, in
Diem-Straßen, in Diem-Schulen, in Diem-Tafeln,
im Diem-Institut, in der Diem-Plakette – eine Institution läßt sich nicht so leicht vom Sockel stoßen, auch wenn in Köln und Umgebung Bürgerinitiativen für Umbenennungen eintreten.

Die Mär lebt von der Behauptung, Diem habe
im Organisationskomitee der Olympischen
Spiele jederzeit freie Hand gehabt und hätte unabhängig von den Machthabern geplant und organisiert. Der Sporthistoriker Arnd Krüger kann
das so nicht bestätigen. Aus den Akten des Organisationskomitees sowie denen des Innen- und
Propagandaministeriums ergab sich für Krüger
ein anderes Bild: «Man kann nicht sagen, daß sich
das Organisationskomitee an irgendeiner Stelle
frei entfalten konnte. Die Freiräume waren lediglich Personalentscheidungen auf der untersten
Ebene oder auch die Entscheidung, ob grüne oder
rote Bleistifte anzuschaffen wären.» Nichts lief
damals öffentlich in Deutschland ab, was das Pro-
pagandaministerium nicht unter Kontrolle hatte.
Die Propaganda war so gut inszeniert, daß man
ihre Wirkung bis heute spürt.

In Kreisen des Sports gelten die Olympischen
Spiele in Garmisch-Partenkirchen und Berlin immer noch als wunderbare Show fernab der Politik, als eine Insel der Seligen im Sumpf des Bösen.
«Um Parteipolitik», berichtete der Wasserballer
Fritz Gunst stellvertretend für viele, «haben wir
uns dabei doch gar nicht gekümmert.» Nur ein

grandioses Sportfest? Dabei wird oft vergessen, daß gerade die Teilnahme des Helden der Spiele, des vierfachen Olympiasiegers Jesse Owens, am seidenen Faden hing. Erst im Dezember 1935 hatte sich das NOK der USA gegen einen Boykott der Berliner Spiele entschieden, mit der winzigen Mehrheit von zweieinhalb Stimmen. Andernfalls hätten Nationen wie England und Frankreich ebenfalls ihre Teilnahme abgesagt.

Kritische Betrachtungen werden noch heute als Nestbeschmutzung abgelehnt. Manchmal sorgt allein die Erinnerung an das Datum – Katarina Witt 1993 in Lausanne, als das IOC-Ehrenmitglied Berthold Beitz fluchend den Saal verließ – für Verstimmung. Eine Allianz aus Sportführern und Parteiarbeitern möchte lieber, daß geschwiegen wird. Die Bewerbung Berlins um die Olympischen Spiele 2000 offenbarte dies in aller Deutlichkeit.

Bürokraten wie Axel Nawrocki, der letzte Geschäftsführer der Olympia GmbH – der sich «fantastische Negerchöre» zur Umrahmung der Spiele 2000 wünschte –, haben sich mit perfider Argumentation gegen eine wissenschaftliche Aufarbeitung der Nazi-Olympiade gewehrt: «Mit Stellungnahmen oder internationalen Kongressen können wir das doch nicht vergessen machen.» Mochte Nawrocki auch gar nicht. Denn wie er mehrmals erklärte, hatten ihn zahlreiche IOC-Mitglieder inständig gebeten, die Spiele genauso zu veranstalten wie 1936. Ihre Bitten im Ohr, will selbst der zackige Reitersmann Nawrocki manchmal von «Beklemmungen» geplagt worden sein. Davon war freilich wenig zu spüren.

Auch andere Freunde der Olympia GmbH haben sich gegen eine allzu ausführliche Beschäfti-

«So waren die olympischen Tage in Berlin zugleich nationales Weihespiel und Wagner-Oper, internationales Sportfest und Medienspektakel. Aber hinter dem schönen Schein dieser filmästhetisch zum ‹Fest der Völker› und ‹Fest der Schönheit› verklärten Spiele verbarg sich ihre ‹geheime Gewalt›; die irreführende Stilisierung der Akteure und die Instrumentalisierung des Ereignisses durch das NS-Regime für seine innere Stabilität und außenpolitische Aufwertung. Hier wurde der Kampf verherrlicht und die Überlegenheit der ‹weißen Rasse› gefeiert. Die Deutschen präsentierten sich als ‹die erste Sportnation der Welt› (Goebbels). Damit hatten sie ihren ‹Wiederaufstieg› demonstriert und sich – jedenfalls im eigenen Verständnis – für ‹größere Aufgaben› qualifiziert. Sie waren längst dabei, sich dafür zu rüsten. Die ‹heimliche Gewalt› ging der unheimlichen voraus.» *Peter Reichel, aus «Der schöne Schein des Dritten Reiches»*

Altes Personal

Wie und mit wem der deutsche Sport sonst noch «nach 1945 weitermachte wie vor 1945» listete die Zeitung «Junge Welt» im Mai 1995 in einem Beitrag auf: **Karl Ritter von Halt** (1891–1964), letzter Reichssportführer, IOC-Mitglied, von 1945 bis 1950 Internierungslager Buchenwald, danach Präsident des NOK für Deutschland. **Willi Daume**, «wechselte ziemlich nahtlos vom nationalsozialistischen Gaufachwart Handball in Westfalen in die Führung des Deutschen Handball-Bundes ab 1948».

gung mit dem Reizthema verwahrt. Den erfolgreichen sportpolitischen Doppelpaß spielten zum Beispiel 1990 der damalige Innenminister Wolfgang Schäuble und Oberolympier Willi Daume (in jenem Jahr noch NOK-Präsident). In Schreiben an den Regierenden Bürgermeister Walter Momper hat Daume vehement nicht nur die Absetzung eines geplanten Colloquiums gefordert, sondern obendrein am Stuhl des verantwortlichen Sport-Staatssekretärs Hans-Jürgen Kuhn (Alternative Liste) gesägt. Daume meinte, die Seminarveranstaltung sei schlicht «kontraproduktiv» für die Olympiabewerbung, und bat deshalb, diese möglichst «zu unterbinden». Darüber hinaus verblieb er mit der «inständigen Bitte, daß der Berliner Senat nunmehr Konsequenzen zieht, die dem NOK ersparen, öffentlich zur Sache Stellung nehmen zu müssen».[68] Daran mag sich Willi Daume Jahre später nicht mehr so genau erinnern. Er habe immer nur gesagt, der Senat solle Kontakt suchen zur Opposition und Geschichte solle wissenschaftlich und nicht parteipolitisch aufgearbeitet werden.

Wenn die Repräsentanten des Sports nicht gezwungen werden, energisch gegen aufkeimende 36er Kritik zu intervenieren, dann halten sie vorzugsweise den Mund oder glänzen durch Abwesenheit. Zu einem Kongreß anläßlich der 75-Jahrfeier der Sporthochschule Köln, auf dem auch das Wirken Carl Diems diskutiert wurde, hatte das Nationale Olympische Komitee keinen Vertreter bestellt, ebensowenig der Deutsche Sportbund. Immerhin kündigte NOK-Präsident Walther Tröger für 1996, sechzig Jahre nach den Nazispielen, die «vorurteilslose Auseinandersetzung mit der Person Carl Diem» an. Die Diskussion aber sollte im Kreise der Eingeweihten geführt wer-

den, Tröger wollte sie «unseren Partnerorganisa-
tionen und kompetenten Wissenschaftlern» –
zum Beispiel denen des Diem-Instituts – übertragen.

Selbst der als großer Vordenker gehandelte
Willi Daume habe als Teilnehmer und verhinder-
ter Olympiasieger (der Handballer wurde zur
Basketballmannschaft befohlen) zu den Spielen
1936 ein «emotional positiv besetztes Verhältnis», glaubt der Sportwissenschaftler Arnd
Krüger. Und bei der jüngeren Generation der
olympischen Funktionäre will Krüger «eher ein
ahistorischen Verhältnis» beobachtet haben.
«Wenn man Olympische Spiele als ein großes
Wirtschaftsunternehmen betrachtet, dann sieht
man die Spiele von 1936 vielleicht nur als einen
Flecken auf der Weste der Corporate identity.»

Im olympischen Konzern IOC, der von einem
ehemaligen francistischen Minister geführt wird,
beschäftigt man sich ohnehin nur ungern mit un-
angenehmen Seiten der Geschichte. Folgende,
dem polnischen IOC-Mitglied Wlodzimierz
Reczek zugeschriebene Äußerung, gilt da schon
als Sensation: Die Berliner Olympiabewerber
lockten in ihrem Konzept für das Jahr 2000 mit
den Spielen «der kurzen Wege». Soll der gebür-
tige Krakauer Reczek gezischelt haben: Man
wisse ja, wie kurz die Wege in Deutschland seien,
vom Krematorium durch den Schlot. Reczeks
Kollegen wie der Schwede Gunnar Ericsson bü-
gelten aus: «Wir lieben es nicht, zurückzu-
schauen, wir blicken nur nach vorn.»

Daß das IOC Probleme mit der eigenen Vergangenheit hat, glaubt auch der Sporthistoriker
Hans-Joachim Teichler. 1936 sei «die Mehrheit
im IOC antisemitisch, viele Mitglieder seien sogar profaschistisch eingestellt» gewesen. Einer

Guido von Mengden
(1896–1982), einer der
mächtigsten Männer in
der nationalsozialisti-
schen Sportführung, u.a.
Hauptschriftleiter des
«NS-Sport», wurde 1954
auf Wunsch von Daume
Hauptgeschäftsführer des
DSB.
Gert Abelbeck hielt
1944 noch eine flam-
mende Rede vor der Hit-
lerjugend in Prag, entwik-
kelte später für die Deutsche Olympische Gesell-
schaft den «Goldenen
Plan» zum Sportstätten-
bau der Bundesrepublik.
Georg Xandry und Carl
Koppehel wechselten
vom Nationalsozialisti-
schen Reichsbund für Lei-
besübungen nach einer
Anstandsfrist zum Deut-
schen Fußball-Bund.

der Wortführer des Olympiaboykotts, der deutschstämmige Amerikaner Ernest Lee Jahncke, wurde noch in Berlin aus dem IOC eliminiert, weil er «gegen die olympischen Interessen» verstoßen habe. Das deutsche IOC-Mitglied Karl Ritter von Halt dagegen, der letzte Reichssportführer des Naziregimes, wurde nach dem Zweiten Weltkrieg und nach seiner Rückkehr aus dem Internierungslager Buchenwald selbstverständlich wieder im erlauchten Zirkel geduldet. Von Halt war von 1951 bis 1961 übrigens auch Präsident des NOK für Deutschland.

Doch zurück zu Ernest Lee Jahncke. Der Nazigegner ist damit in der Geschichte des IOC das einzige Mitglied, das aus politischen Gründen entlassen wurde. Es gab überhaupt nur sechs andere Olympier, die den Zirkel vorzeitig wieder verließen, wie der IOC-Insider Karl Adolf Scherer ermittelte. 1948 erklärte Nikolaus Horthy, Sohn des gleichnamigen ungarischen Reichsverwesers, seine Demission, 1952 wurden der Spanier Graf Fernando Vallellano, der Türke Rachid Saffet Atabinen, der Chilene Enrique Barbosa Baeza und der Guatemalteke Miquel Ydigoras Fuentes entlassen, weil sie zu viele Sessionen versäumt hatten, und schließlich verabschiedete sich 1991 nach einer Bestechungsaffäre der Amerikaner Robert Helmick.[69]

Für den ausgestoßenen Boykottbefürworter Ernest Lee Jahncke wurde in Berlin dessen Landsmann Avery Brundage aufgenommen. Brundage war seit dem gemeinsamen Zehnkampf 1912 in Stockholm ein guter Freund des Deutschen Karl Ritter von Halt, des Chefs des Organisationskomitees in Berlin und späteren letzten Reichssportführers. Zwei Jahre zuvor war Brundage, ausgewiesener Gegner des Boykotts, als Leiter einer Inspektionsreise in Nazideutschland angenehm aufgefallen. Der Mann, der die Bewahrung der olympischen Ideale in Deutschland überprüfen sollte, sprach nach einem Treffen mit jüdischen Sportlern den verständnisvollen Satz: «In meinem Club in Chicago sind Juden auch nicht erlaubt.» Farbige mußten übrigens ebenso draußen bleiben.

In Brundages Augen waren Boykottbestrebungen, so Teichler, «ein geschicktes Propagandamanöver von Juden und Gewerkschaften, die den Publizitätswert der Spiele für ihre Zwecke ausnutzten». Der amerikanisch-jüdische Leichtathlet Marty Glickman hat später behauptet, Brundage persönlich habe in Berlin seinen Start in der Sprintstaffel verhindert, weil er nicht wollte, daß ein Jude Olympiasieger wird. Brundage machte stramm Karriere und war von 1952 bis 1972 Präsident des IOC. Doch nicht nur Brundage, auch seinen Vorgängern, dem Belgier Henry de Baillet-Latour und dem Schweden Sigfrid Edström, werden rassistische Aussagen zugeschrieben.

Das IOC war mit den Spielen von 1936 mehr als zufrieden. 1938 anerkannte der Olympiazirkel das von Carl Diem gegründete Internationale Olympische Institut. Seither gab Diem auch die offizielle Zeitschrift des IOC, die «Olympische Rundschau» heraus. 1938 wurde der Nationalsozialistischen Arbeitsfront der Olympische Pokal überreicht. Ein Jahr später – nach Reichskristallnacht und Einmarsch in die Tschechoslowakei – erhielt Leni Riefenstahl den Olympischen Orden, und Garmisch-Partenkirchen wurden für 1940 erneut die Winterspiele zugesagt, die dann aus verständlichem Grunde ins Wasser fielen. Trotzdem, auch 1940, nach Kriegsausbruch, tagte das Exekutivkomitee des IOC nochmals in Berlin.

Beim Versuch, auch noch den Altvater der olympischen Bewegung für ihre Zwecke zu mißbrauchen, war Hitlers Garde allerdings schon vor den Spielen des Jahres 1936 gescheitert. Die Nazis hatten den greisen Pierre de Coubertin gegen Carl von Ossietzky als Kandidaten für den Friedensnobelpreis 1935 nominiert. Der Plan ging nicht auf, der eingekerkerte jüdische Publizist Carl von Ossietzky bekam den Nobelpreis 1935 zugesprochen.

Ossietzky überlebte den Holocaust genausowenig wie zwei deutsche Olympiasieger der ersten Olympischen Spiele der Neuzeit. Die jüdischen Turner Gustav-Felix und Alfred Flatow, Triumphatoren 1896 in Athen, wurden im Konzentrationslager Theresienstadt ermordet. Alfred starb im November 1944, Cousin Gustav-Felix verhungerte am 29. Januar 1945, abgemagert auf 22 Kilo. Ein Flatow aber rettete sich aus der Hölle Terezin: Stefan Flatow, Sohn von Gustav-Felix, lebt in Holland. Bis 1986 hatte er es vermieden, nach Berlin zurückzukehren, die Stadt, aus der er 1933 geflüchtet war. Die Stadt, in die sein Vater 1936 als Ehrengast der Olympischen Spiele – eine PR-Aktion der Nazis – sogar noch einmal für zwei Wochen zurückgekehrt war, um die Tage bei seinem in Berlin verbliebenen Cousin Alfred zu verbringen.

Ende der achtziger Jahre setzte dann in Ost- und Westdeutschland eine Flatow-Renaissance ein, ein politisch motivierter Streit um das Erbe der jüdischen Turner. Der Ostberliner Journalist Volker Kluge, damals Sportchef der FDJ-Zeitung «Junge Welt» und Pressechef des NOK der

DDR, hatte bei seinen Recherchen in Theresienstadt das Grab von Gustav-Felix Flatow entdeckt. Diese Mitteilung veranlaßte den in Rotterdam lebenden Stefan Flatow zu einem Besuch.[70] In Berlin war er damals Gast einer Auszeichnungsveranstaltung der «DDR-Sportler des Jahres», auf der er unter anderem dem für Sport zuständigen SED-Politbüromitglied Egon Krenz vorgestellt wurde. Der ostdeutsche Turnerbund vergab seither einen «Flatow-Pokal».

Im Rahmen der 750-Jahr-Feier Berlins zog der westdeutsche Turnerbund nach: Auf Druck des sportpolitischen Ausschusses der SPD-Bundestagsfraktion wurde auf dem Deutschen Turnfest eine «Flatow-Medaille» vergeben. Es folgten bis heute eine Flatow-Turnhalle und eine Flatow-Schule in Berlin, Flatow-Hallen in Stuttgart und Hamburg, für den Sommer 1996 ist eine Sonderbriefmarke angekündigt. Dann soll es in Berlin auch eine Flatowallee geben, die jetzt allerdings noch «Straße am Reichssportfeld» heißt.

Die Bezirksverordnetenversammlung Charlottenburg fällte den Umbenennungsentscheid schon im November 1994 mit den Stimmen von SPD und Bündnis 90/Grüne, gegen das Votum von CDU und Republikanern. Langsam aber mahlen die Mühlen der Demokratie. Eine Eingabe von Anwohnern, die sich gegen die Umbenennung wenden, lehnte der Petitionsausschuß des Berliner Abgeordnetenhauses zwar ab, die Straße trug im Januar 1996 indes noch immer den alten Namen. Stefan Flatow beobachtete den Streit dennoch relativ gelassen, haben ihm doch Berlins Regierungschef Eberhard Diepgen und die ehemalige Parlamentspräsidentin Hanna-Renate Laurien die Umbenennung versprochen. Flatow geht davon aus, «daß die Herrschaften ihr Wort nicht brechen».

Seit 1986 also ist Flatow Stammgast in Berlin. Böse Zungen meinen, er sei ein «Alibi-Jude» wie einst bei den Olympischen Spielen 1936 der Eishockeyspieler Rudi Ball und die Fechterin Helene Mayer. Die beiden «Halbjuden» mußten damals vor der Weltöffentlichkcit für die Lüge herhalten, daß unter den Nazis auch Juden noch eine Chance bekämen.

Im Falle Flatow ist es tatsächlich schwer in Einklang zu bringen, daß die Mächtigen der Olympiabewerbung Berlins, die ja allesamt noch auf ihren alten oder ähnlich gut dotierten Posten sitzen, in der Bewerberphase öffentliche Diskussionen zum Thema «Nationalsozialismus und Sport» zu verhindern suchten, andererseits aber ein prominentes Nazi-Opfer in die erste Reihe komplimentierten. Bei der Abstimmungszeremonie über Olympia 2000 in Monte Carlo trug Stefan Flatow den Bärchenschlips und saß neben Eberhard Diepgen. Für die Bewerberdokumentation hatte Flatow einen Text verfaßt, in dem er anregte, den Olympischen Fackellauf von Athen über Theresienstadt nach Berlin zu führen. «Dabei sollte für ein paar Minuten ein Stopp am Grab meines Vaters eingelegt werden. Das war meine Bedingung.»

Flatow ist klug genug, zu wissen, daß das Schicksal seiner Familie nicht wirklich jedem nahegeht, der ihn heute hofiert, daß er manchem seiner Gesprächspartner lediglich zur Beruhigung des schlechten Gewissens dient. Er trägt seit zwei Jahren das Bundesverdienstkreuz erster Klasse, aber erreichen wollte er nur eins: Seine Vorfahren haben nun einen festen Platz in den olympischen Annalen. Sogar im Olympischen Museum zu Lausanne werden sie erwähnt. Und das, obwohl – wie Willi Daume sagt – die Flatows lediglich «große Sportsmänner» waren, ohne jeden Einfluß auf die Geschichte des Sports. Das ist eben der feine Unterschied: Im Vergleich zu den Flatows war Carl Diem nie ein großer Sportsmann. Dafür aber hatte der Architekt der Nazi-Olympics unerhörten Einfluß auf die Geschicke des deutschen Sports.

Ruhelos im Ruhestand

Willi Daume residiert noch immer im Olympischen Dorf. In München, Helene-Mayer-Ring, unterhält er seit Jahrzehnten ein Büro. Den Namen Daume sucht man allerdings vergeblich an der Tür. «NOK für Deutschland» prangt da als deutliches Symbol. Der Mann ist noch immer eine Institution.

Mehr als achtzig Jahre zählt Daume. Da erschüttert sein Donnergrollen kaum noch, wie früher, den deutschen Sport. «Der alte Löwe hat ausgebrüllt», hieß es sogar despektierlich in der «taz» nach Daumes Abtritt als NOK-Präsident. Daumes Erscheinung ist jedoch immer noch imposant. Aus Paris komme er gerade, bei der UNESCO werde er am nächsten Tag gleich wieder gebraucht. Für die Expo 2000 in Hannover gestaltet Daume einen olympischen Pavillon, ja und dieses mysteriöse Coca-Cola-Atlanta müsse man demnächst auch einmal in Augenschein nehmen. Dabei hat der Mann, mit Verlaub, im vorigen Jahr fast die Hälfte seines Körpergewichts verloren, fünf Operationen forderten ihren Tribut.

An der Universität Hannover wird Daumes Wirken in zwei dicke Bände gefaßt. Es ist «mehr ein geschichtliches Werk»: Teil eins handelt von der Zeit nach dem Krieg, Teil zwei soll dem Vereinigungsprozeß gewidmet sein. «Die haben da alles akribisch protokolliert.» Etwas, was er versäumte in der langen Zeit. Über Aktennotizen und Dokumente verfügt Daume kaum, aber er kann Geschichten erzählen, jederzeit. Diese Anekdoten sammelt er für ein zusätzliches, ein kleines und zurückhaltendes Buch. Brüskieren, nein, das wolle er nicht. Ob Olympiaboykott, Doping, Kommerz, Samaranch, Ritter von Halt oder das Münchner Attentat – wer die große Abrechnung erwartet, wird leer ausgehen.

Daume wird behutsam umgehen mit Geschichte und Geschichten. «Ich will nicht mit dem erhobenen Finger dastehen als olympischer Besserwisser.» Jeder noch so unscheinbare Fakt trägt für Daume politisches Gewicht. «Wir wollen ja mit deutschen Olympiabüchern keinen Unmut stiften», sagt der greise Oberolympier. So bleibt wohl auch die nette Episode von der holländischen Königin Wilhelmine ungedruckt, die sich einst bei den Olympischen Spielen in Rom am Ruderkanal die Zeit vertrieb – «aus Takt und Rücksichtnahme auf die Verehrung, die die Königin bis heute in ihrem Lande genießt». Und wie war das mit Adenauers verwegener Frage damals im Kabinett? Zur Debatte stand der deutsch-deutsche olympische Flaggenstreit. «Für wen arbeitet der Daume eigentlich?» wollte der Kanzler wissen. War Daume etwa Kommunist?

Daume ist Unternehmer mit beträchtlichen Sorgen um sein Eisenwerk. «Politische Ziele», behauptet er, «lagen mir immer fern.» Wenn man so will, war er sogar ein Opfer der Politik. Ohne den Olympiaboykott der Bundesrepublik hätte 1980 in Moskau vermutlich Daume den IOC-Thron bestiegen und nicht Samaranch, dem er in der Wahl deutlich unterlag. Allerdings war Samaranch schon damals ein «Meister darin, Koalitionen zu bilden». Es war ein Ding der Unmög-

Willi Daume
geboren am 24. Mai 1913 in Hückeswagen, verheiratet, zwei Kinder. IOC-Mitglied von 1956 bis 1991. Seitdem Ehrenmitglied. 1972 bis 1976 IOC-Vizepräsident. 1936 Olympia-Teilnahme im Basketball. Präsidentschaften: 1949 bis 1955 Deutscher Handballbund, 1950 bis 1970 Deutscher Sportbund, 1961 bis 1992 NOK. Präsident des Organisationskomitees der Olympischen Spiele 1972 in München und des 11. Olympischen Kongresses 1981 in Baden-Baden.

lichkeit, sagt Daume heute: «Man kann nicht erst sagen, wir boykottieren, und will dann den Präsidenten stellen.» Schmerz? Nein, das nicht, dazu habe er zuviel erlebt, davor und danach.

Die Frage, wo das IOC nach einer Präsidentschaft Willi Daumes heute stünde, läßt er nur ungern zu. Vielleicht würde es nicht diese bombastischen Wahlfeldzüge geben, und sicher hätte Daume einen deutlichen Schwerpunkt auf die dritte Welt gelegt und eine eigene wissenschaftliche Forschung beim IOC im Interesse der kleinen und armen Länder installiert. Vollkommene Chancengleichheit sei natürlich eine Illusion, doch daß das IOC sein Geld weniger in Marmorpaläste als in die olympische Solidarität steckt, dafür hätte er schon gesorgt.

Daume sah sich zeit seines Lebens als Diener des Olymps. Wer aus der nachgewachsenen Generation stromlinienförmiger, ehrgeiziger Olympier kann schon noch die hehren Ideale des französischen Barons herbeten, so wie er es immer noch tut? «Damit habe ich das IOC in mancher Debatte überrascht.» Mit dem Unsinn vom Amateurgedanken soll ihm allerdings keiner mehr kommen: «Schon der Coubertin hat den Amateurismus als Mumie verspottet.» Und Coubertins Erbe Willi Daume hat die Mumie dann endgültig auf Nimmerwiedersehen verstaut.

Der bahnbrechende Olympische Kongreß 1981 in Baden-Baden war Daumes Produkt. Damals wurde noch mit ganz harten Bandagen diskutiert. Den «Amateurparagraphen» haben sie im Spieleridyll gegen den Widerstand der «Staatsamateure» aus dem Ostblock gekippt, die Olympischen Spiele damit für Profis geöffnet und das Programm in der Folgezeit marktwirtschaftlich reformiert. Der Kommerz verband sich endgültig mit den Olympischen Ringen, in Baden-Baden wurden die Weichen gestellt – der Kongreß, sagen manche, war das Ende einer unrealistischen olympischen Idee. Daume hat die Geister des Geldes geweckt und sie einem ungeliebten Zeremonienmeister übergeben.

Glücklich ist er damit nicht. Zu oft haben seine olympischen Kollegen nicht auf ihn gehört. Die Herrschaft des Kommerzes beobachtet Daume mit Argwohn. «Mit einem Fall Johnson», sagt er, «ist der Tiefpunkt noch längst nicht erreicht. Johnson war ein Opfer seiner Umwelt, die Leute um ihn herum waren Verbrecher.» Noch läßt sich die Spirale weiterdrehen, noch sind, zum Beispiel, die olympischen Banden werbefrei. Aber das wird sich finden, da hegt der Grandseigneur keine Illusion.

Sogar Preisgelder werden wohl demnächst gezahlt. Die Leichtathleten kassieren bei ihren Weltmeisterschaften ja schon die dicken Karossen des Stuttgarter Fahrzeugausrüsters des IOC. Technokraten und Marketingstrategen mit ihren Taschenrechnern haben die Macht. Daume prophezeit diesen «Fehlentwicklungen» als Heilmittel nur eins: eine Katastrophe. Vielleicht wäre erst so ein Super-Gau die wahre olympische Revolution.

Gemächlich knarrend bringt Daume Satz um Satz hervor. In der Erinnerung trifft er sich noch einmal mit den Großen seiner Zeit. Sechs IOC-Präsidenten, drei Bundeskanzler, ein halbes Dutzend Großindustrielle, allerlei Politiker, Könige, Architekten, ja auch Sportfunktionäre und manchmal ein Sportler tummeln sich auf der Reise durch die Vergangenheit. Daume zitiert nicht nur Coubertin, auch «seine Freunde» Erich Kästner und Carl Zuckmayer, Karl Jaspers so-

235

wieso. Der Olymp bietet keinen Platz mehr für einen wie Daume, einen Mann der Kultur. Haben Sie schon einmal eine bedeutende Rede des amtierenden Präsidenten gehört? Haben Sie diese geistlose Katastrophe, Olympischer Kongreß genannt, in Paris miterlebt? Und erst diese unsägliche Eröffnungsfeier in Barcelona?

«Der Sport», sagt Willi Daume, «kann nur überleben inmitten dieser Welt.» Das klingt banal, ist tatsächlich aber eine präzise Zustandsbeschreibung und zeigt die ganze Tragik Olympias aus der Sicht derer, die an die Ideale von einst glauben. So sitzt der alte Wolf in seinem Bau und läßt die Bilder Revue passieren. Was ihn am meisten schmerzt, ist seine Einsamkeit. Er hat zuviel gegeben, zuviel geopfert, die Familie hatte zu leiden, ganz besonders sein Sohn. Aber die Welt um ihn herum hat sich als undankbar erwiesen. Schaut man allein auf dieses bescheidene Büro.

Sie hatten ihn vor Jahren schon nach Berlin verabschiedet, in das Olympische Institut am Kleinen Wannsee, «zu marktüblichen Konditionen» in eine Wohnung, die der Berliner Senat mit Steuergeldern für ihn renoviert haben soll. Der «NOK-Report» hatte Adresse und Telefonnummer bereits vermeldet, dann scheiterte die Transaktion am Widerstand der Berliner Olympia-Opposition. Gekränkt ob der «Olympiafeindlichkeit» der Berliner, zog sich Daume zurück und blieb also sitzen am Helene-Mayer-Ring im zweiten Stock. Um die Kosten zu senken, hat er noch einen Kleinunternehmer in den Räumen kooptiert. München, die Stadt, der er die Olympischen Spiele und in der Folge Milliardeneinnahmen bescherte, kümmert sich einen Dreck um ihn, den olympischen Patron.

«Es wird Zeit, der nächste Termin. Ich begleite

Sie zur Tür. Und noch eins, schreiben Sie bitte nicht: Der Herr der Ringe. Das ist der IOC-Präsident.» Kein Herr der Ringe also. Daume ein Sportfunktionär?

Fünf Jahre hielt es Manfred Ewald nach der Wende noch in Berlin, dann zog er hinaus auf ein brandenburgisches Dorf. Im authentischen DDR-Plattenbau in der Leipziger Straße in Mitte konnte er der Realität nicht mehr entgehen: Den steigenden Mieten und der Plattensanierung entnahm Ewald, daß die Zeiten sich geändert hatten. Die Erinnerung aber ließ sich mit einer neuen Haut nicht übertünchen. Noch hin und wieder will Ewald von «Leuten in der U-Bahn und auf der Straße» deren Sorgen um den ostdeutschen Sport erfahren haben. Die vielen Fragen, berichtete er, gäben ihm «eine moralische Stütze». Denn wer heutzutage noch so aufrecht geht wie er, über den setzen die Kapitalisten doch glattweg «Lügen in die Welt».

Da ist wieder diese Sache mit den Unwahrheiten. Eine Hürde, die Manfred Ewald vermutlich nicht immer gemeistert hat. Ewald, so berichten Zeitzeugen, war der unumschränkte Herrscher des DDR-Sports. Ein eiskalter Manager, bis heute bekennender Kommunist, der seinen wahnwitzigen Kampfauftrag «Medaillenproduktion» am Ende nicht nur auf den Kampf gegen den Klassenfeind beschränkt sah. Für DDR-Sportler, so wird Ewald in Stasi-Akten zitiert, gab es keine Verbündeten – Klassenkampf waren für ihn auch die zahlreichen Duelle unter Freunden mit der Sowjetunion.

Aber natürlich sah er sich über Jahrzehnte vorrangig mit Willi Daume & Co im Gefecht. Trotz bitterböser olympischer Schlachten gebühren dem Rentner Daume, dem ungleichen Bruder,

Manfred Ewald
geboren am 17. Mai 1926 in Podejuch, verheiratet.
1952 bis 1960 Staatssekretär und Vorsitzender des Staatlichen Komitees für Körperkultur und Sport. 1961 bis 1988 Präsident des Deutschen Turn- und Sportbundes der DDR. 1963 bis 1989 Mitglied des ZK der SED und Abgeordneter der Volkskammer. 1973 bis 1990 Präsident des NOK der DDR.

Warum er trotz deutlicher Kritik aus Deutschland den früheren DDR-Sportchef Manfred Ewald zu einer Audienz empfangen habe, wurde IOC-Präsident Samaranch 1992 im «NOK-Report» gefragt: «Meine Antwort besteht aus drei Teilen. Erstens sind die Türen des IOC stets für alle offen. Zweitens wurde der Wunsch an mich, Herrn Ewald zu empfangen, von meinem Freund Willi Daume unterbreitet, und normalerweise schlage ich ihm keinen Wunsch ab. Drittens habe ich als IOC-Präsident neben anderen Gründen insbesondere zu bedenken, welch enormen Anteil Herr Ewald daran besitzt, daß es 1988 nicht zum drohenden Boykott der Olympischen Spiele in Seoul durch den damaligen Ostblock kam. Der Inhalt unseres Gesprächs war privat; denn Herr Ewald ist jetzt ja wohl nur noch Privatmann.»

heute Ewalds «Achtung und mein Respekt». Ein Urteil, das sich in vielen Jahren herausgebildet habe – ein Urteil, so steht zu vermuten, das sich aber erst im beschäftigungslosen Lebensabschnitt verfestigt hat. Denn Willi Daume hat ihm 1991 seine letzten Auftritte verschafft. Im Juli war Ewald zu einem Olympiatreffen in das Leipziger Gewandhaus geladen, im November dann weilte er als Gast bei Samaranch in Lausanne.

Selbstverständlich regte sich gegen beide Termine Protest. Danach meldete sich Ewald immer seltener zu Wort. Etwa in einer Fernsehsendung im Herbst 1992, in der ihn Armin Baumert, heute Leistungssportchef des Deutschen Sportbundes, überraschend mit der Berliner Olympiabewerbung in Verbindung brachte. Baumert erinnerte an Ewalds Kontakte ins IOC und erklärte, er wolle sich später nicht von seinen Enkeln vorwerfen lassen: «Warum hast du den Ewald nicht gefragt?»

Mit dieser Äußerung löste er eine kleine Lawine aus. «Baumert schlägt Ewald für die Olympiabewerbung vor», titelten Zeitungen empört. Zwar hatten zu diesem Zeitpunkt, was nur wenige wußten, die Olympiabewerber längst bei Ewalds ehemaligem DTSB-Vizepräsidenten Thomas Köhler angefragt. Doch das nur insgeheim, Köhler mußte die Olympia GmbH durch den Hintereingang betreten. DDR-Sportfunktionäre, noch dazu in solcher Position, waren zu unerwünschten Personen erklärt. Leichtfuß Baumert, damals Olympiastützpunktleiter in Berlin, erschien bei seinem Landessportbund-Präsidenten Manfred von Richthofen postwendend zum Rapport. Eine Abmahnung gab es dafür.

Es wurde still um Ewald. Bezeichnenderweise taucht sein Name regelmäßig in Stasi-Akten auf, sonst hätte man ihn womöglich bald vergessen. Seine seit 1990 oft zitierte Behauptung, er sei eine Nummer zu groß für die Firma gewesen, entpuppte sich als glatter Betrug. Es waren aber keineswegs Stasi-Akten, was die Funktionärsseele nachhaltig verletzte. Bei einer Anhörung der «Enquete-Kommission» des Deutschen Bundestages machte der Historiker Gunter Holzweißig neuerlich publik, daß Ewald, von ostdeutschen Biographen gern als Widerstandskämpfer verkauft, Mitglied der NSDAP gewesen war. Belegt sei, erklärte Holzweißig, «daß Ewald am 23. Januar 1944 einen Aufnahmeantrag an die NSDAP gestellt hat und am 20. April 1944, zu Hitlers Geburtstag, in die Partei aufgenommen wurde». Er soll auch, wofür es aber keine überzeugenden Quellen gebe, «eine nationalsozialistische Erziehungsanstalt besucht haben, HJ-Führer gewesen und in sowjetischer Kriegsgefangenschaft zum Eintritt in die KPD veranlaßt worden sein».[71]

Darauf hat Ewald in seinen Memoiren reagiert. Von seinen Genossen in der illegalen kommunistischen Widerstandsbewegung sei er aufgefordert worden, als «Kundschafter» der NSDAP beizutreten. «Ich habe in Übereinstimmung mit unserer Gruppe meinen Antrag gestellt und erst viel später, nach dem Krieg, erfahren, daß meine Unterlagen bis nach Berlin gegangen sind und ich als Mitglied der NSDAP Partei bestätigt worden war.»[72]

Angesichts dieser Selbstheroisierung fragte Ewalds aufmerksamer Mitkämpfer Günter Erbach – als Multifunktionär unter anderem Staatssekretär für Körperkultur und Sport – später rhetorisch, warum die beiden Versorgungsorganisationen für die Opfer des Nazi-Regimes den Sportchef Manfred Ewald «nicht als Mitglied an-

Gedächtnisschwund

«Dieses Buch eines so bedeutenden Zeitzeugen ist leider eine sporthistorische Liederlichkeit, schade, daß es so geschrieben wurde. Dennoch hat dieses Buch seinen Wert. Manfred Ewald zeigt, wie er wirklich war und wie er dachte; wie er sich selbst sieht und was er gern sein möchte; wie er Wahrheiten verdreht und Legenden erfindet; wie er sich als ‹Patriot der DDR› selbst vom Sockel stößt. Und dafür sollten ihm seine ehemaligen ‹Untertanen› — um im Bilde des im Buch die Fragen stellenden Reinhold Andert zu bleiben — durchaus dankbar sein.»
Günther Erbach, langjähriger Spitzenfunktionär des DDR-Sports, über die Memoiren Manfred Ewalds — 1994 im «Neuen Deutschland»

erkannt» haben? «Als langjähriges ZK-Mitglied», insistierte der Geschichtsprofessor Erbach hämisch, hätte Ewald doch wohl «durchaus mit einer wohlwollenden Entscheidung rechnen können».[73]

Fragen, die Manfred Ewald nicht mehr beantworten wird. Seine Memoiren sind geschrieben. Interviewwünsche lehnt er gewöhnlich ab. Und wenn er spricht, dann ist das so schmerzlich, daß bei seinem ersten Biographieversuch selbst ein Ghostwriter absprang, der zuvor nicht immer Gewissensbisse bekam. Es fand sich schließlich sowohl ein neuer Verlag als auch ein Fragesteller, dem besondere Sportkenntnis nicht nachzuweisen war. Reinhold Andert, Liedermacher in der DDR, hatte sich mit dem einzigen Honecker-Interview in Buchform einen Namen gemacht. Gelegentlich durchbrach er Ewalds Erinnerungen mit zaghaften Einwürfen, ohne die Monologe zu stören oder über Details zu diskutieren.

Statt Aufarbeitung lieferte Manfred Ewald nur typische Verdrängung. Umdenken, Reue, Scham? Keine Spur. Verantwortung übernimmt er gern, aber nur für die Medaillenbilanzen «seines» Sports. Die kohlrabenschwarze, höchst betrübliche Seite seiner Plaketten wird lediglich mit einem Halbsatz verleugnet: «Unsere Leitung entschied sich gegen Doping.» Natürlich war es nicht so, was leicht nachzuweisen ist. Ewald allerdings hat die alten Beschlüsse verdrängt, rechtfertigen mochte er sich nicht, weil einer wie er schon aus Prinzip keine Fehler beging. Als eine Mischung aus «Stolz, Verbitterung und Erinnerungslücken» kritisierten Ewalds «Klassenfeinde» von der «FAZ» sein Erstlingswerk. Ein einstiger Weggefährte ging mit dem Sport-Diktator viel härter ins Gericht.

Den Ex-Staatssekretär Günter Erbach hatte schon der Titel des Büchleins empört. «Ich war der Sport», hieß es da, «ER war nicht der Sport», konterte Erbach in seiner zweiteiligen Besprechung im «Neuen Deutschland». Erbach brandmarkte Ewalds Pamphlet bitterlich als «krankhaft anmutende Selbsthuldigung» senilen Größenwahns, als «sporthistorische Liederlichkeit», ja der langjährige Partner ließ sich sogar kleine Gehässigkeiten nicht nehmen: «Er erhielt dreimal den Karl-Marx-Orden, eine auch in der ZK-Hierarchie nicht gewöhnliche Hervorhebung. Da es selbst für ihn wohl zuviel waren, hat er einen oder zwei auf einer Auktion der Düsseldorfer Münzenhandlung Heinrich Winter 1993 in Berlin-West zum Kauf angeboten. Dazu kamen noch andere Sachzeugen der glorreichen DDR-Sportgeschichte, wie eine NOK-Fahne.»

Es wird viel erzählt, auch daß Ewald finanziell nicht sonderlich gut gestellt sei. Als treuem Staatsdiener wurde ihm die Rente auf ein Minimum gekappt, dagegen zog er mit anderen vor das Bundesverfassungsgericht. Ja, sie haben sogar an die Vereinten Nationen appelliert. Seinen Gang «an die internationale Öffentlichkeit» jedoch, die fixe Idee einer großangelegten Pressekonferenz, auf der schonungslos «über die Zerschlagung des DDR-Sports» berichtet werde, hat Manfred Ewald auf unbestimmte Zeit verschoben. Die Rolle des Anklägers steht ihm ohnehin nicht gut zu Gesicht. Die Doping-Aufklärerin Brigitte Berendonk will Ewald vor Gericht bringen, weil der sie in einem Fernsehstreitgespräch im Herbst 1994 – seinem letzten großen öffentlichen Auftritt – als Lügnerin bezeichnet hatte. Damit würde die staatlich sanktionierte Dopingmanipulation ein weiteres Mal gerichtsfest ge-

«Die Ergebnisse, die wir erzielt hatten, waren gut für die Bewußtseinsbildung, den Stolz auf die DDR. Wir sind ja nicht überall schlecht, dachte man, wir könnten auch Erfolge erzielen, wir sind ja doch wer. Das hat die innere Moral gefestigt. Insofern haben die schon recht, die uns heute beschimpfen, wir hätten dieses System stabilisieren helfen. Welches Land möchte bei Olympischen Spielen nicht möglichst viele Medaillen?»
Manfred Ewald, 1994

macht. Mit Ewald und anderen hochrangigen Sportfunktionären, mit Trainern und Ärzten – allesamt verstrickt in ein menschenverachtendes Dopingsystem – befaßt sich aufgrund von mehreren Dutzend Anzeigen die ZERV, die Zentrale Ermittlungsstelle für Regierungs- und Vereinigungskriminalität.

Willi Daume hört diese Nachrichten nicht unbedingt gern. Unangenehm, das Thema möchte er am liebsten übergehen. Es ist nicht sein Problem, glaubt Daume. Des halbherzigen Umgangs mit Sündern und einer verlogenen Dopingpolitik wurde er oft genug bezichtigt. Es macht ihm jetzt nichts mehr aus. Er jedenfalls, gibt Willi Daume zu verstehen, trete «nicht als Ankläger gegen solche Leute auf».

Willi Daume und Manfred Ewald, die Dinosaurier des deutschen Nachkriegssports. Eine Spezies, dem Aussterben nah. Freunde konnten sie naturgemäß nicht sein. Und doch waren sie Weggefährten auf ihren verschlungenen Pfaden. Im Ruhestand eint die beiden Giganten viel mehr, als sie je offenbaren würden. Ihr Blick zurück erscheint ein wenig verklärt. Von den Verteilungskämpfen ihrer Nachlaßverwalter wenden sie sich ab. Deren Wettstreit um die saftigen Haine von Olympia geht sie nichts mehr an. Die Streiter von einst sind versöhnlich gestimmt.

Grabenkämpfe

Die Eröffnungsrede der 104. IOC-Session zu Budapest war längst verteilt. Vormeldungen tickerten bereits über die Nachrichtenagenturen. Wieder einmal hatte Thomas Bach ein Treppchen auf dem Weg zum Olymp erstiegen. IOC-Präsident Samaranch hatte den Rechtsanwalt aus Tauberbischofsheim ausdrücklich für dessen Arbeit als Präsident der Prüfungskommission für die Olympiabewerber 2002 gelobt. An Samaranchs Hof kam dies einer Beförderung gleich. Während der Ouvertüre in der Staatsoper der Magyaren jedoch gelangte der Name Bach, zur Verblüffung der Beobachter, nicht über Samaranchs Lippen. «Ich habe noch mal mit ihm gesprochen. Meinen Namen zu erwähnen wäre wohl zuviel des Guten gewesen», klärte Bach anschließend die Neugierigen auf. So ist er halt, der Herr Bach. Fleißig und selbstlos dient er der olympischen Bewegung.

Obwohl erst 1991 als Nachfolger von Willi Daume ins IOC gelangt, sitzt Thomas Bach bereits nahe an den Schaltstellen der Macht. Mit dem üblichen Gelöbnis, «alle Zeit bereit zu sein, fair und anständig der Olympischen Bewegung zu dienen», hatte er sich die Mitarbeit in seiner Lieblingskommission erbeten, der zur Erschließung neuer finanzieller Ressourcen. Wer war besser geeignet für dieses Ehrenamt als Bach, der einst unter Horst Dassler bei Adidas in Herzogenaurach die «Internationale Abteilung» leitete –

Thomas Bach
geboren am 29. Dezember 1953 in Würzburg, verheiratet.
IOC-Mitglied seit 1991. 1976 in Montreal Olympiasieger mit der deutschen Florett-Mannschaft. Zweimal Mannschafts-Weltmeister. 1981 Athletensprecher auf dem Olympischen Kongreß in Baden-Baden. 1981 bis 1988 Mitglied der IOC-Athletenkommission. Mitglied der Finanzkommission. Leiter der Prüfungskommissionen für die Olympiabewerber 2002 und 2004.

just in den Jahren, als das IOC-Marketingprogramm in die Gänge kam? Ein Pragmatiker, der meint, die Deutschen seien viel zu lange Romantiker gewesen, die noch am Amateurbegriff festhielten, als alle Welt den Sport längst als Broterwerb verstand.

Gut gesagt. Wunsch erfüllt. Der ehemalige Athletensprecher Bach schafft nebenher in der juristischen Kommission, knüpft die Fäden zwischen Stuttgart (Mercedes-Benz) und Lausanne, hat dem IOC die Partnerschaft der Lufthansa vermittelt, entwickelt monetäre Visionen (IOC-eigenes Fernsehen) und wurde zum Präsidenten des Internationalen Sportgerichts gewählt, gilt formal als oberster Sportrichter der Welt. Ein Jüngling im IOC also, den die französische Sportzeitung «L'Equipe» ehrfürchtig als «vielleicht den IOC-Präsidenten des dritten Jahrtausends» pries.

Mit der deutschen Florett-Mannschaft erfocht Thomas Bach 1976 in Montreal olympisches Gold. Zwanzig Jahre später setzt er seine Siegtreffer in der Sportdiplomatie. Überhaupt ist die Fechtkunst im IOC derzeit wohlgelitten. Der Ungar Pal Schmitt, beruflich als Botschafter in Spanien verpflichtet, stieg gar zum IOC-Vizepräsidenten auf. Schmitt gewann Olympia-Gold mit der schwereren Waffe, dem Degen. Heute steht er mit einer kleinen, aber einflußreichen Garde ungarischer Landsleute auf der Planche. Mit dem IAAF-Generalsekretär Istvan Gyulai, der rechten Hand Primo Nebiolos, und mit Tamas Ajan, dem Generalsekretär des Gewichtheber-Weltverbandes, bildet er die Magyar-Connection. Markenzeichen: Exzellente Verbindungen nach Osteuropa und in die Zentralen des olympischen Sports. Bach und er, glaubt Pal Schmitt, seien wie geboren für den dezenten

Wettkampf in Salons und auf den Fluren. «Wir analysieren und handeln schnell. Während andere noch beobachten, haben wir Fechter schon entschieden.»

Die Behendigkeit des Klingenmeisters Bach blieb seinen Kollegen kaum verborgen. Ob Marketing-Boß Richard Pound («Bach weiß, wie man eine Mark macht. Er durchschaut die olympische Bewegung»), der australische Öl-Manager Kevan Gosper («Bach hat einen guten Riecher») oder der Finne Peter Tallberg («Ein ganz guter Kerl»), mit dem Bach mehr als ein Jahrzehnt in der Athletenkommission arbeitete: Alle mittelfristigen Präsidentschaftskandidaten, die nicht dem Rentnerklüngel zuzurechnen sind, registrieren Bachs Karriere aufmerksam. Aber wenn die Olympier über Bach schwadronieren, ist auch ein breites Lächeln nicht zu übersehen. Ein Signal, deutlicher als alle Worte: Na ja, Sie wissen schon, Juans Liebling.

Bach sieht sich vom Herrn der Ringe tatsächlich mit einem Gefühl «fast väterlicher Freundschaft» überströmt, hat er in einer ruhigen Stunde verraten. El Presidente kann seine Zuneigung halt kaum verbergen. Samaranchs Gesichtszüge entspannen zusehends, kommt das Gespräch auf Junior Bach. Erhaben spricht der Großvater der olympischen Familie: «Thomas Bach ist vielleicht nicht mein olympischer Ziehsohn, aber er ist eines unserer besten Mitglieder. Deshalb habe ich entschieden, daß er auch die Prüfungskommission für die Olympischen Spiele 2004 leitet.» Das war im Juni 1995 in Budapest, und gleich zwei Tage nach dem Ritterschlag hat sich der Schützling ehrfürchtig revanchiert.

Der aufstrebende Deutsche, noch eine Generation vom Rentenalter entfernt, gehörte zu jener

«Ich verstehe Forderungen nach mehr Demokratie, aber wenn das IOC auch seine Sitzungen noch öffentlich machen würde, wäre keine vernünftige Diskussion mehr möglich.»
IOC-Mitglied Thomas Bach, 1995

245

großen Mehrheit der IOC-Mitglieder, die eine Erhöhung ihres Alterslimits von 75 auf 80 Jahre durchpeitschten. Zerstört waren über Nacht die Träume einer kleinen Opposition, die Ära Samaranch zu beenden und dem Gremium eine dauerhafte Frischzellenkur zu verpassen. Nur «zähneknirschend mit Sand im Mund» habe er die Rentnerfraktion unterstützt, gab Bach danach zu Protokoll. Wohl wissend, es werde «dem IOC nicht helfen, seine Glaubwürdigkeit zu erhöhen». Die Windungen des bekennenden Liberalen mögen seine Bande zu Samaranch gestärkt haben, in der Öffentlichkeit jedoch war er eindeutig als Anpasser bloßgestellt und verlor gegenüber seinem deutschen Amtsbruder Walther Tröger an Boden.

Ausgerechnet Tröger, der zweite Deutsche im IOC, hatte zu den zehn Aufrechten – angeführt von Dick Pound – gehört, die sich partout keinen Altersfreibrief ausstellen wollten. Ausgerechnet Tröger, der längst abgeschrieben war als «Taubenzüchter», als «Walther Wichtig», als Buchhalter und Technokrat. Hatte er nicht einst dem IOC empfohlen, gegen den Kritiker Edwin Klein Klage zu erheben? Was war er verhöhnt worden in all den Jahren, welche Kränkungen mußte er ertragen. Wegen der Akklamation des Alleinkandidaten Tröger zum Präsidenten des deutschen NOK hatte der Olympiasieger und Philosoph Hans Lenk im Herbst 1992 gar die Mitgliedschaft im Nationalen Olympischen Komitee aufgekündigt. Nicht, ohne Tröger noch als «Alt-Apparatschik» zu verspotten.

«Der NOK-Chef verschreckt mit seinen Herrenwitzen Sponsoren», will der «Spiegel» während der Olympischen Winterspiele von Lillehammer beobachtet haben. Auch auf dem hanebüchenen Olympischen Kongreß in Paris trat Tröger selbstgefällig ins Fettnäpfchen: «Ich hab alles schon miterlebt. Olympia? Man kann mir nichts Neues mehr sagen.» Auf Nachfrage wollte er revidieren: «Ich meine, man kann mir keine neuen Fragen mehr stellen, nur noch neue Antworten geben.» Wochen später lobte Tröger in einem Vortrag an der Universität Potsdam das IOC als wundersamen Hort gelebter Demokratie und «gläserner Kassen».

Dieser treue Diener des Olymps schwamm plötzlich gegen den Strom? Stimmte gegen Samaranch und erklärte, er «habe nicht die Absicht, über das früher gesetzte Alterslimit von 75 Jahren hinauszugehen». Ließ auf dem Darmstädter Sportforum gar deftige Pauschalkritik vom Stapel: «Wir sind mit dem IOC nicht zufrieden. Wenn ich Präsident wäre, würde ich andere Regeln machen.» Man mag es Taktik nennen oder auf die Weisheit des reifen Mannesalters spekulieren. Wurde Tröger etwa jahrzehntelang verkannt? Mausert er sich am Ende noch zum olympischen Revolutionär?

Möglicherweise hat er gewisse Ränkespiele unter den Ringen satt. Wahrscheinlicher aber ist auch Kalkül: Tröger leistet sich den Verbalaufstand, weil er zwar seinen olympischen Ambitionen abgeschworen hat, seine Position in Deutschland aber verteidigen muß. Zu Hause bleibt er stur. Als der ehrgeizige Manfred von Richthofen, Präsident des Deutschen Sportbundes (DSB), auf der NOK-Mitgliederversammlung Ende Oktober 1995 vehement eine «Konzentration der Kräfte» anmahnte und den Zusammenschluß von DSB und NOK propagierte, schützte Tröger die alten Pfründe. Da war er wieder, der Berufsfunktionär.

Walther Tröger
geboren am 4. Februar 1929 in Wunsiedel, verheiratet, zwei Kinder. IOC-Mitglied seit 1989. Seit 1953 hauptamtlicher Sportfunktionär, zunächst beim Hochschulsportverband, dann beim Deutschen Sportbund und dem NOK. 1961 NOK-Sekretär, ab 1969 NOK-Generalsekretär. 1972 Bürgermeister des Olympischen Dorfes in München. 1976 Vizepräsident des Deutschen Basketballbundes. 1983 bis 1990 Sportdirektor des IOC. Seit 1992 Präsident des NOK für Deutschland.

Die in Europa schon vollzogenen Fusionen seien nicht auf Deutschland übertragbar, beschied Tröger, im übrigen wollte er in der Diskussion «keine neuen Argumente erkennen». Ihm zur Seite sprang geschwind NOK-Vize Fritz Wagnerberger, der Präsident des Deutschen Skiverbandes. «Wir brauchen keine neuen Visionen, wir haben genug mit dem zu tun, was auf dem Tisch liegt.»

Tröger möchte die Probleme aussitzen, wie eh und je. Die Strukturdiskussion hat er offiziell auf die Zeit nach Atlanta verschoben. Unterdessen werden der Gegner immer mehr. Natürlich ist Thomas Bach ein Freund der Fusion. «Sie wird kommen, keine Frage.» An Einfluß gewinnende Freidenker wie Helmut Digel, der Leichtathletik-Präsident, reden einer Strukturreform im deutschen Sport ebenfalls das Wort. Mit Gönnern aus der Industrie – wie etwa Matthias Kleinert, dem Generalbevollmächtigten der Daimler Benz AG –, die nachdrücklich erklären, der Sport müsse seine «Zukunftsfähigkeit» beweisen, hat sich Tröger ohnehin schon verkracht. Bei der Einrichtung des zweiten Runden Tisches von Sport, Wirtschaft und Politik galt der NOK-Präsident deshalb als Spielverderber. Auf Dauer kann sich Tröger ohne entscheidende Verluste kaum an zwei Fronten schlagen.

So wird er das internationale Feld womöglich dem ungeliebten Rivalen Thomas Bach überlassen müssen, auch wenn er sich noch dagegen sträubt. «Es gibt niemanden im deutschen Sport», sagt Tröger, «der bessere Beziehungen und mehr Erfahrungen einbringen kann» als er selbst. Trotzdem hatten ihn Bach und Richthofen – den die Muskelspiele in Lausanne wohl ebenfalls faszinieren – vor Monaten brüskiert, als das Duo gemeinsam teeschlürfend auf Samaranchs Diwan im Chateau de Vidy saß.

Wenigstens einmal wollte Tröger – 1989 IOC-Nachfolger von Krupp-Chef Berthold Beitz – in der olympischen Regierung amtieren. Der Mann, der meint, er habe so viele Visionen, daß davon «ganze IOCs» leben könnten, wurde bei seinem ersten Wahlgang zur Exekutive 1992 in Barcelona allerdings empfindlich weit nach hinten durchgereicht. Danach kam es zu einem bemerkenswerten Bündnis der beiden IOC-Mitglieder, die sich sonst nicht viel zu sagen haben. Thomas Bach versprach, mit seinem Sturm auf die IOC-Regierung zugunsten des 25 Jahre älteren Tröger zu warten. Kunststück, Bach war erst ein Jahr im IOC, so einen Frischling, auch wenn er als Samaranchs Günstling gilt, hätten die Olympier wohl kaum in die Exekutive gewählt.

Zwei Jahre später, nach dem Olympischen Kongreß in Paris, erneuerten sie ihren Pakt. «Hör mal, es bleibt dabei, wie abgesprochen, du hast die Priorität, ich unterstütze dich», soll Bach ihm versprochen haben. Zähneknirschend vermutlich, denn inzwischen war der Emporkömmling im Zirkel etabliert, Tröger aber hatte zwei Jahre ohne Ambitionen vertan. Letztlich hatten die Rivalen ein Problem damit, mindestens eins: Bachs Aufstieg war durch sein Ehrenwort gebremst, Tröger konnte das Trauma von Barcelona nicht überwinden und mochte sich nicht zu einer erneuten Kandidatur entschließen.

Demokratie ist immer auch eine Frage der Organisation. Das hatte Tröger einst selbst in Perfektion bewiesen. Als Sportdirektor des IOC organisierte er gemeinsam mit der Ostblockfraktion des Russen Witali Smirnow 1984 die Wahl von Berthold Beitz zum IOC-Vizepräsidenten.

«Tröger zählt Medaillen, Bach die Tage, bis er ins Exekutivkomitee, das Kabinett des IOC, gewählt wird. Bach interessieren die Zahlen vor, Tröger jene hinter dem Komma. Tröger flaniert auf der Lindenstraße, Bach in der Wall Street des Sports. Gegen Zeitgenossen wie Tröger gingen Jugendliche 1968 auf die Straße – doch so glatt wie Bach wollten sie auch nie werden.»
«Der Spiegel», 1994

249

Beitz mochte damals nur bei einer «sicheren Chance» in den Ring. Tröger hat ihm den Abstimmungserfolg garantiert. Elf Jahre später zu den Exekutivwahlen in Budapest fand er seinerseits niemanden, der für ihn auf Stimmenfang ging. Auf eine Nachfrage bei Bach («Der einzige, den ich frage, ist Samaranch»), hatte Tröger indes verzichtet: Bach will deshalb «erst aus der Zeitung» von Trögers unausgegorenen Wahlplänen erfahren haben. Tröger wiederum sah sich Vorwürfen ausgesetzt, er blockiere den Jüngeren. Die Sprachlosigkeit zwischen beiden gipfelte in Trögers Behauptung, man wolle ihm einen «Schurkenstreich» spielen. Tage später hat er sich auf einer Präsidiumssitzung des NOK bei Bach entschuldigt.

Die verworrenen Ränkespiele der deutschen Olympier erfuhren schließlich eine unerhörte Krönung: Durch eine neue Institution sollen endlich die Differenzen zwischen den Spitzenvertretern des deutschen Sports behoben werden. Auf einem Dreiergipfel beschlossen Bach, Tröger und von Richthofen die Einrichtung eines «ständigen Gremiums zur Koordinierung der Außenpolitik» – der Außenpolitik des Sports wohlgemerkt. Von der Notwendigkeit dieses Schiedsgerichts zeigte sich jeder der drei Duellanten überzeugt. DSB-Präsident von Richthofen forderte «ein einheitliches Bild», IOC-Aufsteiger Bach begab sich gleich ganz in die Sphären seines Parteifreundes Klaus Kinkel – «Wir brauchen Übereinstimmung in der Außenpolitik» –, und auch Walther Tröger erging sich als eifriger Fürsprecher der Großen Koalition: «Mit diesem Gremium wird in Zukunft verhindert, daß deutsche Funktionäre an gleichen Stellen sogar gegenteilige Auffassungen vertreten.»

Doch «gegenteiligen Auffassungen» vorzubeugen erwies sich als ein Titanenakt, schier unmöglich bei dieser Personalkonstellation. Und vor allem: Hinter einer solchen Aussage verbirgt sich wahrlich keine Revolution. Gegen den cleveren Bach und den energischen Richthofen dürfte Tröger auf Dauer das Nachsehen haben, wenngleich er einen großen Teil des Apparats hinter sich weiß. Noch sitzt Tröger zwar in der ersten Reihe, wie etwa bei der 100-Jahr-Feier des NOK im Berliner Roten Rathaus, als er zwischen Bundespräsident Roman Herzog und Samaranch Platz nahm. Aber das war nur ein offizieller Akt, die Big Points werden im verborgenen gemacht.

Erichs Olympia

Daß die «Diplomaten im Trainingsanzug» aus
dem Arbeiter-und-Bauern-Staat bei internationalen Wettbewerben Medaillen zuhauf absahn-
ten, hat manchen Sportfan in der Bundesrepublik
geschmerzt. Nahezu traumatisch muß dabei das
Erlebnis München 1972 gewesen sein, als DDR-
Athleten erstmals unter eigener Flagge und mit
der Becher-Hymne siegten und die ungleichen
Brüder des Westens in der Länderwertung de-
montierten.

Die können doch nicht immer nur Medaillen
holen und selbst kein Sportfest ausrichten – so
ähnlich hat Friedel Schirmer damals geflucht,
einst selbst Olympiakämpfer und mittlerweile
zum sportpolitischen Sprecher der SPD-Bundestagsfraktion aufgestiegen. Anfang der siebziger
Jahre hatte die Bundesrepublik Olympia und die
Fußball-Weltmeisterschaft; die DDR holte in der
Regel die Medaillen, sieht man einmal von der
WM ab, doch selbst da blieb den ostdeutschen
Kickern noch der 1:0-Triumph von Hamburg
durch das legendäre Tor des Magdeburgers Jürgen Sparwasser. Der Beispiele ließen sich noch
andere finden, doch es ging dem SPD-Mann
Schirmer nur ums Prinzip. Und das hat ihn mäch-
tig gewurmt.

Eines Tages hatte er die Idee. Es war «eine
Phase», erinnert sich Schirmer, «in der Olympische Spiele auf der Kippe standen». Die Ausrich-

terstädte für 1976 ächzten unter der Last Olympias und der Kritik. Denver gab die Winterspiele im November nach einer verheerenden Volksabstimmung zurück. Im Januar 1972 stand zwar schon der spätere Ausrichter Innsbruck – außerdem auch Chamonix, Salt Lake City und Tampere – bereit, die Spiele waren aber noch nicht neu vergeben. Und in Montreal hatte man zu diesem Zeitpunkt, dreieinhalb Jahre vor den Sommerspielen, keinesfalls mit dem Bau der Sportstätten begonnen – schon war erneut München im Gespräch. Eine alarmierende, trostlose Situation, in der Sportobmann Friedel Schirmer Zeichen setzen wollte.

Am 17. Januar 1973 teilte er über den Pressedienst seiner Partei eine überraschende Botschaft mit: Die Ausrichtung der Spiele der XXI. Olympiade 1976 würde «der DDR die Chance geben», ihre Rolle im internationalen Sport «nachdrücklich zu unterstreichen». Schirmer schlug Leipzig als Austragungsort vor. Finanzielle Engpässe, so die Überlegung, «dürften sich möglicherweise im Rahmen des Rates für gegenseitige Wirtschaftshilfe (Comecon) beheben lassen».

Eine verwegene Vorstellung, die in Ost und West vorzugsweise Kopfschütteln auslöste. Doch wer glaubt, der Vorstoß sei eingebettet gewesen in die entspannende Ostpolitik Willy Brandts, sieht sich getäuscht. Schirmer erinnert sich: «Wir wollten denen da drüben ganz einfach weh tun. Wir wußten, daß sie für eine Olympiaausrichtung finanziell nicht in der Lage waren. Es war einfach ein Pikser zur anderen Seite hin.»

Der Stachel saß nicht tief. Es blieb ein Witz der Sportgeschichte, der bald in Vergessenheit geriet.

Doch sechzehn Jahre später kam Leipzig erneut

«…würden die Olympischen Spiele 1976 in einer vertretbaren Größenordnung der DDR die Chance geben, ihre bisherige unbeeindruckende Rolle im internationalen Sport durch die Ausrichtung der Spiele der XXI. Olympiade nachdrücklich zu unterstreichen. Zudem nimmt die Sportführung in Ostberlin für sich in Anspruch, ein entscheidender Faktor in der Wahrung der Olympischen Idee zu sein. Mit dem 100 000 Zuschauer fassenden Zentralstadion und der Hochschule für Körperkultur bietet Leipzig gute Ausrichtungsmöglichkeiten. Die Struktur und Größe der DDR… würden neben Leipzig auch andere unmittelbare Einzugsgebiete an der Ausrichtung der Spiele beteiligen können. Finanzielle Engpässe der DDR dürften sich möglicherweise im Rahmen des Rates für gegenseitige Wirtschaftshilfe (Comecon) beheben lassen.»
Pressedienst der SPD-Bundestagsfraktion, Januar 1973

253

als Olympiastadt ins Gespräch, und wieder war ein SPD-Politiker daran beteiligt. Berlins Regierender Bürgermeister Walter Momper konferierte mit dem Staats- und Parteichef Erich Honecker im Ostberliner Schloß Niederschönhausen, es ging um Visa- und andere Reisefragen, um die eventuelle Zulassung gebrauchter Westautos in der DDR – und natürlich sprach Momper seinen Gastgeber auf Olympische Spiele in beiden Teilen Berlins an. Eine Idee, die schon Willy Brandt und Willi Daume propagiert hatten und die mit einer Rede Ronald Reagans 1987 vor dem Brandenburger Tor neue Nahrung erhielt. Für die DDR-Führung war der Vorschlag, das weltumspannende Sportfest in der Frontstadt auszurichten, aus verständlichen Gründen eine Schreckensvision.

Dennoch kickte Momper den Olympiaball über die Mauer. Im von Honecker abgezeichneten Gesprächsprotokoll ist folgendes vermerkt:

«Momper: Mit weiterer Kooperation sollten auch die Olympischen Spiele 2004 in ‹beiden Teilen Berlins› möglich sein. Der Senat werde sich darum bemühen.»

«Honecker: Die Durchführung der Olympischen Spiele in ‹Berlin› sei ein Einfall R. Reagans gewesen. Auch die DDR habe Ideen. So sei beabsichtigt, daß sich Leipzig um die Ausrichtung dieser Spiele im Jahre 2004 bewerbe. Ein solcher Vorschlag sei angesichts der bedeutenden Erfolge der DDR auf dem Gebiet des Sports ohne Zweifel zeitgemäß.»[74]

Die SED-Führung hatte tatsächlich schon Monate vorher die Möglichkeit der Durchführung Olympischer Spiele in der DDR prüfen lassen. Die durch das «Wissenschaftlich-technische Zentrum Sportbauten» in Leipzig ausgearbeitete

«Aufwandseinschätzung» war im Staatssekretariat für Körperkultur und Sport als vertrauliche Dienstsache unter dem Aktenzeichen «BL/028/89/2/BL» geführt und wurde lediglich in vier Exemplaren verbreitet: je eines für Rudi Hellmann, den Leiter der Abteilung Sport im Zentralkomitee (ZK) der SED, und das für den Sport zuständige SED-Politbüromitglied Egon Krenz, die beiden restlichen lagerten beim Staatssekretär Günter Erbach.

Die Ausrichtung der Spiele im Ballungsraum Halle/Leipzig, mit klarem Schwerpunkt auf Leipzig, war untersucht worden; unter punktueller Einbeziehung von Dresden, Gera, Magdeburg, Karl-Marx-Stadt, Suhl (Schießen) und Rostock (Segeln). Die Leipziger Sportplaner errechneten einen Finanzbedarf von 25 Milliarden Ost-Mark:

– 10 Millarden für Sporteinrichtungen (u. a. ein überdachtes Hauptstadion für 80000 Zuschauer und ein Dutzend Großsporthallen mit Fassungsvermögen von vier- bis fünfzehntausend Besuchern).

– 1,7 Milliarden für die Olympischen Dörfer mit insgesamt 27000 Betten und ein exklusives Gästehaus für das IOC.

– 8,3 Milliarden für die technische Infrastruktur (Pressezentren, Ausbau von Flughäfen, Straßen- und Kommunikationsnetz, Bau einer Schnellbahn zwischen den Städten).

– 5 Milliarden für die sogenannte «soziale Infrastruktur» (Hotelkapazität 30000 Betten, Gastronomie etc.).

Den Auftrag für diese Studie hatte SED-Abteilungsleiter Rudi Hellmann an den Staatssekretär Erbach vergeben. Krenz wurde erst nach Abschluß der Untersuchungen im März 1989 von

«Die DDR hat als anerkannt führendes Mitglied der olympischen Familie ein moralisches Recht auf Olympische Spiele und kann auf Zustimmung in aller Welt hoffen.»
Aus der Begründung der Leipziger Olympiabewerbung, 1989

Zum «gegebenen» Zeit-punkt

«Im Zusammenhang mit der nach dem Gespräch zwischen Erich Honecker und dem Regierenden Bürgermeister von Berlin (West), Walter Momper, aufgeworfenen Frage zur Ausrichtung der Olympischen Spiele im Jahre 2004 erklärte der Leipziger Oberbürgermeister Dr. Bernd Seidel gegenüber Journalisten, die Stadt Leipzig habe die Absicht, zum gegebenen Zeitpunkt einen Antrag an das IOC zu stellen.»
Meldung der DDR-Nachrichtenagentur ADN vom 20. Juni 1989

Hellmann eingeweiht: «Es sollte eine Einschätzung sein, was unter unseren Bedingungen schätzungsweise notwendig wäre... Ich bin bewußt nicht auf Berlin eingegangen, damit keine unnötigen Spekulationen auf das Jahr 2004 entstehen», schrieb Hellmann. Dem Brief an Egon Krenz ist weiterhin zu entnehmen, daß die DDR-Führung «sowieso nicht die Absicht» hatte, «in den nächsten Jahrzehnten die Spiele zu beantragen».[75] An diese Vorgabe haben sich alle gehalten, nur einer nicht: der Generalsekretär.

Honecker also, und damit sind wir wieder im Schloß Niederschönhausen angelangt, plauderte die schon verworfen geglaubte Planspielerei aus, Olympia in die Messestadt Leipzig zu holen. Die Nachricht konnte selbst er nicht nur auf die «Westmedien» beschränken. Tags darauf wurde Leipzigs Oberbürgermeister Bernd Seidel von der Meldung überrascht. Gegenüber der Nachrichtenagentur ADN hatte der erstaunte Seidel dann selbst Stellung zu beziehen und mußte die von Honecker vorgegebene nichtssagende Sprachregelung gebrauchen, man werde «zum gegebenen Zeitpunkt» einen Antrag an das IOC stellen.

Republikweit erschien diese Kurzmeldung am 21. Juni 1989 in allen ostdeutschen Tageszeitungen, zwei Tage nach Honeckers Momper-Gespräch. Am Morgen dieses Tages ging Honecker dann in einer Sitzung des Sekretariats des Zentralkomitees der SED entschieden zur Sache. Unter Tagesordnungspunkt 7 vermerkt das wie gewöhnlich mit dem Honecker-Kürzel «EH» säuberlich abgezeichnete Protokoll: «Zur Beantragung der Olympischen Spiele 2004 durch die Stadt Leipzig: Genosse Egon Krenz wird beauftragt, mit den Leitungen des Sports die Frage zu besprechen, eine einheitliche Argumentation auszuarbeiten und die Antragstellung vorzubereiten.»[76]

Honecker hatte sich offensichtlich für den Alleingang entschieden, und der Apparat gehorchte. Der im Inner circle des Politbüros vergleichsweise jugendliche Egon Krenz führte den Befehl aus, obwohl ihm doch die «Aufwandseinschätzung» (25 Milliarden) vom März 1989 bekannt war. Von Honeckers Vorstoß im Gespräch mit Momper soll er aber erst aus dem Radio erfahren haben.[77]

Krenz wußte genau, daß sich die DDR das Mega-Sportfest nie würde leisten können, dennoch bewies er Parteidisziplin. Ein Versuch des erbosten Manfred Ewald – der noch als NOK-Chef amtierte, jedoch als DTSB-Präsident bereits im Herbst 1988 von Klaus Eichler abgelöst worden war –, im Juli auf einer Sitzung des Zentralkomitees gegen Leipzig 2004 Stellung zu beziehen, wurde unterbunden, berichtete Volker Kluge, der damalige Pressesprecher des NOK der DDR, in der Zeitung «Junge Welt».[78]

Der heiße Sommer des Jahres 1989 hatte längst begonnen, und Egon Krenz schickte sich an, die ihm angetragene Aufgabe in die Tat umzusetzen. Zur Eröffnung der XII. und letzten Kinder-und-Jugend-Spartakiade – der Olympischen Spiele des DDR-Nachwuchssports – überbrachte Krenz den sportiven Kids nicht nur die großväterlichen Grüße des Generalsekretärs, nein, er münzte Honeckers fixe Idee umgehend schon in die Absichtserklärung einer Stadt: «Wie ihr wißt, hat unsere traditionsreiche Turn- und Sportfeststadt Leipzig die Absicht bekundet, zum gegebenen Zeitpunkt den Antrag zur Ausrichtung der Olympischen Sommerspiele des Jahres 2004 zu

Skepsis
«Ich habe Manfred Ewald zu der angeblichen Leipziger Olympiabewerbung befragt. Er reagierte ziemlich sauer: ‹Ich solle nicht alles glauben, was ich darüber höre. Es gibt keine Olympischen Spiele in Leipzig›, hat Ewald gesagt.»
Willi Daume, 1995

stellen. Damit ist den Sportlerinnen und Sportlern der DDR eine anspornende Perspektive gegeben, mit großartigen Leistungen den Traum
jedes Sportlers zu verwirklichen, auf heimat-
lichem Boden Olympische Spiele zu erleben.»[79]

Im Verlauf der Spartakiade legte einer aus
Krenzens Funktionärsriege nach: DTSB-Präsident Klaus Eichler, der einst – als Krenz noch
FDJ-Chef war – Leiter des Reisebüros «Jugend-
tourist» war. Viele der jungen Athleten hätten
ihm erklärt, so Eichler, daß es ihnen ein «zu-
sätzlicher Ansporn sei, Olympische Spiele
eventuell im eigenen Heimatland als Aktive erleben zu können».[80] Eichler war offenbar ein
glühender Verfechter des Olympiaplans, er
hatte in der Öffentlichkeit schon Ende 1988 von
den angeblich phantastischen Möglichkeiten
Leipzigs geschwärmt. Vor Leipziger Studenten
meinte Eichler, er könne sich gut vorstellen, daß
Leipzig zur Probe erst einmal den Leichtathle-
tik-Weltcup ausrichte. Skeptische Anmerkungen bezüglich der kommunikativen Infrastruktur konterte er burschikos: «Als Pressezentrum
stellen wir ein paar Container hin. Kein Problem.»

Als Eichler noch am Rande der Spartakiade
agitierte, werkelte beim Stadtplanungsamt
Leipzig eine eilends verpflichtete Arbeitsgruppe
am ausgesprochen kühnen Projekt. Witlof
Stange vom WTZ Sportbauten, der im Frühjahr 1989 im Auftrag des Staatssekretariats jene
«Aufwandseinschätzung für die Durchführung
Olympischer Spiele auf dem Gebiet der DDR»
erstellt hatte, skizzierte Stadien und Sporthallen
in den Leipziger Stadtplan. Eine Fingerübung,
glaubte er zunächst, viel mehr nicht. Er sei doch
bestens mit den Problemen des DDR-Bauwe-

sens vertraut gewesen, sagt Stange, so war es ihm angesichts der «Größe des Projekts unvorstellbar, daß das die DDR-Wirtschaft leisten könne».

Auch den vom Stadtplanungsamt bestellten verantwortlichen Ingenieur Ambros G. Gross erinnerten die Aktion und die Geheimtreffen mit Staatssekretär Erbach mehr an Sandkastenspiele: «Da war doch schon fast Toresschluß.» Und trotzdem kam seinem Kollegen Witlof Stange die Sache spanisch vor: «Ich hatte irgendwann den Eindruck, daß man Ernst machen wollte. Das war politisch motiviert. Alles nur, um Olympische Spiele in Gesamt-Berlin abzuwenden.»

Also doch ein ernsthaftes Projekt? In den Akten des «Büro Krenz» findet sich eine weitere neunseitige Expertise, die Leipzigs Bewerbung zur nationalen Angelegenheit verklärt. Offensichtlich wollte man mit einem solchen Mammutunternehmen in der allumfassenden Krise der DDR «nationale Identität» befördern und – wie gewöhnlich – die Außenwirkung des untergehenden Staates erhöhen («Darstellung der Leistungsfähigkeit des Sozialismus auf deutschem Boden»). Die «gesamte Gesellschaft», hieß es in der Studie, sollte für die «herangereifte Aufgabe» mobilisiert werden.[81] Womöglich ein verzweifelter letzter Versuch, eine von Nomenklaturkadern entwickelte Utopie, um das Unheil des drohenden Untergangs abzuwenden?

«Die Schlußfolgerungen für den DTSB der DDR beginnen mit der Entschlossenheit der sozialistischen Sportorganisation, den Antrag Leipzigs durch hervorragende Leistungen zu unterstützen. Das bedeutet, daß entsprechend den Beschlüssen die Pläne auf dem Gebiet des Leistungssports bis zum Jahr 2000 ohne Abstriche zu

Bewerberphase
1989–1993/94
– allgemeine Propaganda, internationale Wettkämpfe, Kontakte ins Ausland, Druckmaterialien
1993/94–1997
– unmittelbare direkte Bewerbung, Turn- und Sportfest im neuen Stadion in Leipzig als erste große Probe
1997–2004
– direkte Vorbereitung
Aus der Begründung der Leipziger Olympiabewerbung, 1989

259

Hoffnung

«Hier ist nicht der Platz, das Für und Wider abzuwägen, allerdings bestehen die Argumente auch nicht nur aus Wider, wie mancher denken mag. Denn das Leipzig von 1989 wird nicht das von 2004 sein, nein, darf es in unser aller Interesse nicht sein. Die Zeiten, in denen uns ein solcher Wunsch, Olympische Spiele zu organisieren, gleichsam als jedermanns eigener suggeriert wird, sind hoffentlich vorbei. Deshalb ist es völlig richtig, daß diese Absicht gegenwärtig dort diskutiert wird, wo diejenigen leben, die davon betroffen wären – in Leipzig. Noch besser wäre es, wenn der Tenor der Meinungen dann auch zu einer Entscheidung trägt. Und wenn die Mehrheit für JA ist, dann machen wir doch das Ding!»
Kommentar in der FDJ-Zeitung «Junge Welt» vom 1. November 1989

verwirklichen sind und darauf bis zum Jahr 2004 weiter aufgestockt wird.» Unter Punkt 5 dieses Konzepts haben sich die Kader um neue Jobs gesorgt und eine olympische «Kader-Entwicklungskonzeption» gefordert.[82]

Leipzig sollte bis zum Jahr 1995 ein rekonstruiertes Zentralstadion und eine dazugehörige Halle für 15000 Zuschauer erhalten. Die Kosten von 2,1 Milliarden Mark wollte man als «Investition in den Fünfjahrplan 1991–1995» einbeziehen. Sportbautenchef Witlof Stange vermutet in diesem Plan für das Olympiastadion einen Entwurf, den seine Firma 1987 erarbeitet hatte. Im Jahr 1987 hatte Manfred Ewald allerdings noch von einem «Nationalstadion der DDR mit entsprechend großer Halle im Norden Berlins» geträumt, nebst einer «Sporthalle der Republik». Er war mit seinen Olympiaplänen jedoch bei Honecker abgeblitzt. Schon damals, erinnert sich Stange, war klar, daß man sich damit in jeder Beziehung übernommen hätte. 1995 aber sollte das Stadion in Leipzig stehen, hieß es in dem Planungsbericht, das Turn- und Sportfest der DDR war für 1995 als «erste Olympia-Vorprobe» deklariert. Es war die letzte Utopie der Parteiarbeiter des Sports.

Im Zentrum Leipzigs marschierten im Herbst 1989 bald Hunderttausende um den Stadtring, in den Wendewirren geriet der Plan bei den Ideologen trotzdem nicht sofort in Vergessenheit. Mitte Oktober beerbte Egon Krenz Erich Honecker in dessen Ämtern als Partei- und Staatschef. Krenz hatte zwar drängendere Sorgen, doch die Olympischen Spiele als Projekt des «Nation Building» blieben zunächst noch im Blick, attestierte der «Spiegel», Bezug nehmend auf eine Sitzung des Politbüros am 24. Oktober 1989.

Langsam wurden jedoch auch die obersten Olympiaplaner von der Wirklichkeit überrollt. Behutsam nahm man Abstand von hochtrabenden Plänen. NOK-Sprecher Kluge forderte am 1. November in der «Jungen Welt», die Olympiafrage dort zu klären, «wo die Betroffenen wohnen». In Leipzig. «Und wenn die Mehrheit für JA ist, dann machen wir doch das Ding!» Die Hoffnung war freilich unbegründet. Die Mehrheit hatte sich längst entschieden. Am 9. November fiel die Mauer, es begannen geballte Rückzugsmanöver der Funktionäre.

Zunächst meldete sich DTSB-Boß Klaus Eichler zu Wort, dem es in jenem Wendeherbst offensichtlich gelang, sein Demokratieverständnis zu erweitern: Es sei nicht Sache des DTSB, über einen Olympiawunsch zu entscheiden, dies könnten nur die Bürger der betroffenen Stadt. Die blieben zwar unbefragt, aber deren Votum lag eindeutig auf der Hand. Zwei Tage später, am 17. November 1989, lud Staatssekretär Prof. Dr. Günter Erbach zur ersten Pressekonferenz seines Büros in die Berliner Mohrenstraße 6. Erbach hatte wie kaum ein anderer den Überblick über die Sportstättensituation des DDR-Sports. Sein Urteil war ziemlich deutlich, zieht man die damaligen Sprachregelungen in Betracht: «Die Ehrlichkeit gebietet aber auch zu sagen, daß gegenwärtig keine DDR-Stadt über die Voraussetzungen verfügt.»[83]

Ende November tagte dann in der Sportschule Kienbaum bei Berlin der Bundesvorstand des DTSB, der zwar fünf Vizepräsidenten verabschiedete, doch den Krenz-Günstling Klaus Eichler noch einmal einstimmig in seiner Präsidentschaft bestätigte. Aber von den Olympiaplänen nahm man endgültig Abschied. Olympia 2004 in

Leipzig, so hieß es, war lediglich ein «politischer Seitfallschritt» eines einzelnen. Der böse Bube war also schnell gefunden. Es soll nur Erichs Olympia gewesen sein. Eine Verzweiflungstat. Oder alles nur ein gigantischer Spaß?

Gruß aus Schierke

Die Olympischen Spiele seien eine der größten Kulturleistungen der Menschheit, behauptet das IOC, und es hält sich zugute, in einem Jahrhundert der Kriege und Boykotte das weltumspannende Sportfest am Leben erhalten zu haben. Was noch? Das IOC vermittelt keine Botschaften, es verkauft eine gigantisch aufgeblähte Petitesse mit goldenen Rändern. Fast food fürs Auge. Wer behaglich fernguckt bei Bier und Nüßchen und sich am spektakulären Muskelspiel ergötzt, den interessiert nicht, daß man ihn für dumm verkauft.

Scheinheiligkeit bestimmt das olympische Tagesgeschäft unter Samaranch. Um sich hat er einen Zirkel überwiegend latinischer Sportpotentaten gruppiert. Multimillionäre, die, wie er selbst, zumeist autokratischen Systemen entstammen. In Samaranchs Ära gibt es kaum eine Aktivität, die eine andere Substanz des Olympismus genährt hätte als die finanzielle.

Olympia wird so zu einem modernen Wiedergänger des antiken römischen Circus Maximus: Es bietet existentielle Gladiatorenkämpfe, ein zirkusreifes Showgebilde aus allerlei Lug und Trug und Muskelbergen. Die olympischen Dörfer, Treffpunkte der Weltjugend, haben sich in Legebatterien für nationale Medaillenhelden verwandelt. Dies paßt naturgemäß in die Geschäftsziele der Big Spender, der cleveren Busineßleute aus Medienwirtschaft und Sponsorenindustrie. Es

Kulturbanausen
«Die modernen Olympischen Spiele sind schließlich von dem französischen Baron de Coubertin geschaffen worden; sein Herz liegt in Olympia. Überdies ist Samaranch ein Kulturbanause, der Olympia zu einem Milliardengeschäft denaturiert und Athleten in Litfaßsäulen verwandelt hat. Coubertins Herz, so habe ich ihm in einem offenen Brief geschrieben, sollte in die Wall Street umgebettet werden. Jetzt will er mit mir dinieren.»
Maurice Druon, «Ewiger Sekretär» der Académie française, 1995 im «Spiegel»

263

kann aber eigentlich nicht im Sinne von Leuten sein, die sich der Welt als Hüter des Ideals präsentieren und sich bei jeder Gelegenheit als Hohepriester der Körperkultur zu erheben versuchen.

Kehren wir deshalb den verkauften Idealen Olympias beherzt den Rücken zu und träumen statt dessen von einer olympischen Idylle, die wie ein modernes Märchen klingt.

Unsere Geschichte spielt sich ab im Harz, am Fuße des Brockens. Schierke heißt der Elfhundert-Seelen-Ort, dessen Bürgermeister Lothar Thiele ein gemütlicher, bodenständiger Mann ist. Manches Mal stand Thiele an der Pionierrodelbahn draußen im Wald und starrte hinauf auf das wacklige, halb verwitterte Stahlgestell am Start. Fünf nicht mehr ganz runde Ringe. Sah man genauer hin, ließen sich sogar Farben erahnen. «Das könnte es sein», sinnierte Thiele.

Schon lange schwebte ihm vor, in seine Heimat, die Brockenregion, «so 'n bißchen Olympiagedanken reinzutragen». Bevor Schierke jahrzehntelang im Schatten der innerdeutschen Grenze nur noch ein Ausflugsziel für die linientreue ostdeutsche High-Society abgab, war der kleine Ort das olympische Zentrum des Harzes. Schneesicher, mit Schanzen und Eisflächen und allem Drum und Dran. Schon 1908 waren tollkühne Bobfahrer vom Brocken bis in den Ort direkt vor das Café Winkler gerast. Damals soll dies die schnellste Bahn Europas gewesen sein. Dann kam die DDR und Schierke, das St. Moritz des Nordens, verkümmerte im Sperrgebiet. Mit einem traurigen Blick auf die Landkarte haben die Leute nur müde gewitzelt: Nach Sorge und Elend kommt Schierke.

Nach der Wende trug es sich zu, daß Lothar Thiele eines Tages vor laufenden Kameras des

Mitteldeutschen Rundfunks juxte: «Wir haben Schnee, wir haben Sportler, wir haben Individualisten, warum sollten wir nicht die Olympischen Winterspiele nach Schierke holen?» Und so nahm die Olympiastory ihren Lauf.

Die Gäste hat der Bürgermeister irgendwann nicht mehr gezählt. Wohl ein Dutzend Kamerateams kampierten in den nächsten Monaten in seinem Büro, das Dorf erlangte bundesweite Popularität. Die Fernsehrechte schienen gesichert, da war es an der Zeit, den ersten Sponsor für das Projekt zu gewinnen. Thiele hatte da so eine Idee. «Atlanta und Coca-Cola? Das können wir auch.» Wird nicht seit Generationen in der Apotheke schräg gegenüber von Bürgermeisters Büro ein neckischer Tropfen destilliert? Und so geschah es bald: Die «Schierker Feuerstein AG», ein Kräuterlikörfabrikant, fühlte sich der Schnapsidee verbunden.

Geschäftsführer Dieter Geyer leitete alsbald die erste PR-Kampagne ein, riesige ovale Aufkleber wurden inzwischen in mehreren Auflagen produziert. «Winter-Olympiade 2006 in Schierke» steht da geschrieben. Ein Sammlerstück, das Weltkarriere gemacht hat. Es prangt längst nicht mehr nur im Harz. Schon nach wenigen Wochen erhielt Gemeindevorsteher Thiele freundliche Nachricht aus einer olympischen Partnerstadt. Im Olympia-Museum in Downtown Atlanta hatten Urlauber den Sticker aus Schierke gesichtet. Beste Grüße vom «nice village Schierke in Germany».

Daß die Dörfler Herrn Nawrocki, den profilierten Manager der Berliner Olympia GmbH verpflichten wollten, war freilich nur so ein Gerücht. Glücksritter mögen sie nicht auf dem Gipfel des Harzes. Bürgermeister Thiele hat über die

Meldung herzhaft gelacht. «Ich hab das gelesen, aber wir haben keine Verhandlungen geführt.» Da auch bei der Brockenbahn kein Job frei war, hat Nawrocki inzwischen als Chef der Berliner S-Bahn angedockt.

In Schierke haben sie im Zeichen Olympias zunächst munter weitergewerkelt. Gustav-Adolf Schur, als Radfahrer Täve der populärste Sportler der DDR, wird demnächst ins Sporthotel seines Sohnes in unmittelbarer Nähe des Brockens ziehen. Täve, der zweifache Weltmeister, hat 1960 mit der Mannschaft eine Silbermedaille geholt, sein Sohn Jan gewann 1988 Zeitfahrer-Gold, beide verleihen dem Ort nun olympisches Flair.

Daß der US-Fernsehsender NBC im Dezember 1995 die Rechte an den Olympischen Winterspielen 2006 erwarb, haben die Harzer aufmerksam registriert. Fast 295 Millionen Dollar würden damit in der Olympiakasse klingeln, doch sorgt man sich um den rapiden Dollarverfall. Nun ja, 295 Millionen – es könnte dennoch reichen zur Durchsetzung von Bürgermeister Thieles neuer olympischer Philosophie. «Olympische Bescheidenheit» nennt er sie.

Thiele will den ganzen Harz einbeziehen, selbst Thüringen und Bayern. Olympia an einem Ort sei out, glaubt Lothar Thiele, weil die Kosten ins Unermeßliche explodieren. Daß der Nationalpark Brocken nicht plattgewalzt wird, steht ohnehin außer Frage. Man sollte nutzen, was bereits vorhanden ist, «das Geld für sinnvolle Dinge einsetzen und nicht ständig irgendwelche Prunkbauten errichten». Irgendwann, hofft der Bürgermeister von Schierke, «müssen sie das auch im IOC begreifen».

Einstweilen wurde es ruhiger um die Olympiapläne des Brockenorts. Obwohl, Lothar Thiele war ein gefragter Mann in letzter Zeit. Irgendwo hat er ein paar Mark lockergemacht, damit renovieren sie die Rodelbahn. Einen Plan für die neue Mehrzweckhalle gibt es auch. Das wars aber schon.

Nur der Kurdirektor nimmt seinen Bürgermeister hin und wieder bei einem Schluck «Schierker Feuerstein» energisch in die Pflicht. «Es ist keine Schnapsidee mehr», drängt Rüdiger Ganske dann, «wir sollten uns endlich überlegen, wie wir eine offizielle Bewerbung organisieren.» Vorsicht, denkt Thiele, ist der Ganske nicht ehrenamtlicher Sportfunktionär?

Ein Termin sei den wackeren Olympiaträumern dennoch ans Herz gelegt: Die Winterspiele des Jahres 2006 werden 1999 auf der 108. IOC-Session in Südkoreas Hauptstadt Seoul vergeben. Bis dahin können auch die Schierker nach Herzenslust die Muskeln spielen lassen.

Anmerkungen

1 Pressemitteilung des IOC, November 1995.
2 Süddeutsche Zeitung, 21. 9. 1993.
3 Der Spiegel, 45 / 1991.
4 ebenda
5 Süddeutsche Zeitung, 21. 9. 1993.
6 Manager Magazin, 7 / 1988.
7 Deutsche Presse-Agentur, 17. 7. 1995.
8 Atlanta Journal, 22. 1. 1995.
9 Zitty, 3 / 95.
10 Der Spiegel, 45 / 1991.
11 David Miller: Die Olympische Revolution – Die Biografie von Juan Antonio
   Samaranch. Bertelsmann, 1994, S. 325.
12 Manager Magazin, 7 / 1988.
13 Süddeutsche Zeitung, 23. 9. 1995.
14 David Miller, S. 88 f.
15 Fricke, Karl Wilhelm / Marquardt, Bernhard: DDR Staatssicherheit. Uni-
   versitätsverlag Brockmeyer, Bochum, 1995, S. 161.
16 Süddeutsche Zeitung, 9. 2. 1994.
17 Saturday Night. Kanada. 2 / 1994.
18 ebenda
19 Süddeutsche Zeitung, 9. 12. 1995.
20 US today, 9. 8. 1995.
21 Arreu, 1977. Städtisches Archiv von Barcelona.
22 Andrew Jennings / Vyv Simson: Geld, Macht und Doping – Das Ende der
   olympischen Idee. Albrecht Knaus Verlag, München, 1992, S. 288.
23 David Miller, S. 88.
24 ebenda, S. 82.
25 John Hoberman: Toward a Theory of Olympic Internationalism. In: Journal
   of Sport History, 1995.
26 ebenda

27 Richard Pound: Five rings over Korea. Little, Brown & Company, Kanada, 1984, S. 348.
28 vgl. Hoberman.
29 Die Tageszeitung, 2. 8. 1995.
30 Der Spiegel, 35 / 1993.
31 Jennings / Simson, S. 125.
32 Süddeutsche Zeitung, 18. 10. 1995.
33 Pressemitteilung des Deutschen Leichtathletik-Verbandes, 16. 10. 1995.
34 Süddeutsche Zeitung, 19. 10. 1995.
35 Der Tagesspiegel, 14. 8. 1993.
36 Jennings / Simson, S. 199 ff.
37 Blick, Zürich, 7. 9. 1995.
38 Blick, Zürich, 8. 9. 1995.
39 Süddeutsche Zeitung, 9. 7. 1992.
40 Der Spiegel, 45 / 1991.
41 Anklageschrift, Aktenzeichen CH. 132.92, vom 17. 2. 1994.
42 vgl. Miller.
43 ebenda
44 Atlanta Journal, 1993.
45 Neue Zürcher Zeitung, 5. 2. 1993.
46 Süddeutsche Zeitung, 12. 3. 1994.
47 ebenda
48 Wiener / Basta, 9 / 1995.
49 Süddeutsche Zeitung, 16. 11. 1985.
50 MfS und Leistungssport. Ein Recherchebericht. Der Bundesbeauftragte für die Unterlagen des Staatssicherheitsdienstes der ehemaligen Deutschen Demokratischen Republik. Berlin, 1994. S. 148.
51 Süddeutsche Zeitung, 20. 5. 1995.
52 Brigitte Berendonk: Doping Dokumente – Von der Forschung zum Betrug. Springer-Verlag, Berlin Heidelberg, 1991.
53 Johann Zimmermann: Untersuchung zum Nachweis von exogenen Gaben von Testosteron. Dissertation an der Sporthochschule Köln, 1986.
54 Süddeutsche Zeitung, 30. 1. 1993.
55 Süddeutsche Zeitung, 21. 3. 1994.
56 Deutsche Zeitschrift für Sportmedizin, 39 / 1988.
57 Pressemitteilung des IOC, 3. 12. 1994.
58 Robert Voy: Drugs, Sports and Politics. Leisure Press, Champaign, 1991.
59 ebenda
60 ebenda

61 Steroids in amateur and professional sports – the medical and social costs of steroids abuse. Anhörung vor dem US-Justizsenat, 3. 4. 1989. (Biden-Report).

62 Julie Strasser: Swoosh – The Story of Nike and the men who played there, 1991.

63 Biden-Report.

64 ebenda

65 Erwin Leiser: «Deutschland erwache!» – Propaganda im Film des Dritten Reiches. Rowohlt Verlag, Hamburg, 1989, S. 127.

66 Frankfurter Allgemeine Zeitung, 4. 11. 1989.

67 ebenda

68 Die Tageszeitung, 11. 9. 1993

69 vgl. Karl Adolf Scherer: 100 Jahre Olympische Spiele. Harenberg, Dortmund, 1995.

70 Junge Welt, 15. 12. 1986.

71 Enquete-Kommission «Aufarbeitung von Geschichte und Folgen der SED-Diktatur in Deutschland», 1995, Band III / 1, S. 646.

72 Manfred Ewald: Ich war der Sport. Elefanten Press, Berlin, 1994, S. 17 f.

73 Neues Deutschland, 14. 1. 1995.

74 Bundesarchiv, Stiftung Archiv der Parteien und Massenorganisationen der DDR. AZ J IV / 961.

75 Bundesarchiv, AZ IV 2 / 2.039 / 256.

76 Bundesarchiv, AZ J IV 2 / 3 / 4453.

77 Der Spiegel, 32 / 1989.

78 Junge Welt, 26. 10. 1992.

79 Junge Welt, 25. 7. 1989.

80 Junge Welt, 31. 7. 1989.

81 Bundesarchiv, AZ IV 2 / 2.039 / 256.

82 ebenda

83 Junge Welt, 17. 11. 1989.

3